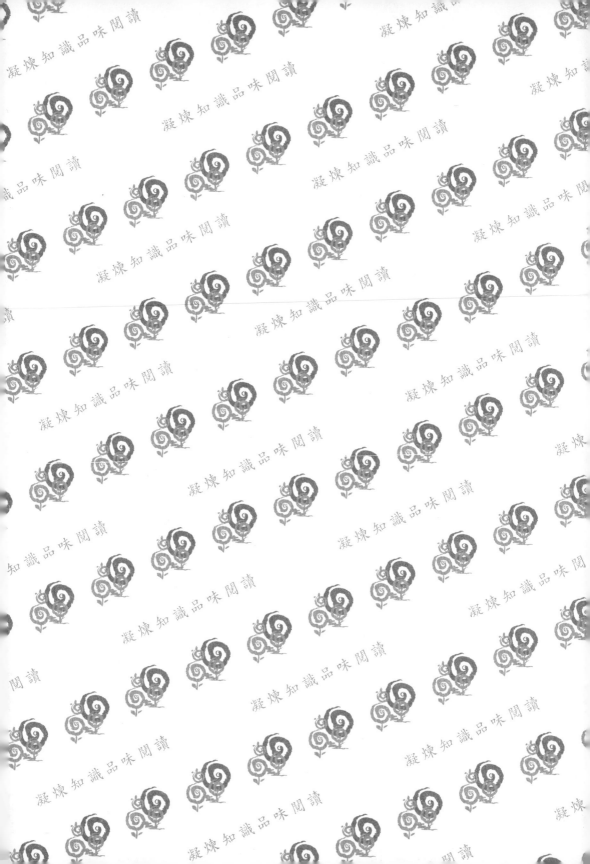

郵輪營運概論

方信雄　著

五南圖書出版公司 印行

自序

　　隨著人類文明與科學的進展，人們對生活的態度也從「需要」昇華到「想要」的境界，而最淺顯的表現就在吃喝玩樂，上山下海尋幽訪勝，進而競相標榜奢華浪漫。而此玩樂掛帥的社會背景間接成就了全球每年有二、三千萬人搭乘郵輪享受渡假旅遊的榮景。

　　郵輪在保守的華人世界起步較晚，然在當前資訊高度發達、航商廣告策略高明的推波助瀾下，郵輪已成為跨世代消費者的首選旅行模式。但不容否認的是，一般社會大眾對於郵輪的認識普遍不足。筆者有感於投身海運界數十年，加諸在海洋大學運輸科學系兼課多年，期間深受長官、師長、先進的指導教誨與學生的支持愛護，心想最好的回報就是將自己有限的職涯體驗回饋社會，遂動念繼先前所著《港埠概論》、《航行避碰與港區操船》、《船舶引航專論》、《海事案例解析》之後，執筆再書《郵輪營運概論》，期能分享郵輪營運的相關知識與發展，更希望本書的付梓能有助於我國郵輪業務的推行，進而開拓市場並吸引來自各國的郵輪旅客。

　　如同許多人所想一樣，退休後應可享受遊山玩水的逍遙日子，奈何遇上六十年一次的大疫情，歷經近三年的人際隔閡，旅居海外的親友子女無從相聚，期間百歲高齡老母健康違和，頻頻進出各大醫院，加諸兄姊先後辭世臥床，致生活作息與情緒深受影響，因此先前單純退休的清閒想法完全幻滅，只得窩居寒舍俯首几案靜心寫作。所幸賢

內助黃美芳女士多年來日以繼夜不辭勞苦、無微不至的侍候家母,而自家子女亦都知深自惕勵發展良好,讓我免去不少後顧之憂,否則不知如何動筆乃至完稿。

　　走筆至此,筆者要特別感謝我的恩師姚忠義主任的提攜與關照,恩師一生謙沖自牧、樂善好施,是我引水職涯中的最佳表率與業師,更是我在職場遭逢不順,無奈無助時的精神依靠。「姚爸」謝謝您!弟子謹以此書遙祝您在天國一樣瀟灑豁達。

　　最後,筆者亦要感謝五南出版公司多年來不斷的鼓勵與熱情邀稿,並大力協助與指正,使得才疏學淺的筆者敢於奮力筆耕。

方信雄

2023 年 1 月 1 日

目錄

第一章 緒論

　　在過去二十年中，郵輪業者藉由創新的造船設計理念（Innovative naval design concepts）、船舶長度與容積大幅增加（Swollen dramatically in size）、改良造船素材提升高乾舷船舶（High freeboard ship）的穩定性（Stability）、灣靠世界上更多異國情調的港口，以及各種船上和岸上的新創活動和主題，開發出足以提供滿足每位旅客期望的度假選擇，更回應了廣泛的市場和消費者需求。故而當前的郵輪產業已成為一個多樣化的抗危機行業（A diversified crisis-resistant industry），其結合空運和現代化的港口結構，為愈來愈多相對富裕階層的客戶群（Affluent customers），開闢郵輪旅遊與度假選擇，每年為上千萬來自全球的乘客提供刺激、豐富多彩、輕鬆以及絕對愉快的經驗。另一方面，郵輪公司更透過併購等手段，使得公司規模愈趨擴大，進而讓整個市場成為少數幾家大型郵輪公司寡頭（Oligopoly）主導的局面。

　　從海運經營的角度來看，經營海上旅遊的客運服務，不僅需要龐大的財力支撐，更要有豐富的營運經驗與充分的高品質人力支援，因而市場上稍具商譽的郵輪船隊無不由國際知名財團所掌有或運作。

　　不容否認的，2012 年元月義大利籍郵輪「歌詩達協和（Costa Concordia）」在義大利沿岸擱淺傾覆造成 32 人死亡的悲劇，亦曾為

歐美郵輪業帶來幾年的寒冬。但郵輪業者迅即將事故定位為船長犯下嚴重人為疏失的個案，並透過提升安全措施的宣傳手法強調郵輪仍是當前市場上最安全的旅遊方式，果然很快就說服善忘的郵輪旅客回流。

相對地，回顧自 2009 至 2019 年以來，海運業算是經營艱困的產業之一，唯獨郵輪業是海運與休閒旅遊市場當中成長最快速的區塊，實屬產業異數。因為自從 1980 年起，郵輪產業平均的乘客量每年平均增長 7.2%。及至 2019 年 COVID-19 新冠病毒疫情爆發前，全球觀光旅遊業幾乎沒有人不看好郵輪產業的光明前景，然而任誰也未想到一場突發的疫情竟帶來郵輪產業毀滅性的重擊，連帶地使港口、相關產業與其從業人員亦蒙受嚴重損失。此波疫情造成全球約四百艘郵輪停航，其中四十餘艘郵輪連同船員旅客約十三萬餘人曾一度被拒入港，只能在美國東岸各港口的外海錨泊或漂流漫遊。至於國內唯一允許載運國籍旅客進港的寶瓶星號，也在停留七十天後的 2020 年 4 月 19 日上午駛離基隆港航往新加坡，提早結束基隆港當年的郵輪季。值得一提的是，連續三年的疫情使得全球郵輪市場運作幾乎停擺，致相關資料蒐集困難，確實增添拙著寫作難度，但也慶幸因為世紀大疫情的爆發，讓吾人在探討日後郵輪營運規劃時，能夠將不可預期的偶發性災難列入防範與因應標的，此對未來郵輪業務的健康發展未嘗不是一件好事。

再者，郵輪產業在國內算是起步較晚，直至民國八○年代才有麗星郵輪引進定期郵輪航線，也為國內郵輪市場開啟新頁，而經過航港各界多年的努力終讓基隆港成為區域性的重要郵輪母港，更創造許多

郵輪營運史上的傲人紀錄，誠屬難能可貴。然不容否認的，縱使台灣屬海島國家，但受到華人世界傳統畏海懼水的生活文化影響，一般國人對海對船的認識是非常不足的，也因而特別對郵輪產生好奇與新鮮感，此從下列幾個郵輪職場上常遇到的問題就可得知：

1. 船員是睡在船上嗎（Does the crew sleep onboard）？正確的提問應是：「船員要睡在船上的什麼地方？」

2. 船上的插座怎老是有電輸出（How do they get power all the way out here）？郵輪通常配置多部發電機，本身就是一座「漂浮的發電廠（Floating power plant）」。一般大型郵輪的發電量足可供應一座人口五萬人生活的城市用電。

3. 船上的哪一舷才是「好」舷（Where is the 'posh' or better side of the ship）？船舶遭遇風浪一旦搖晃起來，基本上兩舷的搖擺幅度是一樣的。

4. 我訂了一間海景客房，但怎看不到碼頭風景（I ordered an ocean view stateroom so why am I overlooking the pier）？因為船體結構的阻擋，如果船舶航行的航向不變，那麼看得到日出的房間肯定看不到日落，反之亦然。所以在船上房間看得到海景當然就看不到岸上風光。

筆者在基隆港任職引水人二十一年餘，有幸恭逢兩岸開放海運直航，及至九〇年代後期國內海上旅遊風氣大盛，故而創下個人引領七百餘艘大型郵輪的記錄，期間無論從職場觀察，或與船東代表、港務公司管理團隊、船長互動都讓筆者獲致無數有關郵輪營運的寶貴知識，也因而筆者動念著手書寫本書，期以分享國內有意進入郵輪領域

的新進學子。不容否認，郵輪經營層面涉及甚廣，書中或有遺漏與不
足處，敬請前輩先進不吝指教。

※ 關鍵字

Brand-new tonnage：新（品牌）船噸（船隊）

Classification：船級協會

Cruise：郵輪（≠ 巡洋艦、巡航）

Cruise lines：郵輪公司

Cruise liner：定期線郵輪

Floating hotel：漂浮的飯店

Home port：母港

Infrastructure：基礎建設

Itineraries：郵輪旅程、路線

Niche Market：利基市場、縫隙市場（填補穩固市場縫隙的新市場）

Owner：船東

Onboard amenities：船上（娛樂）設施

Rechristened：重新命名

Transit port：掛靠港

第二章　郵輪產業的緣起背景

2.1 郵輪緣起

郵輪的誕生始於 1822 年，初期由英籍 Richard Bourne 船長及 Brodie McGhie、Arthur Anderson 三人航行於倫敦與西班牙、葡萄牙之間的伊比利亞半島（Iberian Peninsula；包括西班牙和葡萄牙的半島）航線，並以「半島汽輪公司（Peninsular Steam Navigation Company）」名義經營。

「半島汽輪公司」在 1837 年取得第一紙運送郵件的合約。及至 1840 年才開始載運郵件經由直布羅陀、馬爾他至埃及的亞力山大港。同年被「Royal Charter」公司併入組成「半島與東方汽船公司（Peninsular & Oriental Steam Navigation Company）」，市場上簡稱「P&O」。

1844 年，「P&O」公司引進第一艘載客郵輪的服務。市場廣告宣傳該船專營從英國南安普敦（Southampton）到直布羅陀、馬爾他、雅典等目的地的海上旅程，成為現代郵輪假期的先鋒。由於此一航程屬空前創舉，也因此「P&O 郵輪（P&O Cruises）」被稱為世界上最古老的郵輪公司。

「P&O」公司稍後更推出往返亞歷山大、康士坦丁堡

（Constantinople；伊士坦堡）的航線，並在十九世紀後半期，進入快速擴充經營期，陸續訂造更大且豪華的船舶投入穩定擴張的市場。當時最著名的船舶就屬 1880 年建造的蒸汽機船「SS Ravenna」[註1]，該船是第一艘上層的住艙全採鋼板建構的客船，及至 1889 年建造的「SS Valetta」，則是第一艘使用電燈的客船。（參閱圖 2.1）

Source: thebrofessional.net

圖 2.1　客船「SS Ravenna」

【註1】
　　十九世紀的商船以煤碳為燃料，煤碳經燃燒產生蒸汽作為推進動能，故而稱為汽輪（Steam Ship/Steam Navigation），也因而在船名之前加註「SS」兩字，代表 Steam Ship（汽輪）之意。此有別於當前商船船名之前加註「MS」或「MV」兩字，分別代表「Motor Ship」與「Motor Vessel」之意，因為當前船舶多採用柴油內燃機（Motor）運轉。

或因早期跨國通訊不易，海運業互動不足，故而另有一說，史上第一艘郵輪應是建造於 1831 年懸掛「兩西西里王國（Reino de las Dos Sicilias）」國旗的「Francesco I」號郵輪[註2]，該輪於 1833 年 6 月初自義大利南部的那不勒斯（Naples）啓航。由於啓航前輪船公司發起一連串廣告活動（Advertising campaign），故而首航船上搭乘的旅客盡是歐洲的王公貴族與王子們。在三個月的航程中，該船航跡包括 Taormina、Catania、Syracuse、Malta、Corfu、Patras、Delphi、Zante、Athens、Smyrna、Constantinople 等港口。航程中另安排遠足、導覽行程、跳舞、甲板上橋牌交流與船上舞會以愉悅旅客，然而因爲旅客僅限於歐洲的上流社會（Aristocracy），故而不以追求商業利益爲訴求。

【註2】

　　十三世紀時，義大利半島南部和西西里島，分別由法國安茹王朝與西班牙阿拉貢王朝統治，皆自稱爲「西西里國王」。西元一四四三年，阿拉貢王朝的阿爾豐沙五世統治兩地，稱國號爲「兩西西里王國」。

德國郵輪「Augusta Victoria」從 1891 年 1 月 22 日起至 3 月 22 日，載運包括貴爲當時的船王阿爾伯特・巴林（Albert Ballin）夫婦在內的 241 名旅客航行地中海及近東地區，開創了郵輪大眾化（Popularization）的廣大市場。這是第一艘配置雙螺旋槳的定期郵輪，因而是當時船速最快的郵輪。（參閱圖 2.2）

圖 2.2 Augusta Victoria

「Augusta Victoria」是第一艘引進「漂浮的飯店（Floating hotel）」概念的船舶。船舶內部被設計成有如古典飯店一樣的豪華。例如以棕梠樹圍繞的接待櫃台（Reception），以及專為旅客設計一間光澤亮麗的吸菸室。

此時，在市場上運航的所有郵輪都沒有類似的豪華設施。當時一般郵輪的娛樂設施最多僅止於吸菸室，餘者皆屬天候許可下始能在甲板上舉辦的娛樂活動。而隨著豪華郵輪的愈趨普遍，市場亦大幅擴展，使得橫越大西洋航線的郵輪旅程更受大眾喜愛。

然由於冬季北大西洋的天候與海況惡劣，郵輪公司擔心旅客無法承受顛簸暈船的折磨，因而一直不願推出冬季橫越大西洋航線的服務。直到十九世紀末期，造船技術改善後，郵輪公司才陸續推出橫越大西洋冬季航線的定期客船。然而儘管郵輪公司聲稱郵輪船體經過特

殊設計改良可以抗風頂浪，但是旅客仍較喜愛夏季的橫越大西洋航線。因此某些公司遂將其船舶設計成兼顧夏季與冬季天候的特質，究竟多季與夏季的環境差異性太大，例如夏季甲板上是諸多活動進行的最佳場所，反之，多季船體搖晃，船艙外海浪每每打到甲板上，故而橫越大洋時總是鎖緊門窗，因而只能適合進行船艙內的活動。

自從豪華郵輪的經營穩定地進軍橫越大西洋市場後，市場上的競爭加劇，各郵輪公司無不想方設法將定期航線的屬輪設計成更為豪華，「鐵達尼」就是最典型例子。至於在爭取客源的競爭上，郵輪公司則是競相推出精緻美食、奢華服務與典雅的客房等招商手法。

1896 年，共有三家經營定期航線豪華郵輪的航商進行改裝屬輪以便擴大營運歐洲到美國的航線，這些公司都由歐洲人擁有。到 1906 年，市場上增加至七艘郵輪專營橫越大西洋航線，即英國 Inman Line 公司的「City of Paris」、冠達（Cunard Line）的「Cmpania」、「Lucania」，白星公司（White Star Line）的「Majextic」、「Teutonic」，法國跨大西洋輪船公司（Compagnie Generale Transatlantique）的「La Lorraine」與「La Savoie」。

接著德國籍的「Prinzessin Victoria Luise」則是第一艘為奢華旅遊專屬設計的（Purpose-built）郵輪，由漢美公司（Hamburg-America Line）的總經理 Albert Ballin 所設計，於 1900 年完工（參閱圖 2.3）。當時的郵輪旅遊被設計成專門鎖定富裕階層的旅行者（Wealthy travelers），因此「Prinzessin Victoria Luise」的外觀被設計成類似私人遊艇（Private yacht），而非一般商船。船上只設計有 120 間頭等客房（First class），每間客房都極盡奢華。此外船上設有圖書室、健

身房以及專供業餘攝影家沖洗底片的暗房（Darkroom）。

圖 2.3　Prinzessin Victoria Luise

　　談及郵輪緣起，就不得不提到 1912 年 4 月 14 日首航，貴為當時全球最大，設備最完善的郵輪「鐵達尼（RMS Titanic）」【註3】。「鐵達尼」於 1912 年 4 月 14 日自愛爾蘭首航紐約航程途中，在 4 月 14 日半夜約 11：40 時，立於船艏的瞭望員（Lookout）向駕駛台疾呼冰山在船頭正前方，雖船長作出最大努力避免碰撞，但仍無法避開冰山，導致冰山插入右舷船體，並造成水線下許多用以連接並固定船殼鋼板的鉚釘（Rivets）斷裂，致使大量冰冷海水注入全船十六個水密艙間（Watertight compartments）中的五個前段艙間，此已超過該輪僅允許四個艙間浸水也不會沉沒的船體設計（she could only survive four

flooding），因而巨輪的沉沒已無可避免。（參閱圖 2.4）

圖 2.4　郵輪鐵達尼

【註3】
　　不同於早期一般汽輪的船名前冠以「SS」，英國籍商船船名前則是冠以「RMS」，代表「皇家郵輪」（Royal Mail Steamer）之意，藉以展現海上帝國的國威。

　　及至 4 月 15 日凌晨 02：20 時，這艘號稱史上結構最強的郵輪船體折斷（Broke apart），繼而沉沒在加拿大紐芬蘭外海的北大西洋。船上超過一千名以上的旅客於寒風冷水中待救。所幸在「鐵達尼」沉沒前的二小時，同屬冠達公司的「卡帕西亞（RMS Carpathia）」趕抵現場協助救起約 710 名倖存旅客。

　　此不幸災難註記著這艘號稱「永不沉沒的巨輪（Unsinkable

ship）」的終極命運，以及造成全船 2,224 名旅客中的 1,500 名旅客與船員喪生的一連串事故鏈（Chain of events）的開端。從技術層面來看，以該輪的船體結構與設備觀之，小塊浮冰似乎不應造成該輪無可迴避的災難。倒是人類固有的自滿（Complacency）與船東乃至造船技師篤信人定勝天的迷思，才是促成此次災難的主因。

「鐵達尼」百年之後，吾人以人命安全與航行安全的角度回顧，顯然該水域以無線電定期播放的浮冰警告，以及立於船艏瞭望的瞭望員皆未能發揮其預期功能。另一方面，「鐵達尼」沉沒後，旅客與部分船員搭乘救生艇（Lifeboats）撤退，卻發現其中許多順利下放至水面上的救生艇都沒有全員載滿，此或許是災情慌亂，現場無人指揮管控所造成的。更有許多不合理比例（Disproportionate number）的男士在奉行「婦孺優先（Women and children first）」的傳統世俗禮儀（Protocol）下被迫留船隨之沉沒。

此一事故引發的大量人命喪失震撼全球，並質疑是否因海上安全法制不夠周全與操作疏失（Regulatory and operational failures）所造成的。爲避免重蹈覆轍，海運界終在英國與美國民眾的要求下進行海上安全的重大改革，其中最重要的成就當屬在 1914 年催生的「國際海上人命安全公約（International Convention for the Safety of Life at Sea, SOLAS）」，該公約及其衍生的決議案至今仍是主導海上安全的最重要規範，尤其是與無線電通信相關的規定，在救難時效上大幅降低海上不幸事故的發生，也因而解救更多旅客與船員的寶貴生命。故而若一定要說「鐵達尼」旅客與船員犧牲所付出的代價，就是對人類海上運輸與旅遊安全做出最大的貢獻。

及至六〇年代，面對航空業的到來，「伊莉莎白皇后二世（QE II）」為保住市占不得不重新改裝成豪華越洋定期郵輪（Reinvented as a luxury ocean liner），但依舊辛苦經營。對多數旅客而言，漫長的海上旅程終究敵不過飛機的時間優勢。

2.2 郵輪的定義與演進

眾所周知，不論國際法或國內（船舶）法，「客船（Passenger ship）」一詞被定義為：「搭載 12（含）名以上旅客的船舶，航行國際航線並且必須遵守「國際海事組織（International Maritime Organization, IMO）」的所有相關規定，包括國際「海上人命安全公約（SOLAS）」與「載重線公約（Load Lines Conventions）」的規定。因此，「客船」的營運本質為單純地將旅客從某地載運至另一地，雖亦兼具營收之效，但主要仍以民生公益為首要考量。例如行駛台灣本島與離島馬祖、澎湖之間的「台馬之星」、「台華輪」即是。

至於本書所欲探討，亦是時下最為盛行的「郵輪（Cruise ship）」或「定期線郵輪（Cruise liner）」，則係指從某一港口載運旅客航行至另一或多個港口，主要以安全、舒適、休憩或特定主題為運航訴求，並以「獲利」為主要考量者，「運輸」並非其主要目的（Prime purpose）的大型客船。又同具載客功能的「客船」之所以被稱為「郵」輪，而不稱「遊」輪，應與早期的船舶除了載運貨物之外，兼以載運郵包或郵件有關，尤其當年的時空環境下，跨國郵件的市場需求與重要性應占有相當程度的營收比例，而且所運送的多

屬皇家與王公貴族託運的郵件，這也是早期英國稱「客船」為「Mail Steamer」的原因所在。

換言之，「郵輪」係指專用於享樂航程（Pleasure voyage）的客船，而航程本身、船上加工設計的趣事、娛樂活動（Ship's amenities），以及沿途不同國家與不同目的地的特有景觀與史觀都是郵輪公司行銷的主要訴求。又由於運輸並非郵輪的主要目的，故而郵輪多採將旅客自某港載出，再載回原出發港的「母港（Home port）」模式運作，因此灣靠的港口多位於同一洲際或大陸的特定區域（Specified region of a continent）範圍內。當然亦有經營環球航線，跳點逐港泊靠者，或是以橫越大洋為主要訴求的模式營運，亦即有近十餘天不灣靠任何港口的橫越大洋行程。反之，亦有採行公海（無目的地）漫遊（"Cruises to Nowhere" or "Nowhere voyages"）的營運模式，亦即為期二、三天不灣靠任何目的港口（Ports of call），只在公海上緩輪慢行的行程。而相對於「母港」的營運模式，不以同一港口為郵輪航程的始末點，只是在郵輪航程途中灣靠，讓旅客登陸旅遊或進行船舶後勤補給的港口，則稱為「掛靠港（Transit port）」。

對比之下，較具運輸導向（Transport oriented）的遠洋定期郵輪（Ocean liner），主要從事「定期航線航程（Line voyage）」，最典型的經營運作就是將旅客從某一港口直接橫越大洋運送至另一港口，亦即以旅客運送為主，雖航程中亦不乏交際聯誼活動，但較不著重於奢華與享樂，而且多採不回原出發港的環球航程（Round trips）模式。

傳統上，從事橫越大洋（Transoceanic）的遠洋定期航線的郵輪都會訂造比一般郵輪更具適航性（Seaworthiness）標準的船體構

造，包括高乾舷（High freeboard）、強力鋼板（Stronger plating）以
抗衡在大洋上時常遭遇的巨浪與惡劣天氣（Rough seas and adverse
conditions），諸如冬季北大西洋的常態性滔天巨浪即是。又基於成
本與保養美觀考量，此等越洋郵輪的主甲板下船殼大多漆以深色油
漆，而不同於區域性郵輪的雪白船殼，如皇后系列郵輪即是漆上深藍
色或黑色油漆，以避免因橫越大洋途中遭遇大浪沖擊後船身鏽蝕影響
觀瞻，同時可避免昂貴的白色油漆成本支出。（參閱圖 2.5）

圖 2.5　伊莉莎白（1938）、伊莉莎白二世（1967）、伊莉莎白（2010）（由
　　　　上自下）

　　一般遠洋定期郵輪通常設置有比區域性專用型郵輪（Dedicated
cruise ships）更大的運航所需空間，如容納更多燃油、食物及其他備

品以供較長航程的消耗。雖然越洋郵輪亦不失豪華，但卻有不適於漫遊（Roaming）的特質，諸如高耗油、吃水較深致無法灣靠通常較爲好玩的淺水港口、防水的封閉式甲板建構不適於熱帶水域、房間設計傾向於旅客數最大化（Maximize passenger numbers），而非著眼於舒適，如無窗客房（Windowless suites）比例較高即是。

隨著海上旅遊市場需求的增加，使得遠洋定期郵輪與區域性專用型郵輪間的差別漸少，特別是在船隊部署配置（Deployment）方面。雖船體結構仍保持不同，但區域性大型郵輪爲搶奪市占率，同時亦會經營較長水路的航線，包括橫越大洋的航程（Transoceanic voyages），因此可能幾個月內無法回到同一個港口（長程環繞航線：Longer round trips）。

然儘管科技的發達，但仍無法克服郵輪橫越大洋不可預期的諸多不適，加諸人類求新求速的生活方式變遷，使得早期盛行的越洋定期航線郵輪數量日趨減少。另一方面，隨著 1960 年代大型噴射客機的到來，洲際旅客紛從船舶轉換至飛機，迫使越洋營運逐漸步入衰退的盡頭。因爲部分老舊越洋定期郵輪的某些固有特質讓其不再適於經營海上旅遊航程，諸如航行時間過長，高耗油量、舒適度不足等，最後造成許多郵輪被迫退出市場。至 2020 年，就只有「冠達（Cunard）」郵輪公司的「瑪莉皇后二世（Queen Mary II）」成爲唯一專事營運橫越大西洋的定期郵輪，主要鎖定僅想在海上享受放鬆數天的旅客族群。

事實上，爲轉移旅客從單純旅遊提升到具娛樂價值的海上漫遊（From passenger travel to cruising with entertainment value）層次的市

場焦點，「冠達」郵輪公司雖於 1969 年開闢專營橫越大西洋「伊莉莎白皇后二世」定期越洋郵輪的服務，船上同時提供當代區域性郵輪所提供的舒適與深度服務，例如禮聘國際知名藝人至船上表演餘興節目，因此原本枯燥乏味的「越洋」就被廣告成浪漫的「渡假」。

最爲特殊的是，「伊莉莎白皇后二世」同時開創了「單一等級漫遊（One-class cruising）」的業務，即所有旅客享受相同品質的床位與設備。此以豪華與無差別旅遊作訴求的手法讓市場迅速復甦，並在大西洋兩岸蔚爲風潮。但「伊莉莎白皇后二世」仍於 2008 年 11 月遭淘汰。（參閱圖 2.6）

Source: rmsqueen.blogspot.com

圖 2.6　跨洋郵輪「伊莉莎白皇后二世」

另一艘參與此航線轉型過渡的郵輪爲 1962 年的「SS Norway」（前越洋郵輪「SS France」），但稍後即轉換航線成爲專營加勒比海

航線的第一艘超級巨輪。（參閱圖 2.7）

圖 2.7　跨洋郵輪 SS Norway

　　1970 年代廣受國人四、五年級生喜愛的美國電視劇「愛之船（Love Boat）」，就是以原名為「Pacific Princess」的郵輪改裝成為「愛之船」電視劇的場景，也是郵輪公司與電視媒體最成功的促銷廣告實例，該劇讓當時保守情侶佳偶的羅曼蒂克觀念普及化。（參閱圖 2.8）

　　直至 1980 年代末期建造的郵輪，如「Sovereign 級」郵輪，才打破了「Norway」號郵輪在噸位上保持世界第一數十年的記錄，但無論船型與強度仍保有遠洋郵輪的特質，其中某些郵輪還特別選擇經營定期橫越大西洋航線的服務。（參閱圖 2.9）

圖 2.8　電視劇場景船「愛之船」

圖 2.9　Sovereign 級郵輪

　　「Sovereigns」級郵輪號稱當時第一艘「巨型船（Megaship）」，配置有玻璃電梯的多樓層中庭（Multi-story atrium with glass elevators），並設有一整層單一甲板專作為附有私人露台（Cabins with private balconies）的客房，故而實質上已取代僅具窗戶的「海景客房（Oceanview cabins）」。其他公司亦很快地跟進建造類似建構的郵輪，諸如「Fantasy class」及「Crown Princess」。

　　此外，在娛樂活動方面，1975～1980 年代投入市場的郵輪陸續推出「推圓盤遊戲」（Shuffleboard）、甲板躺椅等娛樂設施，可供數百名旅客在甲板上的陽傘下飲酒作樂。由於郵輪衍生獲利頗豐，故而自從 2001 年起，全世界每年至少有九艘新型郵輪投入市場，而且船型都在十萬總噸以上，而最近投入越洋航線市場的就屬 2004 年的「瑪莉皇后二世（Queen Mary II, QM II）」，「QM II」一度曾是世界上最大，最古老優雅的超級郵輪。此一「世界最大」直至 2006 年，才被皇家加勒比公司的「自由級（Freedom）」郵輪追上。

　　2008 年 11 月「QM II」的姊妹船第二代「伊莉莎白皇后（Queen Elizabeth）」投入市場。（參閱圖 2.10、2.11）

　　之後，「自由級」郵輪又於 2009 及年 2010 年被同公司的「Oasis（綠洲級）」級郵輪追上。（參閱圖 2.12、2.13）

　　至 2010 年，這些具備一般城市生活機能的「城市級郵輪（City-sized ships）」在競爭激烈的商業壓力下無不想方設法的提供更多的娛樂設施。

圖 2.10　2016/03/28 伊莉莎白皇后號郵輪泊靠基隆港（一）

圖 2.11　2016/03/28 伊莉莎白皇后號郵輪泊靠基隆港（二）

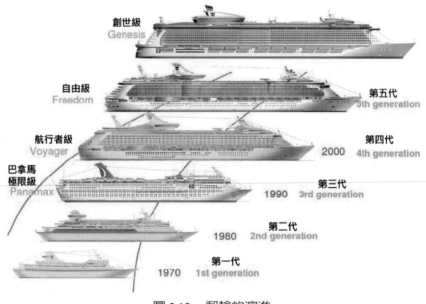

圖 2.12　郵輪的演進

圖 2.13　「綠洲級」郵輪

　　很明顯地,從遠洋定期郵輪到區域性專用型郵輪的設計趨勢,就
是郵輪的客房從暗無天日的內部艙房走向配置有私人露台的上層建築

（Superstructure with private balcony）模式。而新式郵輪為迎合旅客的需求，常常被迫調整船舶適航性（Seaworthiness）的設計，刻意添置許多娛樂活動設施。又由於具有露台的客房為郵輪獲利最高的區塊，這是舊式郵輪所欠缺的，也因此新一代的郵輪不僅船型講究流線，而且船艙內都被設計成愉樂與消費最大化，故而被旅遊業描述成「設有露台的浮動華廈（Balcony-laden floating condominiums）」【註4】。日本海運界則稱現代郵輪為「裝置有主機與螺旋槳的豪華酒店（ホテルにエンジンとプロペラを付けたもの）」。此外，郵輪除了船型結構不斷變化外，新一代郵輪的噸位更是愈造愈大，最近下水的 20 萬總噸（Gross Tonnage）以上的大型郵輪單船搭載旅客人數甚至高達 6,000～8,000 名，故而被稱為地表上最大的旅客運輸工具。

【註4】
　　「Condominium」一字簡寫為「Condo」，是高級大廈、華廈雅房的意思，通常是比較新，設備比較豪華，建築也比較高的大廈。至於一般的出租大樓公寓稱為「Apartment」。

　　可惜的是，就當人們預期郵輪市場適逢空前榮景且潛力無窮的同時，COVID-19 新冠病毒卻於 2019 年 12 月在中國武漢首次被發現，隨後在 2020 年初迅速擴散至全球多國，進而演變成一場全球性大瘟疫。截至 2021 年 10 月 11 日，全球已累計報告逾 2.37 億例確診案，其中逾 485.4 萬人死亡，是人類歷史上大規模流行病之一，也因而重創蓬勃發展中的全球郵輪產業。

　　另一方面，經過多年協商，海峽兩岸海運直航於 2008 年 12 月 15 日開始實施，最先由貨船領軍，期間多家航商亟欲投入客船與郵輪的經營，然因郵輪的進入門檻（Entry barrier）較高，更涉及旅客入境的證照查驗問題，致多所延宕。直至 2011 年 10 月「海洋神話號」首航台灣，拉開了以廈門作爲郵輪母港的兩岸直航郵輪序幕。接著由港資經營的郵輪公司「東方神龍（Oriental Dragon）」，除了以包船的方式直航兩岸外，更規劃航行基隆、沖繩和石垣島的行程。「東方神龍」是麗星郵輪旗下的前「射手星（SuperStar Sagittarius）」。總噸 18,500，排水量 18,455 噸，船長 171.69 公尺。該船擁有 9 個樓層、255 個房間、480 名工作人員，還有二大主題餐廳，紅酒吧、娛樂場、夜總會、貴賓廳、精品商店、SPA 館，全天候的娛樂不打烊。

　　1972 年建造的「東方神龍號」，於 2021 年 1 月 23 日被出售給位於孟買的 Virna Maritime 公司拆解，這意味著該輪到 2022 年已經 50 歲了。該輪雖熬過了 50 載歲月，卻沒能熬過 COVID-19 疫情帶來的市場寒冬。馬來西亞吉隆坡高等法院透露，「東方神龍」以 490 萬美元的價格出售。該輪於 1972 年首次在美國邁阿密亮相時名爲「Sun Viking」，是當時皇家加勒比旗下三艘現代郵輪中的一艘（另兩艘分別名爲「Song of Norway」和「Nordic Prince」），具有流線型外觀。也正是這一批船舶，讓皇家加勒比得以從一個小型初創公司成爲郵輪市場上最大的參與者之一。（參閱圖 2.14）

圖 2.14　停泊於基隆港西 14 號碼頭的東方神龍號

　　事實上，新加坡商麗星有限公司所屬的「山羊星（SuperStar Capricorn）」，早於 2003 年 10 月就開始以基隆港為母港定期載運我國旅客從事海上旅遊。為保障旅客安全及權益，該輪在正式營運前，航政主管機關連同各相關單位組成的「國際航線郵輪消費者保護小組」曾上船檢查，並將各單位意見轉請船東改善。

　　其次，中國海航集團於 2012 年 9 月從嘉年華購買一艘於 1986 年建造，載客量 1,965 人的郵輪「漢娜（Henna）」，並於 2013 年首航。接著 2014 年 8 月中國渤海輪渡股份有限公司，自全球最大郵輪集團——美國嘉年華郵輪集團——所屬歌詩達郵輪公司購買第一艘原名為「歌詩達航海家」的中國郵輪，並改命名為「中華泰山」。「中華泰山」由德國建造，總長 180.45 米，型寬 25.5 米，總噸 24,500。

「中華泰山」有 400 多間歐式風格，裝修精良，設備齊全的客房，可載客 927 位，船上各種配套設施非常完善。（參閱圖 2.15、2.16）

圖 2.15　漢娜輪

圖 2.16　中華泰山號郵輪

　　很明顯的，上述三艘郵輪的船齡都偏高且噸位較小，船上環境與設備已無法滿足旅客對於舒適度的基本要求，例如兩船都未配置具有露台的客房，而且多數客房都只有在老式貨輪才看得到的「牛眼窗（Bulleye Window）」，故而旅客若要觀看海景只能到最上層甲板上。尤其「東方神龍」的船機老舊，幾乎每趟抵港都要進行維修，進而嚴重影響船期的準班率（On time rate），終在開航數月後退出市場，回航香港繼而被解體。至於「中華泰山」則因兩岸政治情勢變化，迫使陸客在政策指導下不得再訪台灣而斷航。令人遺憾，中國的郵輪旅遊市場乃屬亞洲最大區塊，而且年年穩定成長，台灣具有同文同種，以及與陸客一定程度的民族認同優勢，卻因政治氛圍驟變將廣大的海運旅遊市場拱手讓予南韓與日本。

　　談及台灣的郵輪發展史不得不提前台灣港務公司董事長蕭丁訓先生的卓越貢獻，當時仍任職基隆港務局的蕭局長，觀察到 2000 年代初期歐美經濟不景氣，郵輪往亞洲移動的趨勢，加上中國經濟正起飛，郵輪人口呈幾何倍數成長中，而公主號郵輪又一再向我們招手，蕭董事長覺得「燕子飛來了，春天到了！」是最好的時機，加諸當時兩岸關係發展很好，這樣的天時地利人和，激勵蕭董事長積極勸說麗星郵輪重返台灣市場。於是親自跑了三趟馬來西亞，還設計很多優惠措施當誘因，終促使停駛兩年的麗星郵輪於 2007 年 6 月復航。

　　另一方面，鑑於貨運業務因港口腹地狹小而發展受限，基隆港自 2000 年代起發展郵輪母港業務。由於鄰近台北地利之便，基隆港成為台灣民眾搭乘郵輪出發的首選，台灣超過九成的郵輪旅客都由此進出。基隆港國際郵輪人次，由 2013 年的 40 萬到 2018 年的 94 萬，並

以逾 20% 的速度快速成長，這也吸引了多家國際郵輪公司選擇以基隆港做爲母港。根據臺灣港務公司統計，2018 年停靠基隆港的郵輪艘次達 565 次，幾乎每天都有郵輪造訪。基隆也因而躍居亞洲第三大郵輪港，超越香港、日本各港口，僅次於上海、新加坡。

再者，相對於眾所周知的「鐵達尼」悲愴故事，若從歷史傳承與樸實經營的營運背景來看，筆者認爲最值得一提的是，有關「皇后（Queen）」系列的定期越洋郵輪船隊。「皇后」系列郵輪最早乃起始於 1920 年代，當時英國冠達郵輪公司的管理階層認爲旗下所屬的三艘豪華郵輪（由英國理查國王的皇后所命名的 Mauretania, Aquitania, Berengaria）船齡已老，反觀其他輪船公司紛紛建造又新又快的郵輪投入市場，因而爲保有其長期以來主導橫越大西洋航線客運市場的優勢，顯然建造新船才是因應新興郵輪挑戰之道。考量之前的三艘郵輪係由皇后命名，因此爲感念皇后的愛戴特將新船船名的字首冠以「皇后（Queen）」一字，以示傳承的意義。（參閱圖 2.17）

圖 2.17　1906 年下水的客船「Mauretania」

　　經與造船工程師的討論之後，冠達郵輪公司決定建造二艘新船替代既有的三艘郵輪，並自 1926 年開始建造，由於規劃希望保持每週自英國開出一班橫越大西洋航線的班船，故而新船必需要大且快。結果位於英國克雷德班（Clydebank）的約翰布朗（John Brown）公司於 1930 年 5 月 28 日取得新船的合約，並將其龍骨編號為 534 號（新船未命名前，皆以船廠安裝新造船龍骨之序號稱之）。很不幸地，534 號船的建造過程並不平順。首先，由於新船的造價過高，除非獲得英國政府的背書，否則保險公司不願承擔此風險，而要政府背書則先要國會同意。其次，由於海運旅客人數日降導致營收銳減，使得造船工程於 1931 年被迫叫停。直至 1934 年 4 月 3 日再繼續動工，其時約翰布朗造船公司早已遣散許多員工，僅留下能夠保持造船工作得以繼續進行的最低工人數。所幸經過船公司不斷的努力始化解所有阻礙，並獲得英國勞氏驗船協會（Lloyd's Register of Shipping）認證為 100A1 級後立即復工，且在六個月後得以順利下水。

　　新船在 1934 年 9 月 26 日，由瑪莉皇后親臨剪綵擲瓶正式命名為「瑪莉皇后（RMS Queen Mary）」後緩緩下水，該船被拖至克雷德班港灣內繼續其未完的主機與內裝工程。1936 年 3 月 24 日完工駛離克雷德班，當天所有克雷德班的居民皆外出歡送，因為她是所有克市居民的驕傲。但事情也絕非完美順利，因為在首航之前，該船曾因一陣強風被吹到「Dumbarton」的泥灘上擱淺，最後由數艘拖船搶救後始出淺。因此「瑪莉皇后」的處女航應是始於 1936 年 5 月 27 日。再者，由於郵輪公司只出售單一等級的船票，故而所有旅客毫無尊貴卑微之分，此對最愛講究身分地位的英國人而言，最是不可容忍，也因

而整個航程中旅客糾紛不斷。此外，船上客房的餐具器皿不足，以及收受過多的郵件無法處理，報務員無法消化堆積如山的待發電報（Telegram），因此其處女航可謂是謗多譽少。然無論如何，該輪抵達紐約港時，仍受到如同皇后親臨一般的熱情歡迎。（參閱圖 2.18）

Source: Pinterest.com

圖 2.18　1936 年首航的「瑪莉皇后」

　　1939 年 9 月 3 日，英國首相張伯倫向德國宣戰，「瑪莉皇后」於 1940 年 3 月 1 日被徵召服役，並在往後的六年間作為運兵船使用，最先是從澳大利亞運兵前往蘇伊士，後來就專事橫越大西洋航線的後勤補給作業。該輪每次約可承載一萬六千名部隊，這是至今為止仍保持海上單趟所能運送最多人數的記錄。戰後，「瑪莉皇后」奉派從事

運送前線部隊返鄉任務，其中一項最不尋常的任務，就是運送美國大兵的新娘返回美國新家園，使得其成為史上最大的海上育嬰中心。直至 1946 年 9 月，「瑪莉皇后」才結束其戰時任務，重新返回冠達郵輪公司的經營團隊。

　　就在「瑪莉皇后」投入市場後，冠達郵輪公司開始將注意力轉移向其新建姊妹船「伊莉莎白皇后（Queen Elizabeth）」身上，亦即在得到英國政府的造船貸款後，新船迅於 1936 年開始建造，同樣由克雷德班的約翰布朗造船公司承造，其龍骨編號為 552 號，伊莉莎白二世女王（Elizabeth Alexandra Mary）的母親伊莉莎白一世於 1938 年為「伊莉莎白皇后」舉行下水儀式，同時國王與伊莉莎白公主，以及瑪格利特公主亦皆蒞臨，處女航始於 1940 年。（參閱圖 2.19）

Source: blog.nycruiseinfo.com

圖 2.19　1940 年下水的「伊莉莎白皇后號」

　　二次世界大戰爆發後，為避免新造船成為敵人轟炸的目標，英國政府與郵輪公司決定以最低標準裝潢「伊莉莎白皇后」，並儘速將其駛離敵人轟炸機威脅的區域，更可將船塢騰出以供更多準備投入戰場的船舶得以進行修理與改裝。1940 年 2 月 26 日新船僅搭載基本船員與精簡裝備在船塢附近外海試俥，且在短暫試俥後即行開往公海，船長直至打開密封的指令後，始得知該輪奉命全速開往紐約，此時主機尚未完成全部測試。於此同時，德國轟炸機早在南安普頓上空盤旋等候她的到來，所幸老天幫忙還是讓「皇后」在雲層密布的陰霾天候下安全地出走。

　　事實上，當時除了海軍部與冠達郵輪公司的高層外，並沒有人知道「伊莉莎白皇后」正在航往紐約的途中。數日後，一架美國的轟炸機發現一艘船身全灰的龐然巨輪以飛快的船速通過紐約外海的「Fire Island」，駕駛員不由得納悶「瑪莉皇后」與其法國籍強勁對手「諾曼第（Normandie）」都已停泊在紐約港，這艘龐然巨輪又是哪一艘船呢？很快地，神祕的「伊莉莎白皇后」的下落終被揭曉。此時紐約正散播著關於「伊莉莎白皇后」的各種不同版本流言，而隨著這龐然大物的適時抵達才停止各種傳言。當天紐約港人山人海擠滿碼頭歡迎這艘逃出德國空軍封鎖線的新船，這是第一次也是最後一次當年三艘全球最大的郵輪（瑪莉皇后、諾曼第與伊莉莎白皇后）繫泊在一起的難得機遇。

　　由於倉促的出走，電機與部分工程未完成的「伊莉莎白皇后」只得繼續留在紐約港進行修繕作業，直至某一天她悄然的離開紐約航往澳大利亞並改裝成運兵船。當澳大利亞北部戰情吃緊時，她奉命全速

運兵前往支援，直至日軍的威脅解除後，她才陪同她的姊姊參與橫越大西洋航線的服務。

戰後，大西洋航線就屬「瑪莉皇后」與「伊莉莎白皇后」兩姊妹的天下，直至 1952 年「北美合眾國（S.V. United States）」郵輪投入市場爲止。無論如何，對「瑪莉皇后」造成最大的打擊當屬第一架波音 707s 的問世。此時客人大都捨棄漫長的海上旅程而改搭省時快速的飛機，因而即使經過郵輪公司的努力挽救後營運仍未見起色，冠達郵輪公司遂在 1967 年宣布出售此二艘全球最大的客輪，「瑪莉皇后」很順利的售出並駛往美國加洲長堤，今天已成爲水上博物館與旅館。至此，大西洋上僅留下「伊莉莎白皇后」的孤寂芳蹤。

1970 年，營運不良的「伊莉莎白皇后」出售給當時的中國船王董浩雲先生所屬的東方海外航運公司（OOCL）。「伊莉莎白皇后」被開往香港並準備改裝成海上大學（Seawise University），然就在接近完工之際，該輪於 1972 年元月突然全船著火，經過噴灑數以千萬加侖的海水灌救仍無法滅火，最終因灌救海水數量過多致穩定性不足造成該船傾覆，結果呈船底朝天狀態擱置於香港的錨地，只能步上就地解體之途。

事實上，六〇年代早期，冠達郵輪公司本於旅客需求與品味變化的考量，計畫建造一艘更大且豪華的郵輪，不僅希望取代既有的「皇后」，更希望新造郵輪的抗波性與舒適度都能夠航行冬季海況惡劣的北大西洋航線，這對所有航運公司而言都是一大考驗，因爲冬季客源不足一直是郵輪經營者裹足不前的主因，但冠達郵輪公司卻有其一定的經營理念，故而儘管其貨船部門獲利頗豐，但仍將希望寄託於郵輪

業務。新船的造船計畫完全是嶄新的觀念，她不僅能在冬季橫越大西洋，更可在任一季節邀遊全球各海域，亦可通過巴拿馬運河，更擁有其二位老姊所沒有的空調設備與長水路所需的配備。

　　新船「伊莉莎白皇后二世（QE II）」於 1965 年 7 月開始建造，同樣由英國克雷德班的約翰布朗公司承建，於 1967 年 9 月 12 日由英國女王主持下水，並命名為「伊莉莎白皇后二世（Queen Elizabeth II）」，但因設計上的缺失直到 1969 年 5 月才離開船塢。新皇后於 1969 年 5 月 2 日離開南安普頓航往法國的利哈佛及紐約，抵達紐約時受到空前的熱烈歡迎。她的內裝充分表現出新世紀的到來，亦即大量起用塑膠、輕質木材以及光亮的裝配材質。但無論如何，從筆者先後登輪引航的感知，由於新一代郵輪大量輪採用高度工業化的裝潢素材，因此雖是新造船但卻欠缺老一代「皇后」具有的獨特典雅質樸品味。

　　最後，必須一提的是，如同二位姊姊一樣，「伊莉莎白皇后二世」亦曾擔負戰時的運兵船任務，亦即當阿根廷於 1982 年入侵英屬福克蘭群島時，「伊莉莎白皇后二世」即奉命載運三千名英國陸戰隊員遠渡重洋馳援戰場。當時「伊莉莎白皇后二世」的內裝不是拆掉就是覆蓋封閉，並搬離所有傢俱與陶器，再於上層甲板加設直升機停降場，且在數以百噸計的軍用品裝上船後，即航往福克蘭群島東方的南喬治亞島（South Georgia islands），在那裡卸下戰鬥部隊，數月後再將打勝仗的部隊載回南安普頓，迅即裝潢內部並將蒸汽透平機換上柴油內燃機，並回復到正常的環球客運服務。這是世界上僅有的三艘姊妹船先後投入戰場從事運補的紀錄，也讓人見證英國曾為日不落帝國

的昔日風采。（參閱圖 2.20）

圖 2.20　「伊莉莎白皇后二世」載運士兵前往戰場

　　不容否認地，儘管近十餘年來市場上不少新型郵輪陸續出廠，而且「伊莉莎白皇后二世」之船型流線亦不如新船美觀花俏，但此肩負傳承重任的「皇后」仍因其歷史意義享負盛名。此從筆者兩次登輪引航與多名外籍旅客，尤其日本旅客交談得知，大多數旅客事先皆知其船內艤裝與設施並不是最豪華的，甚至有點老舊，但卻無法掩蓋其特有的尊榮高貴氣勢與高品質服務，故而多是慕其英名而來，也為自身的旅遊史記上一筆榮耀的記錄。

　　另外一個比較特殊的郵輪發展模式，就是 2003 年地球上出現第

一艘有如公寓大樓的大型私人居住型郵輪（Private residential ship）「世界號（The world）」，將郵輪業務帶領至另一嶄新紀元。船上的客房是可以購買的，客房的購買者也就是住戶，來自十九個不同國家，可以常年居住船上隨船旅遊，但有些住戶則僅是在一年中的某一段時間住在船上。

　　巴哈馬籍「世界號」的建造創意源自出身海運世家的 Knut Klostr，該船船殼在瑞典 Landskrona 建造，之後再拖往挪威的 Rissa 完成後續工程。

　　「世界號」總噸 43188，船長 196 公尺，最大航速（Maximum speed）18.5 節，於 2002 年 3 月下水，2003 年 10 月由「居民」購得，船上配置 280 名船員與服務人員，由總部設在美國佛羅里達州羅德岱堡的 ROW 管理公司負責，船舶管理公司就如同陸上豪宅的物業管理公司一樣，負責船舶的運航與行政管理，包括雇用船員（Hiring the employees）。船上共有 165 戶家庭（Families）與居民（Residents），共同組成一個以郵輪爲家，並悠閒探訪各國旅遊景點的國際型社區（International community）。船舶的最高指導單位是經由所有船上居民選出的董事會（Board of directors），以及航路委員會，專責提供有關船舶行程（Itinerary）、財務與生活方式（Lifestyle）的指南（Guidance）。

　　「世界號」從造船開始至下水運航，完全顛覆了傳統上郵輪旅客買票登船旅遊的模式，而是讓「居民」採取以船爲家的「置產」模式登輪入住，眞正實踐了「浮動的飯店」的理念。

　　如果從建造成本與豪華舒適等級（Luxury and comfort）來看，

「世界號」屬於世界上最貴的郵輪之一，165 個家庭擁有客房所有權並居住船上隨船航行世界各地，絕對可以稱是頂級豪華資產（Top ranked luxurious property），因為在這之前並無任何「個人（Individual）」擁有大型郵輪資產的紀錄，尤其想到高昂的船價與繁瑣的管理事項，就會令人卻步。事實上，對個人而言幾乎不可能擁有與管理此船，因而必須由許多家庭成為一個團體才有可能管理一切事務。「世界號」的主要居民來自北美占 50%，另外 35% 來自歐洲，15% 來南美、南非、澳洲與亞洲。

並不是沒有人想購買「世界號」的客房或搭乘此船，實因過去數十年以來郵輪船價大幅上漲，「世界號」的成本高到令人匪夷所思，不是一般個人或家庭購買得起的，只有知名藝人（Big name celebrities）或是企業主（Business owners）才買得起，像天王級巨星阿諾史瓦辛格（Arnold Schwarzenegger）與瑪丹娜（Madonna）就各擁有一間套房。船上的房價大致如下：

1. 單人房（Studio）：設有床鋪、書桌、衣櫃、衛生間、浴室、廚房等設施。最早為 9 萬美元，現在至少要 60 萬美元起跳。

2. 像阿諾史瓦辛格（Arnold Schwarzenegger）擁有的套房（Suit）價值 1,350 萬美元。

3. 雙人海洋公寓（Two-bed ocean apartment）不會低於 295 萬美元。

4. 短期租賃（Short time rental stay）依房型不同而異，單人房每晚約 550 美元。

5. 套房（Suite）租賃依房型不同而異，每人每月至少 2 萬美元起跳。

6. 某些簽訂長期租賃合約的居民每天至少要支付 2,100 美元。

　　再者，「世界號」居民並非占有所有客房，事實上仍保有部分客房供商務使用，任何居民皆可擁有或出租一段時間，賺取營收以管理與保養船舶，進而讓船況永遠保持在最佳狀態。

　　由於「世界號」並非以載客的商業運轉爲主，航線全由船上居民決定，因此每有驚人之舉，如 2017 年 1 月 28 日「世界號」抵達位於南極羅斯海（Ross sea）的鯨魚灣（Bay of Whales）（78°43.997'S and 163°41.421'W），打破郵輪航往地球最南端的紀錄，這是一般郵輪從不考慮的航行水域。

　　2020 年 3 月，世界號」受 COVID-19 疫情影響，全船旅客清空並只留下部分重要管理級船員，直至 2021 年 7 月才恢復營運。（參閱圖 2.21）

Source: www.youtube.com

圖 2.21　居家型郵輪「The World」

　　再從華人世界的角度來看，2022 年 3 月 6 日，首艘中國籍國內沿海航線郵輪「招商伊敦」在疫情影響二年未有大型郵輪造訪上海港後，首度泊靠上海外灘國際客運中心碼頭。

　　「招商伊敦」長度 228 公尺、寬 34 公尺，前身為「維京太陽」，由義大利芬坎蒂尼船廠於 2017 年完成建造，總噸位 47,800，配置 465 間露台客房，可容納 930 位遊客。經過適當的改造後，「招商伊敦」以深圳蛇口為母港，運營「深圳—上海」八天七夜航線，成為以景點體驗為核心的國內沿海航線。儘管此郵輪非由中國人所打造，但總算是第一艘在中國註冊並由中國人營運的中大型郵輪，亦算是中國郵輪發展史上的一個里程碑。

　　又此輪命名為「招商伊敦」的典故，乃源自 1872 年招商局從大英輪船公司購買的第一艘名為「ADEN」的貨輪，中文船名就譯成「伊敦」，是中國近代航運史上的第一艘大型商船。（參閱圖 2.22）

Source: www.hongyuhaishi.cn

圖 2.22　招商伊敦號郵輪

2.3 郵輪的分類

　　郵輪的分類（Cruise's classification）標準各國不同，例如日本偏向以船票價格的高低分類，歐美則是著重於服務品質，故而都以類似處理高端商品一樣的標準做衡量。為簡化區分，最常見的就是採用量化法，比較郵輪與陸上渡假飯店（Resort Hotel）單晚住宿費用價位的高低加以分類。可以想見的是，每個地區、國家，乃至每家郵輪公司的標準皆有不同，即使同一家郵輪公司所屬的每一艘郵輪亦不見得相同。但無論如何，最主要的評價標準仍是郵輪公司所能提供的服務品質。基本上，依據 2019 年 COVID-19 疫情爆發前的市場報價，郵輪依消費層次與舒適度的差異可分成下列四大等級：

1. 平價級（Mass）：以一般大眾為主客群，又稱「Casual Class」或「Contemporary Class」。雙人房二人入住時的單人消費價格（以下同）每晚約 100～350 美元；但隨著船舶大型化的趨勢，在規模經濟的優勢下，單價有普遍下滑的跡象。然此級郵輪也因為價格低廉，所以船上供應的許多餐飲皆須另外付費，而且賭場（Casino）的空間較大，藉以提高郵輪獲利財源。經營此級郵輪的公司有 Carnival、Costa Cruise、Royal Caribbean、Star Cruise、MSC、Norwegian Cruise line、Disney 等。（參閱圖 2.23）

2. 休閒級（Premium）：此級郵輪的船票含括所有餐費與部分娛樂活動，每晚約 150～400 美元。經營此級郵輪的公司有 Princess、Celebrity Cruise、Holland America 等。（參閱圖 2.24）

圖 2.23　平價級郵輪

圖 2.24　休閒級郵輪

3. 豪華級（Luxury）：提供高級的服務，每晚價格約 400～1,000 美
   元。經營此級郵輪的公司有 Regent Seven Seas（原 Radisson）、
   Silver Sea、Seabourn、Crystal Cruise、Wind Star Cruise、Cunard
   等。（參閱圖 2.25）

圖 2.25　豪華級郵輪

較為特殊的是，冠達郵輪公司所屬的郵輪雖列屬豪華級，但亦配
置有部分休閒級客房，亦即低價艙等的服務約略等同休閒級。
（參閱圖 2.26）

4. 奢華級（Boutique）：此一等級郵輪在郵輪分類區塊中，屬船型
   規模較小者，故而乘客船員比（Passenger/Crew）較高，每晚約
   自 600 美元起跳，郵輪公司可針對每個旅客提供個別服務者（一

人一人によりきめ細かいサービスを提供する）。經營此級郵輪
的公司有 Regent Seven Seas、Silver Sea Cruise、Seaborne；Hapag
Lloyd。（參閱圖 2.27）。

Source: Schiffsverfolgung

圖 2.26　冠達三姝

圖 2.27　船型規模較小的奢華級郵輪

　　除了上述以消費價格高低區分外，市場上亦有採用「星等」做區隔的，然而「星等」的評價常受商業手法與廣告左右，實難準確界定。很顯然的，同一家郵輪公司基於市場區隔考量，所屬郵輪從平價級到奢華級都有。又從上述價格區分來看，國人旅客在國內港口搭乘的郵輪多屬平價級與休閒級，至於豪華級與奢華級郵輪則多屬利用台灣港口作爲掛靠港的歐美籍旅客群所搭乘。

　　從上述郵輪分類發展趨勢來看，郵輪除了講求豪華享受外，最爲明顯的就是船舶的「噸位（Tonnage）」愈造愈大，而所謂「噸位（Tonnage）」就是對船舶的「大小（Size）」的描述。眾所周知，船舶的「噸位」表示有幾種方式，包括「總噸（Gross Tonnage, GT）」、「淨噸（Net Tonnage, NT）」、「載重噸（Deadweight Tonnage, DWT）」，以及「排水量（Displacement）」等。可以確定的是，不同的「噸位」之衡量標準或計算方式或有不同，但主要都在用以表示船舶的「大小」。基本上，同一艘郵輪都有上述各種法定認可的「噸位」表示，只不過基於商業與市場習慣，郵輪的「大小」都以「總噸」表示。因此一般人在查閱郵輪的基本參數時，最直覺的都會先查看「總噸」的大小。「總噸」又稱「容積登記總噸（Gross Registered Tonnage, GRT）」，主在表示經法定驗船機構（Ship's Classification Society）丈量確定後的船舶總容積，係指依據船舶內部的所有圍蔽空間（扣除部分符合一定標準的開口場所空間）乘以一定係數，再除以 100 立方英尺（或 2.83 立方米）所得的商數。因此，「總噸」在學理上是沒有單位的，但職場上常被以訛傳訛地加上「噸」的單位。

　　另一方面，在某些郵輪經營的實務領域中，則是經常會採用經驗船機構丈量確定，用以表示船舶有效容積的「淨噸（Net Tonnage）」，「淨噸」係指從上述容積總噸位中扣除船上不供營業用的空間後所剩餘的噸位，也就是船舶實際可以用來裝載貨物，或搭載乘客的所有容積。「淨噸」主要用於船舶的報關、結關手續，以及計算船舶應繳交的港口費、引水費、燈塔費、停泊費、通過運河時繳納運河費等各項費用的依據。例如中國港口的船舶引航費（Pilotage fee）就是以船舶的淨噸位作為計費基準。

　　另從歷史上來看，越洋郵輪在最初建造運行的時候，仍屬蒸汽機時代，故而機艙與燃煤艙所占用的空間很大，此意味著載客空間相對變小。時至今日，郵輪多採柴油內燃機運轉，甚至液態天然瓦斯（LNG）推進系統，所以機艙所占空間亦較往昔變小許多，相對的讓旅客可使用空間變大。但傳統認知上都是以「總噸位」比較「大小」，即使人們都知道數據上採用淨噸位較為精確，但約定俗成與海運習慣的力量更是不容忽視的。

2.4 郵輪的命名（Ship naming /christening）

　　眾所周知，無論國際海事組織或沿海國政府為方便管理船舶，在法制上都將船舶「擬人化（Personification）」，即賦以船舶具有人的某些外在特徵敘述，如船名、國籍、船齡等。毫無疑問地，船舶擬人化就是為了使船舶具有一定的民事行為能力與民事權力能力，並將複雜的船舶關係簡單化，以利國家航政主管機關的管理。而其中的「船

名（Ship's name）」則是人們對於任何船舶進行辨識的第一要件。

另一方面，在早期通信不便，即時傳送困難，電信費用昂貴的時代，資訊不足是可以理解的，因此跨國或跨域的商貿交易，商家通常只有憑其先前對某艘船舶的船名記憶與評價，決定是否進行更進一步商業交易的意願，當然一旦決定進行商業交易，第一時間就會想到委請該船公司託運貨載，因此船名在跨國貿易的信用上更具重要性。

儘管船名如此重要，然而海運社會的經驗告訴我們，買船容易命名難。試想航商投下巨資造船或購船，當然希望屬輪運轉順利為自己帶來財富，因此不論基於迷信、個人喜惡乃至時空環境的考量，總想為屬輪取一個音義皆宜、諸事順利的船名，故而患得患失在所難免。歷史上，船舶的命名（Naming of ships）亦扮演類似的角色功能，常隨著時代不同，刻意彰顯當下海運社會實際上與商業上所關切的議題。

最具戲劇性的船舶命名過程莫屬 1936 年冠達白星汽輪公司（Cunard White Star Line Limited）董事長 Percy Bates 爵士獲准覲見國王喬治五世，請求國王准許一艘該公司正建造中的越洋郵輪以其祖母維多利亞皇后（Queen Victoria）為名的軼聞。當時冠達公司所屬船舶的傳統命名都是以「ia」作為字尾，但爵士想將新造船舶命名為更具民族主義與帝國威嚴的船名。因此爵士很恭敬地稟告國王：「冠達公司正在建造一艘世界上最好、最大而且最快的船，懇請陛下恩准將新船以曾經貴為英格蘭皇后，而且最為非凡卓越的女性（Most illustrious and remarkable woman）命名。」沒想到溺愛寵妻的國王毫不思索地提出：「以我愛妻的名字命名會更令人高興」，因此爵士原

本想要命名的「維多利亞皇后」新船，只得無奈地命名為「瑪莉皇后（Queen Mary）」。（參閱圖 2.28）。

圖 2.28　原本應命名為「維多利亞皇后」的「瑪莉皇后」

　　另一方面，無論從自然法則或是財政壓力的層面來看，自古以來船舶即承擔許多艱鉅的任務，而在各種無可預測的內外在因素干擾下，常常無端消失在水平線下永不再出現，或即使出現也在幾個月之後。此外，往昔船舶的外殼形狀多由造船技師（Naval architecture）決定，為強化所造船舶無堅不摧永不毀滅的自我意識，也因而常將船體擬獸化，例如在船艏描繪「眼睛（Oculus）」，或鑲崁足以讓敵人望之產生畏懼，或是驅逐厄運，或是祈求風平浪靜的圖騰與雕塑工藝品。

　　事實上，我國古代華南地區的造船工匠亦常會將帆船的艦艏或艦艉裝飾成奇獸的樣子，或者是簡單的在船首兩側畫上眼睛。此外，古時候東南亞和印度地區也存在著船隻擬獸化的記載，因此無論是東方的擬獸化，還是西方的陰性「She」化，兩者同樣都是航海文化的體現，因為茫茫大海上與水手相伴的，永遠只有這艘船，她承載著水手的生命，所以水手們也相應的為她「賦予生命」作為回報。

　　基本上，船舶的「命名（Nomenclature on vessel naming）」並無一定的正式程序，但通常都會選在造船廠新船下水時，並邀請達官夫人或名媛貴婦在船首擲瓶香檳，並委其擔任該船的教母（Vessel's godmother），藉以標榜出身名門。亦有較為迷信的船東會在新船下水時舉行祭酒（Libation）儀式，祭拜海神祈求保護該船航行平安。新船下水時或有船舶會一併舉行新船命名典禮（Naming/Christening ceremony），但亦有選擇在新船交付給船東時才舉行命名典禮。

　　法制上，國際海事組織基於海事安全與管理考量，明文要求所有船舶都需在船艏的兩舷側、駕駛台及船艉以清楚的規定字體漆寫船名。然由於船舶的物理壽命長達數十年，故而船舶在其生命週期中每遇有買賣情事，此時船東必須依法更換船籍國國旗、船名、煙囪標誌，乃至船殼的油漆顏色。又為便於航政監理，更換船東後的船舶，其船舶證書上的船名必需在其原船名之前加註「ex-（前）」字首，例如「ex-Exxon Valdez」即是。

　　基本上，船舶命名隨船東喜愛，惟「船」字在英文被視作陰性，代名詞也就使用「She」、「Her」，如羅曼語族和日耳曼語族中，艦船大多也是陰性詞。故而船舶命名多會避免剛毅勇猛的陽性字眼，此

從下列西方海洋史來看即可驗證：

1. 古羅馬與古希臘時代常以建造船隻的方式向某位女神致敬，而且掌管航海與海洋的神祇，無論是古希臘神話還是古埃及軼聞，都是女神；

2. 西方航海民族將船隻視為母親的化身；

3. 水手們認為船隻和女人有許多相似之處，尼米茲曾說過保養軍艦和女人塗粉一樣花錢。

　　反之，由於迷信使然，早期人們認為女性（生理期）登船是不詳之兆，所以軍艦的命名不採女性名稱命名，而採男性名稱命名。時至今日，或受全球性消除性別歧視風潮影響，亦有許多船東無所忌諱，不再堅持非「她」不可，也因而吾人在海上偶見「XX 英雄」、「OO 勇士」、「KK 戰士」們。但從筆者數十年海上生涯來看，船舶既屬陰性，船名還是以柔和平俗為要，因為在我們的記憶中確有太多取名較「硬」的船舶遭遇海難，反之，取名親和庸俗者卻常為船公司創造永續的財富。

　　其次，很多船東基於感念或報恩情懷，多會以其妻女、女性伴侶（Mistress or female companion），甚至情婦（Paramour）的名字為新船命名。更有許多船舶採柔性訴求以花卉命名，例如「菊花（Chrysanthemum）」、「玫瑰（Rose）」即是。

　　至於本書所撰述的郵輪，多有誘人的船名（Alluring name），諸如「海洋綠洲（Oasis of the Seas）」、「歌詩達新羅曼蒂克（Costa Neoromantica）」即是，但時代在變，少數船東與船舶管理人亦有破除迷信的不同想法，例如嘉年華郵輪公司的「嘉年華勇猛（Carnival

Valor）」、「嘉年華勝利（Carnival Victory）」就是顛覆傳統忌諱的命名。而最為特殊的，就是日本船舶的命名，通常在船名之後加一「丸（Maru）」字，字義上代表「圓」的意思，但其實是出自船舶的本質為保鄉衛國的浮動城堡（Floating castles）的概念，頗具決戰境外的國家戰略內涵。

另外，某些船東因感念某艘船是其事業發跡或帶來好運的船舶，就會讓其家族企業世代接續其船名。例如二次大戰期間，希臘船東 A.G. Pappadakis & Co. 所屬的散貨船「North King」曾突圍德軍 U 型潛艇的封鎖線[註5]，穿越大西洋運送盟軍物資十七次。故而該公司船隊直至今日新船命名時，仍會在屬輪船名前方冠以「North」一字，例如「North Prince」、「North Empress」和「North Princess」，以資紀念其光榮事蹟。

【註5】

　　U 型潛艇（英文：Undersea boat）是指在第一次和第二次世界大戰中，德國使用的潛艇。當時德國潛艇的編號都使用德文「Unterseeboot」意思（英文為 U-boat）的首字母 U 加數字命名。

如同前述，由於郵輪營運壽命長於一般貨輪，故而高齡郵輪通常會透過買賣轉手經歷過多位不同船東擁有，也因而藉由船東的轉換進行改裝（Refitting）並更改船名（Name change），某些郵輪甚至擁有十餘個「前船名（Ex-ship's name）」。而為展現公司的品牌與經營特質，大多數郵輪公司都有為自己船隊屬輪命名的共同命名計

畫（Naming scheme），有些公司以其公司的名字做爲船名的「字首（Prefix）」或「字尾（Suffix）」命名。例如採用字首的 Carnival；Norwegian 或採用字尾的 Princess。其他公司則使用複合詞彙，諸如 P & O 採用「Pacific－」，長榮海運使用「Ever－」作爲字首；Royal Caribbean 使用「－of the seas」、荷美郵輪公司（Holland America Line）採用「－dam（堤壩）」、萬海公司採用「－春」、陽明海運採用「－明」作爲字尾。其實，郵輪公司使用同一字首或字尾命名的用意，除具有連貫性與延續性的訴求外，更可獲致管理與維修上的分級處理之便。

2.5 郵輪的用途（Cruise ships utilization）

郵輪除了前述海上旅遊的主要用途外，在某些特殊情況下，常被權宜使用在各種不同場合。就以軍事用途爲例，早期區域性郵輪由於船速較慢，適航性要求相對較低，且直至幾次世界大戰後才被引進市場，故而從未被用來作爲運兵船。相對於此，越洋定期郵輪（Ocean liners）常被視爲傳統沿海國家的榮耀，並與其他國家進行海權宣示的競爭，故而在幾次大戰中常被徵調（Requisition）作爲運兵或醫院船（Hospital ships）使用。

此外，郵船常被徵調進行與其原始設計相違的任務，例如 2004 年希臘夏季奧運會因旅館短缺，故而部署 13 艘郵輪泊靠鄰近雅典的 Piraeus 港的南碼頭做爲浮動飯店（Floating hotels）使用，以滿足觀光客的住宿需求。（參閱圖 2.29）。

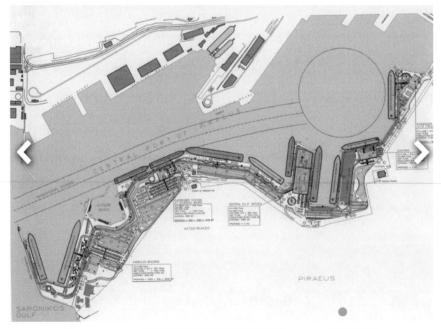

圖 2.29　2004 年夏季奧運期間泊靠希臘 Piraeus 港的郵輪

又如 2005 年 8 月 29 日，颶風卡翠納（Hurricane Katrina）侵襲美國路易斯安那州的紐澳良，造成包括消防員與警察在內的約 5,000 名居民無家可歸，美國聯邦緊急管理署（Federal Emergency Management Agency），向嘉年華郵輪公司（Carnival Cruise Lines）簽約租用三艘郵輪「Carnival Fantasy」、「Carnival Holiday」與「Carnival Sensation」，二艘繫泊在密西西比河河岸，一艘停泊在 Pascagoula 港內作為安置卡翠納颶風（Hurricane Katrina）疏散者（Evacuees）的留置場所，災民在船上居留長達二個月。每艘郵輪半年租期的租金高達二億三千萬美元，包括災民的每日三餐飲食、每週換洗衣服一次、客

房住宿與船舶的燃料費。但事後檢討因爲部分郵輪客房並未住滿，使得緊急管理署遭受各方浪費公帑的非議。

2010 年，因應愛爾蘭火山爆發英國關閉空中交通，剛建造完成的郵輪「Celebrity Eclipse」被派往西班牙載回滯留當地的 2,000 名英國旅客，以展示船東善意。該船於同年 4 月 21 日從英國的 Southampton 港出航，於 4 月 23 日返航。

2022 年 2 月 24 日爆發俄國入侵烏克蘭戰爭，導致數百萬名烏克蘭人民流離失所，蘇格蘭政府連續租用二艘郵輪，停泊在格拉斯哥港專門收容烏克蘭難民，下圖爲其中之一總噸 48,000 的「Ambition」郵輪，該輪預計可收納 1,750 名烏克蘭難民。（參閱圖 2.30）

圖 2.30　收容烏克蘭難民的「Ambition」郵輪

2022 年 11 月 20 日第 22 屆世界杯足球賽在卡達首都多哈

（DOHA）開賽，因當地飯店難以應大量旅客，卡達政府租用 MSC World EuropA、MSC Poesia、MSC Opera 三艘郵輪充當海上酒店（Cruise Ship Hotel）供世界杯足球迷租住。

　　從上得知，郵輪除了經營其休憩旅遊的主要用途外，在緊急情況下，權宜挪作他用亦屬不少。例如 2019 年新冠病毒（COVID-19）氾濫，長達近二年的疫情導致 2021 年春節自對岸與國外返鄉過節的同胞爆量，致使國內檢疫隔離旅館一房難求，筆者即曾建議主管機關徵調郵輪停泊基隆港作爲隔離旅館，一方面可紓解返鄉國人無房可供隔離之苦，另方面又可替停航兩年的郵輪注入活水，惜提案未被採納。

※ 溫馨提醒（Friendly Reminders）

隨著 1960 年代大型噴射客機的到來，洲際旅客從船舶轉換至飛機，使得越洋定期郵輪的營運步入衰退的盡頭。

With the advent of large passenger jet aircraft in the 1960s, intercontinental travelers switched from ships to planes sending the ocean liner trade into a terminal decline.

第三章　郵輪市場

3.1 全球郵輪市場背景

「市場」一詞的定義爲「人們藉由私人買賣進行交易，但不包括拍賣（Auction）的聚集處所」；「進行商品交換或提供服務的商業活動場域」。可見在市場進行的交易具有供需的相對性，而且還包括非物質的服務活動（Activity）。很顯然地，如同其他產業一樣，郵輪產業的興衰亦受市場的供需情況，與其所提供服務品質的良窳所主導。

現代版的郵輪產業，若從北美工業的發展史來看，可以追溯到上個世紀七十年代，亦即經歷了一個日益增長的普及過程，更成爲旅遊業的一個重要區塊，也可視爲一個遍及全球的（World-wide）重要經濟因子。

另一方面，相對於海運市場長期的萎靡不振，郵輪產業卻能藉由提供多樣化的運輸模式結合現代化的港口服務，成就了郵輪作爲消費者度假的優先選擇，因而被業界稱爲抗危機產業。策略上，郵輪業者鎖定目標爲愈來愈多的富裕客戶群提供服務，每年爲來自世界各地上千萬乘客提供令人興奮、多元與輕鬆愉快的體驗。

回顧自 2009 年金融海嘯以來，海運業算是經營最爲艱困的產業

之一，但唯獨郵輪業是海運與休閒旅遊市場中成長最快速的區塊，實屬產業異數。因爲自 1990 年代至 2000 年代之間，郵輪市場幾呈倍數成長，此表示其每年成長率（Annual growth rate）約達 7%。（參閱圖 3.1）

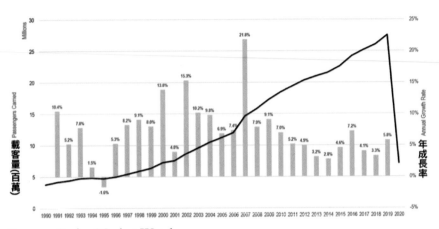

Source: Cruise Market Watch

圖 3.1　1990～2020 年全球郵輪載客量與成長率

　　但不容否認的，相對於陸上旅遊，郵輪旅遊在整體觀光旅遊市場上的營收占比仍是相對較低，此亦表示郵輪產業仍有很大的發展空間。

　　回顧過去三十年以來，雖在 2008～2009 年間因全球性金融危機致成長率稍有放緩外，郵輪市場始終持續穩定成長，即使發生嚴重影響地中海郵輪旅遊運作的「阿拉伯之春（Arab Spring）」民主運動所帶來的地理政治上的紛擾，以及義大利籍郵輪「歌詩達諧和」觸礁沉沒所造成的負面形象（Negative image），都沒有影響到郵輪業的穩

定發展，這是其他運輸業與旅遊業所無可比擬的，直至 2020 年新冠病毒疫情（COVID-19 pandemic）全面爆發後始停止。（參閱圖 3.2）。

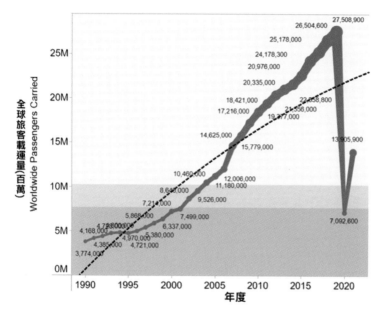

Source: Cruise Market Watch

圖 3.2　全球郵輪旅客載運量趨勢

　　或許是郵輪業的獲利誘因，抑或許是業者圖存求生不得不急於復航，即使疫情氾濫，及至 2021 年終，全世界營運中的遠洋郵輪仍有 323 艘，載客容量高達 581,200 人（平均每船載客量 1,800 人），比 COVID-19（2019）比疫情前的 2019 年只減少 7.8%。

　　不容否認的，「歌詩達諧和」於 2012 年元月擱淺傾覆造成 32 人死亡的悲劇，確曾給歐美郵輪業帶來幾年的寒冬，究竟「安全」是旅客出遊的最優先選項。但郵輪業者迅即將該事故定位為船長個人嚴重

人為疏失的單一個案，並透過提升安全措施的宣傳手法，強調郵輪仍是當前市場上最安全的旅遊方式，果然很快就說服善忘的郵輪旅客回流。

統計上，單是 2019 年一年就有接近三千萬旅客分別搭乘四百艘郵輪，灣靠位於北美、加勒比海、地中海、北歐、澳洲、亞洲與非洲的不同郵輪港口，此在全球郵輪港口創造了超過一億五千萬人次的旅客流量。回顧本世紀初，搭乘郵輪的總旅客數才只有七百萬，可見郵輪旅遊發展之速。但我們對此樂觀的觀察與統計必須略帶保留，因為上述統計中每名旅客在每一航程都會隨船灣靠三到五個港口，故而估計至少約有二千九百萬旅客人次會在同一旅程中被重複計算。（參閱表 3.1）

全球郵輪旅客源區（Source Region of Passengers）			
年度	北美洲	歐洲	其他地區	全球旅客量
2017	12,645,600	6,996,000	5,536,400	25,178,000
2018	12,927,800	7,285,100	6,291,700	26,504,600
2019	12,929,200	7,564,900	7,014,800	27,508,900
2020	3,225,500	1,935,300	1,931,800	7,092,600
2021	6,118,596	3,754,580	4,032,711	13,905,900

Source: Cruise Market Watch

表 3.1　全球郵輪載運旅客成長趨勢

不容否認的，若相對於 2011 年全世界觀光業（Tourism industry）高達十億的觀光人數，全球郵輪業的規模算是較小的，例

如單是 2010 年就有三千七百萬人到訪賭城拉斯維加斯，而同年的郵輪旅客載運人數卻只有一千八百萬人。

至於近三十年來，郵輪市場的成長以倍增擴大，最主要是因為市場的傳播性極高，消費者間的相互影響性更高。又當有愈來愈多的人們擁有海上旅遊的經驗，就意味著有更多的人會告知其他人，也因此激起更多的人想搭乘郵輪出遊的念頭。

毫無疑問地，郵輪業者面對這一驚人的市場增長，當然亦體認到需要更高效能的管理，以及迫切的進行組織和結構再造，因為唯有如此始能因應不斷變化的市場競爭。基本上，郵輪產業每年創造超過 150 億美元的營收，其中 79% 的產出落於北美和英國市場，以及遍布全世界數十萬的直接和間接就業機會，更在全球各個不同的工業部門間產生數十億美元的年度間接效益，例如消費用品生產、專業技術服務、旅遊服務、金融服務、航空運輸和批發貿易等。（參閱圖 3.3、3.4、3.5）

Source: CLIA

圖 3.3 2018 年郵輪產業對全球的經濟貢獻

圖 3.4　2019 年郵輪產業對全球的經濟貢獻（一）

ECONOMIC IMPACT

2019 GLOBAL ECONOMIC IMPACT

The latest pre-pandemic data confirms that the cruise industry plays an important role in the creation of jobs and economic opportunity for millions of people around the world.

旅客人數(百萬)
29.7 MILLION
PASSENGERS

就業機會
1,166,000
JOBS

薪資(十億美元)
$50.53 BILLION
WAGES AMD
SALARIES

全球產出(十億美元)
$154.5 BILLION
TOTAL OUTPUT
WORLDWIDE

Source: CLIA

圖 3.5　2019 年郵輪產業對全球的經濟貢獻（二）

　　基本上，當前郵輪市場的成長策略（Growth strategies）主要受到業者採用創新的造船設計理念訂造具有大量載客能力（Larger capacity）的郵輪、改良造船素材、提升「高乾舷船（High free board ship）」的穩定性、船舶經營多元化（Diversification）、灣靠更多區域內港口（Local ports）、探訪富異國情調的旅遊景點、具有主題的船上與岸上旅遊活動，以及提供滿足旅客所期望的多元度假選擇等因素所主導，凡此都是為郵輪業屢創新猷的加乘作用因子。因為業者早已意識到僅靠單純的「搭船出海」訴求，絕對無法開拓商機，更難藉以獲利，故而無不想方設法讓旅客興起「想玩」、「肯玩」的念頭，進而將旅客的錢留在船上。

　　必須強調的是，儘管郵輪業在國際市場上已快速拓展，而前述所有這些由業者精心設計的創新活動與行程（Itineraries）規劃的主要目的還是在於提高世界上最大，且最具成長潛力（Growth potential）的北美核心市場的旅客滲透率（Penetration）。因為直至 2019 年，被郵輪業鎖定為首要營運目標的北美市場也只有 53%（或是全球人口的 24%）的民眾有過搭乘郵輪的經驗，而全球所有的郵輪公司整年度所載運的總旅客數還不及造訪拉斯維加斯總人數的一半，可見郵輪業仍有許多發展空間。（參閱圖 3.6）

　　另一方面，郵輪業鎖定的旅遊消費對象屬收入較觀光旅遊業還要偏高的階層客源。此一市場區塊（Market segment）的消費層通常比較不容易受到經濟衰退（Economic downturns）的衝擊影響。最重要的是，包括開發中國家在內的多數國家，近年來由於收入水平的提升，連帶地提升一般民眾想要搭乘郵輪旅遊的意願。尤其年輕一代的

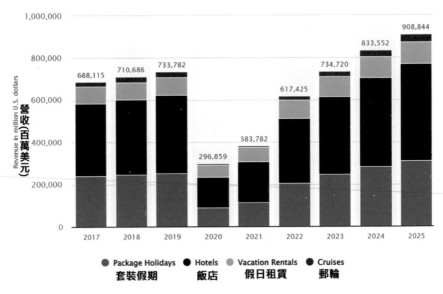

Source: Statista Research

圖 3.6　2017～2025 年全球旅遊觀光市場收入（單位：百萬美元）

消費觀與價值觀已大幅改變，使得搭郵輪旅遊已成風尚，而非遙不可及的夢想。相對的，這個充滿活力的產業，不斷擴大產品開發和服務的提供，並開拓新的市場。

　　另從供需的角度來看，自 2001 年起郵輪業者即以每年建造九艘甚或更快的速度成長，以迎合北美與歐洲的高端旅客（Clientele）需求。至 2011 年，全球已有一千九百萬名旅客搭載郵輪，營收高達二百九十四億美元。另一方面，較小的市場，諸如亞太地區，郵輪公司通常指派較老舊郵輪提供營運服務，這些郵輪都是因為新造郵輪投入業務高成長區域而被汰換下來轉進二線市場的。（參閱圖 3.7）

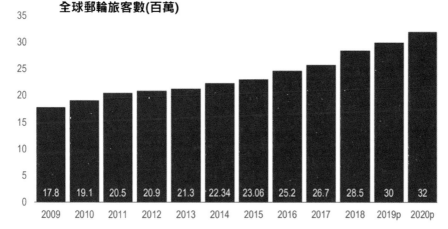

Source: CLIA

圖 3.7　國際郵輪旅客量預期增長趨勢推估

另據 Cruise Market Watch 統計，2019 年至 2021 年二年間受 COVID-19 疫情影響，就有 31 艘郵輪退出市場營運，載客運能（Passenger capacity）減少 49,105 位。但此減少的客房恰可由 2021 年投入市場的 8 艘新造郵輪補足。此一情勢演變表示全球遠洋郵輪市場到 2021 年底，總載客運能 581,200 人的 323 艘郵輪約可以承載 13,900,000 位旅客人次。此一數據較 2020 年底增加 96.2%，但較 2019 年減少 49.4%，可見疫情影響之深。

如同前述，在疫情爆發前，全球的郵輪市場就是由數百艘大型郵輪組成的船隊，載運數百萬乘客穿梭漫遊散布在全球各地理區域（Geographical areas）內的五百多個目的地之間，其中以加勒比海航

線最受歡迎，其次是地中海航線和歐洲旅程，至於港口和城市則以巴塞隆那、威尼斯、尼斯、雅典和希臘群島、蒙特卡羅、伊斯坦堡、倫敦、阿姆斯特丹、斯堪的納維亞峽灣、赫爾辛基、聖彼得堡等歷史悠久的港口城市較受青睞。當然亦包括一般旅行業者未提供的旅遊機會，如近年來特別風行的北極和南極地區探險旅程即是。而從上述港口與城市來看，歷史、故事、文化與景觀依舊是吸引郵輪旅客的最主要因素。

及至 2021 年底為止，全球前五大郵輪公司為 Carnival、Royal Caribbean、Star Cruise（其一度擁有 Norwegian Cruise Line 50% 股份；NCL 源本是第三大的）、MSC Cruis 以及 Louis Cruise。其中只有 Louis 郵輪公司是經由購買二手或三手老船而大幅成長，其他四家公司大多自行建造新船，因而擁有市場上絕大多數的超級郵輪船隊。（參閱圖 3.8）

Source: adapted from Cruise Market Watch; and Cruise Industry News.

圖 3.8　2020 年全球主要郵輪公司市場占比（船舶容積）統計

　　很顯然的，及至 2019 年 COVID-19 疫情爆發前，全球旅運業幾乎沒有人不看好郵輪產業的光明前景，然而任誰也未想到一場突發疫情竟給郵輪產業帶來毀滅性的重擊，連帶地使港口、相關產業與其從業人員亦蒙受嚴重損失。因為自從疫情爆發後引發前所未有的全球財政與經濟危機以來，2020 年 2～3 月間，共有三艘郵輪發生八百名郵輪旅客與船員確診（Confirmed cases）的案例，演變成全球郵輪業者主動採取全面性停航的痛苦決定，一夕之間數百艘郵輪分別在全球各港的錨地拋錨閒置，而且沒有明確復航時間與條件。及至 2020 年 4 月底，全球郵輪港口陸續封閉，原本部分業者預期 2020 年年底配合疫情和緩，可以採取 60～80% 的載客率復航，沒想到六個月後又爆發第二波疫情，導致原本蓄勢待發的郵輪被迫再度延期（Postponement）。而隨著疫情的拖延，各種防疫機制與旅遊限制已成為後疫情（Post COVID-19）時代的新常態（New-normal），故而業者欲做長程的旅客人數精準評估頗具難度。毫無疑問地，2020 年對郵輪業而言，絕對是史上最大的災難年（Most disastrous year），因為 2019 年旅客數從 27,500,000 人減到 7,000,000 人，跌幅高達75%。但隨著全球各知名藥商研發的疫苗陸續上市後，大幅提高疫苗施打普及率，人們的抗疫能力愈趨提升，疫情終究是要過去的。可見郵輪業即使被尊稱為「抗危機產業」，終究無法逃過世紀大疫情的肆虐，往後郵輪經營者勢必要嚴肅面對，進而思考如何防範與因應類此影響企業存續興衰的不可預測因子。

　　令人鼓舞的是，儘管新冠病毒疫情造成全球郵輪年成長率（Annual growth rate）從 1990 年至 2019 年間 6.6% 的平均值跌至谷底，

進而重創郵輪產業，但相對的在此期間也促成更多新世代且對環境友善的（Modern and environmentally friendly）新造郵輪投入市場，因而加速許多老舊郵輪被迫退出市場。

　　另一方面，從郵輪產業貢獻經濟民生的角度來看，根據國際郵輪協會（CLIA）統計，單是 2018 年全球就有 28,500,000 旅客搭乘郵輪旅遊，同時提供 1,177,000 個工作機會；船員與工作人員的薪資供給額高達 502.4 億美元；有關郵輪本身營運的直接採購（Direct purchasing）金額達 679.7 億美元；旅客登船前在港口所在地的平均消費金額為每人 376 美元，至於旅客在郵輪行程中每個灣靠港口的平均消費金額為每人 101 美元。加總以上郵輪成本與旅客消費金額得知 2018 年全球郵輪產業帶來的經濟效益高達 1,501 億美元，較 2017 年成長 12.1%。（參閱圖 3.9）

Source: CLIA

圖 3.9　2018 年全球郵輪經濟效益

3.2 郵輪營運的市場特質

　　如同前述，不論郵輪或客船皆指從事海上運送旅客之船舶，只不過前者較著重於船上起居的品質享受與航程的旅遊休閒安排，因而每每冠以「豪華」二字，其消費族群從背負行李架徒步探訪金字塔的年輕學子，乃至攜伴悠遊海上的退休銀髮族，故而其市場的潛力真是難以評估。

　　可以理解的，面對全球郵輪市場的蓬勃發展，相關業者莫不懷著欣喜期待的態度來看待，究竟在海運業長期低靡的大環境下，郵輪產業帶來的商機與外溢效果（Spillover effect）遠非一般貨船所能比擬地，也因而全世界各潛力港口莫不使盡全力招商。

　　從招商營運與市場選擇的角度來看，郵輪業者又是如何為其屬輪選擇「灣靠港口（Port of call）」與鎖定目標市場呢？基本上，除了獲利、安全與成本上的考量外，以下各項都是郵輪公司與運航人作成選擇與取捨郵輪灣靠港口與市場決定的考量因素：

1. 航行水域的氣候：此包括季節性常態天候與非季節性異常天候，前者屬地域性的慣常季節風，如台灣北部多天吹襲的東北季風（North-East Monsson），後者則指偶發性異常天氣系統，如亞洲的颱風（Typhoon）與大西洋的颶風（Hurricane）即是。此主要考量郵輪航行海域的天候與海況，究竟風和日麗的寧靜水域才是郵輪選擇航線的首選，而且絕大多數旅客想要的是休閒的海上漫遊，而非體驗乘風破浪的海上冒險航行。因此終年都是風平浪靜

的加勒比海與東南亞水域乃是多數郵輪的最佳選擇。反之，冬季
東北季風盛行的基隆至日本水域，大多數時間風強浪高，致船體
呈常態性搖晃，旅客飽嚐暈船顛簸之苦，此嚴重背離郵輪營運首
重旅客「舒服」的最高營運原則，故而郵輪的船班安排應避開易
受季節性惡劣天候影響的港口與水域。反之，非季節性異常天候
主要指類似颱風的異常天氣系統，無論亞洲的颱風或加勒比海的
颶風所帶來的狂風巨浪，常要延續數天始能平息，每每迫使郵輪
停航致船期航班大亂，不僅給郵輪公司帶來重大營運損失，更增
添旅客旅遊計畫幻滅的困擾。因此提醒計畫在颱風好發期的 7～10
月間，欲在東亞或加勒比海搭乘郵輪的旅客，除應提早留意氣象
預報外，更要有無預警被迫更改船期與旅程的心理準備。（參閱
圖 3.10、3.11、3.12）

風力6級(22-27節)
基隆港口浪高4～6米

圖 3.10　冬季基隆港口海浪狀況（一）

圖 3.11　冬季基隆港口海浪狀況（二）

圖 3.12　「維京天空號」在暴風浪中請求救援

不能否認的，亦有以特定港口為母港的定期線郵輪是全年無休，即使冬季依舊照常排定航班，例如之前常年泊靠基隆港的麗星郵輪「寶瓶星（SuperStar Aquarius）」，以及同一集團所屬的「探索夢（Explorer Dream）」即是。郵輪公司之所以如此部署，旨在超前部署期以搶得每年旅遊旺季開始之前與初期的市場占有，以及提高品牌能見度，並博取本地旅客的情感認同。

再者，除了前述天候惡劣引發的暴風浪外，最讓郵輪船長頭痛的當屬每年春夏交替時的霧季，霧季期間常會因濃霧（Dense fog）造成視線不良，進而造成港口暫時性封閉（Temporary harbor close），導致郵輪無法依據船期表的表定時間進出港口。從航海的角度來看，海面有霧表示海上沒有風，而沒有風就不會有浪，因而船舶的穩定性亦相對較高，但卻因視界變差需要提高警覺注意瞭望（Lookout）。但若從郵輪經營角度來看，濃霧帶來的視線不良影響船舶進出港意味著船期延宕，旅客行程大亂，而且無可預期何時會霧散。所幸台灣屬海島型地理特徵，台灣各港的濃霧持續時間通常都只會延續數小時，而且霧團（Fog mass）呈間斷性移動，也就是霧團與霧團之間多少會有一段時間是沒有濃霧籠罩的「能見度（空檔）窗（Visibility window）」，故而郵輪多可利用此「能見度窗」進出港口。反觀當前貴為亞洲最大郵輪港口的上海港，因地處長江沿岸河口處，受大陸型氣候支配，因而只要霧季來臨，常常有長達三至四天的封港期，這對講求船期準確的郵輪業者而言，簡直就是夢魘。（參閱表3.2）

上海港客船泊靠遭遇惡劣天候影響天數			
	2014	2015	2016（01～05）
影響天數	127	128	83
比率	34.8%	35.1%	54.6%

表 3.2　上海港霧季影響郵輪作業天數統計

2. 航線的起、迄港口皆位處富裕階層集中的都市圈：儘管現今人們搭乘郵輪的意願大幅提高，但消費者的經濟能力依舊是主要考量因素。其次，因爲都會區居民的消費意願相對較高，因此港口所在地或是鄰近大都會的距離遠近，都成爲船東考量的因素，如極近台北的基隆港與上海、香港都是。

3. 灣靠港口的地理位置：亦即灣靠港與前、後港口之間的距離，距離太長或過短對於郵輪航程安排與後勤配套作業皆不適宜；例如基隆港與鄰近港口距離都在一日航程的距離圈內，最適合郵輪公司安排晝遊夜息的行程，此不僅夜間可把旅客留在船上消費，更可讓旅客睡一覺起床後，發現郵輪已抵達次一港口或目的地的興奮感。（參閱圖 3.13）

4. 港口費率；雖港埠費用（Port charges）含括的各項費率（Tariff）都有明文規定，且相對於郵輪總營收所占比例不高，但幾乎所有郵輪業者都會查詢與比較灣靠港口的規費項目與費率高低，以及有無施行優惠費率的條款或條件？究竟降低成本始終是業者提高競爭力的必要手段。

5. 港口可供郵輪泊靠的碼頭數多寡；若港口的郵輪碼頭數不足，在

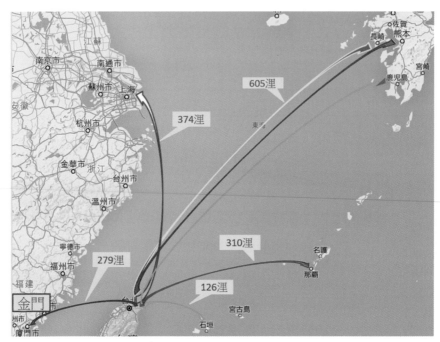

圖 3.13　基隆港與鄰近港口的距離示意

　　郵輪季節性尖峰期間，一旦遇有與他船撞期就會產生爭搶船席
（Berth）的糾紛，進而影響到船舶按照既定期程表（Schedule）
泊靠的計畫，此不僅影響到旅客預定的旅遊行程權益，更會延誤
到郵輪後續的既定航程。所謂牽一髮而動全身，因為郵輪在某一
港口的船期延誤，如果無法於出港後加速趕回船期，將會連帶地
影響到後續港口所有後勤作業的安排與配合。

6. 郵輪抵達目的港後，究竟是要直接進港泊靠碼頭？還是礙於灣靠
港的港區內水域不足，或水深不夠，只能在港外錨地錨泊，再利
用郵輪上配置的接駁船（Tender）將旅客接駁（Tendering）上岸？

雖此兩登岸模式各具不同情趣與方便性，但後者可能因駁船配置或發船時間不均、海況不佳而耗費時間，進而嚴重限縮旅客的自主行程，乃至產生排斥感，故而應預為宣導。

7. 港口、碼頭設施的優劣：此包括港口與其進出航道的航行安全性、船舶繫泊的可靠性、旅客登離船設施的完備性與聯外交通系統的方便性等。

8. 港口處理郵輪業務的經驗與成效；此與港口方曾經處理郵輪艘數的多寡與頻度有關，所謂熟能生巧，經驗是實務累積而來的。

9. 旅客行李出、入的方便性：此有關旅客出入境證照查驗動線、海關通關設施與物流系統的規劃，因為要在二、三小時內迅速完成證照查驗，以及準確的處理單一郵輪各有四、五千名上、下船旅客的行李，實務上就是的一大挑戰。

10. 港口當地有無代銷郵輪旅遊，以及提供當地旅遊產品的大型旅行社？其市場集（攬）客力如何？通常大型郵輪只能藉由當地大型旅行社的固有客務與銷售系統代為攬客，始可籌足客源。

11. 港口出入的方便性：港區及其附近的交通與治安狀況，以及是否存有過度的人為或地理性障礙（Geographical barrier）？

12. 港口後勤補給的能量與便利性；如船員替換、食材、飲水、生活消耗品、燃油與備品的供應。

13. 航程途中的風光景緻：搭乘郵輪旅遊，除了每天可觀賞日出日落海平線的絕美景觀外，從海上飽覽沿岸山川、島嶼的風光也是旅客的最愛。

14. 灣靠港口的知名度；港口知名度相當程度地意味著港口的悠久歷

史，尤其是長久累積的正面評價，如同爲百年老港的基隆港與日本的長崎港即是；必須強調的是，知名度也有負面的，例如部分港口治安不佳、竊盜橫行，以及衛生條件惡劣等都會讓旅客卻步，究竟旅客的安全沒有保障，再美的景觀或景點都是徒然。

15. 港口景觀；港口景觀乃指郵輪抵港時映入旅客眼簾的第一景象，例如雪梨歌劇院（Sydney Opera House）的特殊造型、紐約自由女神像，或是長崎港的仿古三桅大帆船都是令旅客興奮的景觀。反之，基隆港港內兩岸雜亂無章的醜陋建物景觀，則令人不敢恭維；

16. 港口距離旅遊景點的距離：以基隆港爲例，無論台北市或新北市各著名景點都在 1～1.5 小時的交通時間距離圈內。反觀周邊鄰近港口，許多景點距離港口常要耗費四個小時以上的往返車程，此相對壓縮旅客極其有限的滯港旅遊時間，更讓旅行社難以安排行程。

17. 觀光資源：包括沙灘、自然景觀、海上活動、歷史遺跡、當地文化、在地美食、博奕娛樂場所、運動設施、郊區果園採果、外幣兌換、購物環境、免稅商店，以及專爲家族旅遊規劃的景點。

18. 陸上行程（Excursion）的充實性；行程中各景點之間的相互連結，以及個別景點的故事性，皆會影響旅客的興緻；

19. 灣靠港口所在地市民的友善度：此會嚴重影響到旅客在地滯留時間的長短與消費意願。

20. 港口所在地市民語言溝通的普及度：語言溝通不易的港口常是旅客的最痛，進而降低旅客上岸自助旅遊的意願。

21. 當地地方政府有無補助或配合措施？所謂港市合一唇齒相依，港

興則市旺。為此，部分港口城市常會全力配合港口機關提供補助，期以帶動市區的繁榮興盛。其次，港口方或當地政府有無提供歡迎活動（Welcome event）？此係指港口方在船舶進出港時，在碼頭岸邊安排具在地特色的文化表演以示迎賓與送別之敬意。早期此等活動都由市政府或港務局無償提供，最常見的就是請拖船在郵輪進入港口時噴灑水柱（Spouting serenade）表示歡迎（參閱圖 3.14），再者就是邀請本市的高中、職校樂儀旗隊到碼頭岸邊表演迎賓（參閱圖 3.15）。後因學生家長基於耽誤學生課業反對而取消，現今活動模式已改由旅行社或航商自費安排迎賓活動，而活動首選就屬歐、美旅客最喜愛的舞龍、舞獅與三太子表演秀。（參閱圖 3.16）

圖 3.14　拖船噴灑水柱迎賓

圖 3.15　早期基隆港務局邀請基隆女中樂旗儀隊迎賓

圖 3.16　迎賓大使、舞龍、舞獅與三太子表演秀

　　不可否認地，具有相同優勢或同質性高的港口頗多，但是熱點港口的排行榜與排序常因評估方法的不同而有出入。其實，所謂的「港口排名」只是競爭港口之間的行銷手法，如同往昔國內觀光主管機關常喜在機場或港口針對第幾百萬名入境旅客送大禮的行銷手法一樣。然而吾人在意的不應只是郵輪抵港次數與旅客數，而是抵港郵輪與旅客帶來的實質財政效益，例如一百萬東南亞旅客入境與一百萬陸客入境產生的經濟效應完全不同，因為後者的人均購買力數倍於前者。

　　基本上，所謂旅遊熱門港口不外依據郵輪泊靠港口的次數與到訪旅客的人數而定。一般郵輪業者對郵輪泊靠港口的評比方法不外兩種，其一是「港口導向（Port-oriented/Port based approach）」，另一則是「目的地導向」，又稱「旅遊景點導向」（Destination-oriented / Destination- based/ Scenic spots-oriented / Feature spot-oriented approach）。雖兩種方法各有優點，但評比結果卻常有很大的出入。所謂「港口導向」乃指郵輪的啟航港與終點港皆為同一港口，例如航行基隆至沖繩的麗星郵輪即是，此一模式每因船期的固定，以及旅客的上下船為港埠帶來穩定且可預期性較高的收入，所以較為港埠管理機關所喜好。但不可否認的是，此一模式卻不一定會給港口所在地城市帶來預期的商業利益，因為旅客一抵港口常會直接僱車隨團離開，而不會留在港口城市消費。反之，外地前來基隆搭乘郵輪的旅客則是由遊覽車載到船邊直接登輪，故而對港市的整體觀光事業助益甚微，前述麗星郵輪灣靠基隆港，旅客不在基隆市停留消費即是最典型的例子。毫無疑問的，旅客不在基隆市消費應是當地政府應探討改善的市政要點。至於「目的地導向」，則是採個別旅客所欲前往目的地之總

人數作爲依據加以排名地，因而統計作業難度稍高。以「目的地導向」爲主的港口所憑恃的條件不外；

1. 自然景觀（Natural scenery）、宜人舒適的海灘（Intimate beaches）以及殖民風格的建築（Colnial architecture）。
2. 具有購物天堂（Shoppes' paradise）的美譽；多樣化的免稅暢貨中心（Duty-free Outlet）。
3. 比競爭對手（Rivals）港口濕度較低（Lower humidity）的氣候。
4. 語言溝通無礙與文化衝突（Cultural conflict）較低區域。
5. 與其他周邊景點距離較近。

　　必須強調的是，上述港口排名評比的方法，還需藉由港口方預估當年抵港旅客人數，而此一數據通常由郵輪公司提供依據特定郵輪在特定港口每一航次的潛在旅客數（Potential number），因而與實際旅客人數每有出入。基本上，郵輪公司都會以每艘郵輪每間（雙人）客房下舖（Lower berths）滿載載客率 100% 計算，這與單人房是不同的，而由此法計算出來的旅客數稱爲「潛在旅客產出（Potential passenger throughput）」。也因爲旅客人數的計算基礎不同，因此不能說哪一種算法是不對的。結果嘉年華與皇家加勒比兩公司的郵輪在加勒比海水域常常出現旅客人數（比預報）超過 100% 的現象，此乃因爲雙人房的上舖都入住旅客了。反之，在其他水域某些郵輪的載客率卻常低於 100%，因爲其計算基礎包含雙人客房的上、下舖床數，然而實際上上舖並未住滿旅客。

　　顯然，即使同一港口採用不同排名評比方法與人數估算方法，就會有不同的排名，故而「排名」雖可做爲港口方的激勵因子，但不應

以此為傲。

　　其實，以我國目前的港埠設施與商港圈周邊的整體觀光條件來看，我們最應努力的乃是如何讓郵輪與旅客產生「我將再來」的感覺，也唯有如此才可能「永續（Sustainable）」，至於區域性港口排名的先後，並不是很重要，究竟觀光旅遊事業的發展絕非短期間所能成就者。

3.3 郵輪產業的游移性

　　如同前述，郵輪公司不僅會依據市場與營運因素決定灣靠的港口，郵輪的航行水域更會依季節與氣候變化而調整，因而常被視為「游移型產業（Footloose Industry）」，又稱「不受拘束的產業」。在企業投資領域，「游移型產業」是指外來投資企業未在本地落實紮根，而僅是隨著當地政府提供的優惠政策、市場環境等變化而隨之變遷，猶如游牧民族逐水草而居的企業類型。在國際投資中，這種企業的落址選擇受當地政府優惠政策多寡的影響較大，一旦投資環境發生變化，投資者就會把企業管理核心或工廠設施搬遷到其它更有利於經營的地區，而郵輪產業亦具有此「游移型產業」特質。

　　相對於「游移型產業」的概念則是「根植性產業（Embeddedness Industry）」。「根植性」一詞源自經濟社會學，係指經濟行為深深融入於社會關係之中。經濟學者指出，經濟過程總是根植於社會關係之中，正是經由這種根植性，社會經濟活動所需要的信任才得以形

成。郵輪產業苦心經營母港，並落實在地化正是根植社會關係的最佳營運策略。又「根植性」是產業群聚長期積累的歷史屬性，包括資源、文化、知識、制度、地理區位等要素，它是支援群聚生產體系地理集中的關鍵因素。郵輪產業一旦落地生根，勢必帶來旅行社、補給供應商、交通運輸公司，乃至船舶維修等產業的群聚。

對於一個地方政府而言，當然希望其所吸引的企業能夠長久在當地落戶，這一方面與產業的屬性相關，例如對勞力的密集需求或成本敏感的產業就具有「游移型」的特徵；另一方面，則是政府或港口所採行的特定產業政策，讓企業向外遷移會產生難以承受的成本或代價，而不得不留在當地進而形成產業群聚。

基本上，群聚根植性分為認知根植性（Cognitive embeddedness）、組織根植性（Organizational embeddedness）、社會根植性（Social embeddedness）、制度根植性（Institutional embeddedness）和地理根植性（Geographical embeddedness）。

其中，地理根植性的特徵是地理集中。一般企業在選址時首先考慮的是（旅客）資源供應是否充足與便利，資源的稀缺性常迫使企業向生產資源豐富的地區集聚。因此地理根植性首先展現在本地的資源條件上，以郵輪產業而言，包括港口基礎建設、旅遊資源、勞動力資源，以及與地理聯繫的社會資本、人文資源、技術和資訊條件等。另外，一般企業比較容易在一個靠近市場、運輸成本較為低廉的地方聚集，所以地理根植性還表現在地理位置上，如靠近台北的基隆港就是。

從郵輪產業的營運特質來看，當然可以借鑑上述產業群聚理

論，來判斷其是否具有「游移型產業」或「根植性產業」的特徵，並探討如何建構營商環境，始能有助於強化郵輪業在當地的「根植性」。

以郵輪建造爲例，建造一艘大型郵輪所需要的零件達到2500萬件，6萬張設計圖紙，4300公里電纜線，以及超過上千萬的工時，因此除了技術與高素質專業人力外，更需要數以萬計的供應商（Supplier）來提供訂造郵輪所需的各種設施、配備、艤裝、零件，故而必然會形成以造船廠爲核心的產業群聚。群聚內的相關企業既有縱向的產業分工，也有橫向的相互協調，透過多年的磨合形成了產業生態的內部秩序及利益共同體，因而具有「根植性」的特徵。

毫無疑問地，如同時下政府大力推行的離岸風電產業一樣，政府在與造船相關企業的磨合中，當會形成特定的產業扶持政策，而造船產業所帶來的就業機會和地方稅收則會回饋與支撐地方的發展，這就是學者主張造船業具有「根植性」的論述。

回顧世界造船業自1960年代起就漸向東亞轉移，讓日本成爲世界第一造船大國，其後造船業逐步向韓國轉移，及至2020年代中國繼而取代韓國成爲世界造船訂單量第一大國。然在這一產業群聚轉移過程中，作爲世界「造船皇冠上的明珠（Jewels in the crown of the shipbuilding）」的郵輪建造業，卻沒有明顯的東移趨勢，雖然日本三菱重工在郵輪建造上進行了充分的探索，但也沒有把歐美的郵輪訂單搶過來。此應與郵輪製造的高度專業，以及對於低端技術勞動力的依賴度並不是太高有關。

自1990年代起，中國和韓國的造船業取代日本並高度發展，日

本造船業龍頭三菱重工爲提高競爭力走向「高規格化」，並以建造豪華客船爲主，標榜獨特和高品質設計，終於成功取得英國公主郵輪公司的訂單。可是 2002 年長崎造船廠發生大火，建造中的「藍寶石公主（Sapphire Princess）」嚴重受損，導致交付期較原定延遲 7 個月，三菱重工自此近十年未再承接郵輪訂單。而在遭遇造船廠火災以及日元升值的大環境背景下，一度曾爲造船王國的日本無奈地宣布退出了郵輪建造領域。

至於韓國造船廠，儘管在貨櫃船與液態天然氣（LNG）船的市場搶盡風光卻沒有試圖建造郵輪。中國在 2018 年就開始郵輪建造的布局，但對於郵輪建造這樣必須具備地方「根植性」的產業，中國要建立本地的郵輪產業群聚並不是一件容易的事情，究竟欠缺郵輪建造的配套產業政策，很難讓相關產業群聚進而落地生根。

至於郵輪運營，吾人可以從郵輪公司總部的空間布局來分析其根植性。眾所周知，全球各大郵輪公司的營運總部多設在美國的邁阿密，因此許多郵輪業的重要決策也都在邁阿密決定。此主因北美地區是全球最大客源地所帶來的效應。毫無疑問的，郵輪公司將總部設於邁阿密就是要爲最大市場的客戶群體提供最好最快的服務。因爲邁阿密不僅是國際大都市，更是美國第二大金融中心。邁阿密還被瑞士銀行評爲美國最富有的城市和世界第五大城市。邁阿密國際機場是美國連接中南美洲的重要門戶，也是美利堅航空公司的四大轉機中心之一，距離市中心大約 20 公里。此外，邁阿密不僅是佛羅里達州的第一大港，更是美國的南大門。最重要的是，邁阿密有 1400 多家跨國公司，100 多家金融機構，150 多國領事館。這些條件，都給郵輪公

司總部的運營帶來了便利。邁阿密作爲知識型勞務聚集中心的地位日益突出，新的教育和技術計畫正在興起，促進了該地區新興技術公司的發展，並引起了全球精英的關注。因此，邁阿密的房地產市場也在蓬勃發展。從 2014 年到 2017 年，邁阿密地區的平均房產每年增長約 15%，遠高於美國的平均水平，這些條件也是吸引郵輪公司管理階層的重要因素。郵輪管理階層可以在邁阿密擁有奢華的別墅，享受藍天白雲、沙灘和棕櫚樹的浪漫氣質。顯然，邁阿密能夠成爲全球郵輪中心，依賴的不是當地的政策優勢，而是從邁阿密出發的郵輪航線具有無比的豐富性，這是邁阿密能夠成爲世界郵輪中心的基礎，再加上早在 1980 年代皇家加勒比郵輪所開創的「機加船（Fly cruise）」的創新套裝產品，讓邁阿密成爲美國人的度假勝地，進而促成了邁阿密市郵輪公司總部群聚的結果。

在歐洲，西班牙的巴塞隆納、意大利的熱那亞、英國的南安普頓也都是各大郵輪公司的地區性總部，這些港口其實都與郵輪客源地密切相關。可見得客源市場者得天下，絕對是郵輪經營的最高信條。

對於郵輪母港及掛靠港，是否皆具根植性？郵輪母港依賴其港口本身服務旅客的能力，而郵輪掛靠港則依賴其自身具備的旅遊條件對旅客的吸引力。隨著人們需求的不斷變化，以及鄰近港口之間的激烈競爭，郵輪港口的營業狀況也會起起落落。以曾經貴爲世界最大郵輪港口的紐約爲例，在傳統的橫越大西洋定期郵輪市場中，紐約港就是無可替代的始發港或目的港，相關的歷史可以追溯到 1818 年從紐約每月的五日出發到利物浦的帆船班輪。然而，在具有旅遊觀光功能的現代郵輪逐步興起的過程中，紐約港的地位卻漸漸下滑，最後

在 1974 年被邁阿密港所取代。然而在 2001 年 911 恐怖攻擊事件發生後，部分消費者對搭乘飛機產生的恐懼感，讓紐約港重新獲得了生機。可見，郵輪母港的根植性，除了跟市場（產地）的大小與距離有關外，還跟人們的消費訴求變化具有密切關係。

　　至於掛靠港，很難說其具有根植性，因為一般郵輪掛靠港得以發展順利常要依賴鄰近的郵輪母港的帶動。其次，掛靠港的掛靠量更要嚴重依賴外部的環境發展，比如宏觀經濟、地緣政治乃至疫情。作為掛靠港的基隆港遭遇 COVID-19 疫情的重創就是典型例子。

　　如果把時間間隔擴大到一年，對於郵輪業的根植性的認識又會有所不同。在北半球的冬季，大量的郵輪聚集在加勒比海區域，這是此區一年中的郵輪旺季。當然此時澳大利亞、紐西蘭以及南極洲也會有不少的郵輪布局。反之，到了北半球的夏季，大量的郵輪則轉戰地中海、波羅的海、東亞、阿拉斯加等地，使得這些地區成為了郵輪的聚集區。由此可以得知，郵輪業具有季節性的淡旺季特徵。因此，郵輪就如同「候鳥」一樣，在特定的季節會到特定的港口，在那裡把客人一批批帶到令人嚮往的目的地。過了特定的季節，這些郵輪又會遷徙到陽光明媚、氣候適宜的港口，並在那裡將另一批旅客帶到他們想去的目的地。

　　綜合上述，郵輪業本質上就具有「游移型產業」的特質。因此將郵輪業者追逐客源的運航脈動說成「鐵打的港口，流水的郵輪」最是貼切，究竟再華麗的郵輪碼頭與旅客中心，還是無法終年留住郵輪。毫無疑問的，那些常年堅守在某些港口的郵輪，必然也會經歷郵輪淡季的慘澹經營，例如 2021 年宣布破產的雲頂麗星集團長期情義相挺

基隆港，全年經營寶瓶星台日航線，最終因疫情的影響造成探索夢號長期淪落基隆港的困境。

　　另一方面，某些港口也會因郵輪政策的施行或者地緣政治的影響，讓郵輪公司無法繼續經營而不得不選擇離開。因此，對於郵輪這一「游移型產業」的特徵，灣靠港政府建構良好的營商環境確實比較重要，例如兩岸關係惡化造成陸客不來就是一例。雖然郵輪業並非國家基礎性產業，只是人們基礎需要以外的娛樂性需求，少了這一額外的供給似乎不會對經濟社會產生太大影響，但郵輪公司背後所支撐的本地就業機會及可觀的稅收，卻又是不可忽略的。在大多數情況下，對郵輪業的政策支持都會惠及提供政策支持的港口所在地。因此，港口所在的地方政府應該重視郵輪業這一特徵，以充分的現實感關愛郵輪產業，並讓政策的陽光照耀到郵輪業。惟其如此，才有可能獲得郵輪業帶來的紅利。

3.4 市場趨勢展望（Market Trend Outlook）

　　面對旅客的高度旅遊慾望與同業的競爭，郵輪業者無時不刻都在探討究竟郵輪產業的未來走向應是如何調整。毫無疑問地，業者在尋求新的策略以增加客戶的同時，更要保持既有的市場占有，例如提供多世代家庭旅遊（Multigenerational family travel），創新的船上活動，服務的專業化，積極的定價模式和折扣，以吸引潛在的旅客（Potential travelers）。

　　另一方面，世界各地的許多經濟體和港口都把郵輪業視為發展經濟增長的潛在源泉。相對於此，許多郵輪公司已經宣布計畫在既有與新行程上增加灣靠新港口，包括位於沿海和內河的行程（Coastal and river cruises）。由於美國旅客占全球郵輪市場的絕對多數，故而許多行程選擇灣靠美國和加拿大的 30 多個國內港口，以提供更方便的陸路通道登船港口，從而節省旅客的機票支出。

　　受 2019 年 COID-19 疫情與 2022 年烏俄戰爭的影響，大部分郵輪公司和旅行社雖然對當前的經濟形勢感到憂心，但展望未來的經濟前景則仍表示樂觀。無論如何，這個產業必須面對不同的內外在問題和挑戰，而這些問題和挑戰都會對郵輪假期的需求產生不利影響，從而影響其營業的獲利能力。因此，如果郵輪產業要在未來幾十年保持競爭力並圖永續經營，除了要繼續保持服務質量外，更要以道德負責的態度多加關切環境問題，以及郵輪船員的安全、生活福祉和工作條件。

　　必須一提的是，無論從人口數與經濟強度來看，中國絕對有潛力成為世界上最大的郵輪市場。具中國特色的社會主義新時代，促使中國人對美好生活的嚮往不斷被激發，2021 年中國人均 GDP 已經超過一萬美元。又從近幾十年來的觀察，一個蓬勃發展的中產階級（Burgeoning middle class）正成群結隊地湧向奢華的度假郵輪，而且中國政府通過支持較為寬鬆的職工年假政策（More lenient annual leave policies）更助長此一趨勢。

　　事實上，早期船舶旅行對一般中國民眾而言就是意味著乘坐長江江輪遊覽三峽。但是時代在變，船上的旅行已變得奢華燦爛。比較特

殊的是，與大多數已開發國家的財富集中在退休人員和老年專業人員手中不同，中國經濟的快速發展推使 25～45 歲世代成爲能夠負擔郵輪消費的重要族群。

2012～2014 年間，中國大陸的郵輪乘客增長了 79%，達到 69.7 萬人次。中國郵輪和遊艇行業協會（CCYIA）執行副總裁 ZhengWeihang 估計到 2025 年將達到 450 萬人，到 2030 年將達到 700 萬人。但 COVID-19 疫情完全推翻了這個樂觀的推估。

爲推展郵輪產業，中國政府特將郵輪產業定位爲國家的「戰略裝備（Strategic equipment）」，此意味著中國政府將優先採行支持和補貼政策。就在政府的財政支持下，港口努力提升郵輪基礎建設以容納更大型與更多的郵輪，聲稱亞洲最大的上海的吳淞口國際客運站就是在這背景下建設而成的。

2015 年 6 月，皇家加勒比郵輪公司將其最新的郵輪，可搭載 4,200 名乘客的「海洋量子」配置在上海，全年都在此區域運轉。她的姊妹船「海洋禮讚」在 2016 年亦以天津港爲母港。「海洋禮讚」是該公司船隊中以中國爲基地的第五艘郵輪。事實上，除了皇家加勒比外，嘉年華的公主郵輪與歌詩達郵輪亦都陸續配置屬輪以上海爲母港投入中國市場。

面對中國這一個大市場，郵輪產業的營運策略就是如何迎合中國旅客的喜好（Catering to Chinese preferences）。因爲一旦這些部屬在中國市場的大型郵輪順利運行一段時間，郵輪公司就可看到中國市場的龐大潛力，進而部署更多的郵輪。誠如全球郵輪中心區經理 Helge Hermundsgård 所言：「無論如何，郵輪公司必須發展適合中國人口

味的郵輪體驗。那麼中國就有可能成為國際郵輪的『採購市場（源）（Sourcing market）』，這對中國郵輪業的未來發展可能同樣重要」。

另從市場展望的角度來看，中國學者翟東升所著《貨幣、權力與人：全球貨幣與金融體系的民本主義政治經濟學》，預測至 2030 年，人民幣兌美元匯率將從 2020 年 6 月底的 6.7：1 升至 4.5：1。當然這是以假設這段期間中國未發生政爭或動盪，乃至涉及戰爭為預估基礎。又如果這一預測真的得以實現，就需要對未來中國郵輪市場的規模進行全新的預測。貨幣是經濟運行的價值基準，當一國貨幣出現重大變化，必然會對該國經濟的基本面和在全球體系中的定位形成巨大的重塑作用。設若 2035 年人民幣兌美元匯率升至 4.5：1，屆時將會有愈來愈多的國家將其部分外匯儲備放入中國債券市場和股票市場，加諸愈來愈多的東亞跨國貿易採用人民幣計價結算，人民幣匯率將無可避免地保持相對強勢。

準此，屆時中國經濟規模將是全球第一，並可能是美國的兩倍，而人均 GDP 達到 2.5～3 萬美元，約為美國人均水準的一半。此意味著中國本土市場的規模將是美國的 2～3 倍的規模，相當於美歐市場的總規模，而中國社會將轉型為一個中產階級消費型社會，中產人口規模將從 2020 年的三億人成長到五億人甚至更多。

以上的預測，與郵輪產業密切相關的就是中國中產階級人群的數量將達到五億人。而這些中產階級都具備搭乘郵輪的消費能力，如以美國郵輪市場滲透率 3.8% 估算，每年就會有 1900 萬人次。再者，因為人民幣匯率約升值 50%，故而以人民幣計價的郵輪船票價格也將大幅下降，使得更多中國人有能力支付得起郵輪船票。雖 2020～

2023 年期間受 COVID-19 疫情影響，業界對中國郵輪市場的判斷較難掌握，但如依上述情勢來看，至 2035 年中國郵輪市場的規模將達到不容忽視的 900 萬人次。

因此，顯然沒有理由不對中國郵輪市場保持樂觀。當然，欲達到美國市場 3.8% 的滲透率，需要中國人真正對郵輪產生熱愛，並當作旅遊休閒的重要選項，而且還需要有多樣化選擇的國際郵輪商品。毫無疑問地，一旦多數中國人達到真正有錢有閒的境界，郵輪公司策畫的航線自會多元且延長，連帶地郵輪目的地也會增多。

可以預期的，當中國 GDP 的總量超過美國一倍時，而且中、美關係改善，勢必引發眾多的歐美旅客前往中國搭乘郵輪。屆時從中國出發的郵輪上的外國人比例或許就將達到 40%。似此，郵輪業者就勿須再僅僅依賴中國的客源市場。

考量 COVID-19 疫情終會過去，故而吾人從疫情爆發前幾年郵輪市場的發展，以及郵輪公司在面對開拓客源的商業壓力下，不得不逐年持續修正其營運方向與策略，得知新一代郵輪產業的發展趨勢不外：

1. 郵輪旅遊不再專屬銀髮族，而是有愈來愈多年輕族群喜愛郵輪旅遊（New generation takes to the water）。自 2010 年起就有愈來愈多的 Y 世代（Generation Y；Millennials；1980 年代和 1990 年代出生的人），以及 X 世代（Generation X；1964 年至 1980 年出生的人）的相對年輕旅客搭乘郵輪旅遊。

2. 旅行社將繼續扮演郵輪公司與旅客之間不可欠缺的媒合者角色（Travel agent use increase）。

3. 內河與峽灣地形的旅遊需求增加（River cruise demand increase）。
   至 2017 年 CLIA 會員公司計有 184 艘專供內河旅遊的郵輪（River
   cruise）。

4. 郵輪行程納入更多私人島嶼（More private islands on cruise
   itineraris）。

5. 愈來愈多首嚐族表達搭乘郵輪的意願（New cruisers will take to the
   sea）。依據 CLIA 於 2017 年的調查得知，有高達 48% 未曾有過
   郵輪體驗的民眾（Non-cruisers）表達想要搭乘郵輪的意願

6. 汽車可以直接抵達的郵輪港口較受喜愛（Drivable port locations in
   favor）。因為旅客認為選擇這種郵輪港口比較方便，而且可降低
   交通費用。

7. 利用名廚誘惑旅客（Lure of celeb chefs）。事實上，有許多郵輪公
   司是利用名廚（Famous chefs）精心烹飪的美食與特色餐廳（Feature
   restarants）做為招來旅客的手法。

8. 探險旅遊行程的需求增加（Deand for expedition cruise）。冒險旅
   遊（Adventure travel）行程大幅提升，郵輪公司不得不積極迎合市
   場需求。

9. 存錢只為搭乘郵輪（All budgets will cruise）；據調查得知在過
   去三年中曾搭乘郵輪旅遊的旅客，其中有 33% 旅客的家戶所得
   （Household income）是低於八萬美元。必須強調的是，此一消費
   行為調查的問卷對象多屬歐美旅客，調查結果的數據意味著郵輪
   旅遊對受薪族而言仍是昂貴的旅遊選項。可見對從來無視消費貸
   款壓力的歐美人士都有家戶所得的門檻，相對於喜好儲蓄存款的

保守華人，郵輪當然是相對高端的旅遊商品，只是年輕一代的族群正在改變此一消費與儲蓄的習慣。

10.郵輪旅遊的轉型（Transformational cruise travel）。旅客搭乘郵輪的喜好漸從沉浸於文化與公益旅行（Cultural immersion and voluntourism）轉型到極限旅遊（Extreme adventure）。此一趨勢迫使郵輪公司必須改變其客服觀點與對成就感（Sense of accomplishment）的認知。

11.確保海上旅遊的永續性（Sustainability at sea）；基於日趨嚴謹的環保意識，未來勢必要透過永續性旅遊（Sustainable tourism）的實踐與程序深度聚焦（In-depthe focus）於海上旅遊的永續性。

12.隔代家庭旅遊（Skip-gen cruissing）：受經濟壓力與勞動力的影響，愈來愈多的祖父母要扮演父母親的角色帶著孫子輩旅遊。CLIA 推測自 2018 年起隔代家庭旅遊的人口將大幅增長。

13.郵輪旅客愛好極地景點（Travelers warm to chilly destinations）：CLIA 推測未來寒帶景點（Colder climatedetinations）的旅遊人口將會大幅增加。

14.郵輪公司為迎合日趨增多的注重養身旅客（Health conscious travelers），不斷調整行程與活動的內容，如健康研討會（Wellness seminars）與合適的食材選擇。

15.智慧化旅遊科技（Smart travel technology）；為提升旅客的旅遊體驗，郵輪船上將更加推廣旅客接受度較高的科技產品（Traveler-friendly onboard technolgies）。

16.郵輪旅客的假期安排仍持續需要旅行社的協助辦理與規劃

（Tapping travel agents）。

17. 即時影像傳輸（Instagrammable cruise travel）；郵輪旅客可藉由網路保持與外界的聯絡，進而將在船上參與活動，以及岸上旅遊的體驗傳輸給家人或友人分享。

18. 完全放鬆（Total restoration）；在當前高壓力快節奏的社會，旅遊者無不尋求各種在旅程中可以從日常繁瑣事務中放空與恢復活力（Rejuvenate）之道。郵輪公司因此提供類如水療、有氧吧、爲節食者設計的養身菜單等以滿足旅客的保健需求。

19. 體驗成就（Achievement over experiece）；隨著當下度假者漸漸以「實質體驗」取代「視覺觀光」的趨勢，「體驗旅行（Experiental travel）」亦隨之進化成「成就（落實）旅遊（Achievement travel）」。顯然旅客的「願望清單（Bucket list）」[註5]已成爲目標導向（Goal-oriented），郵輪公司只有調整營運策略迎合旅客的需求。例如旅行者可以成功登上馬丘比丘聖城遺址（Machu Picchu），或是在巴黎藍帶廚藝學校（Le Cordon Bleu）出身的名廚指導下在烹飪工作坊（Culinary workshop）學得美食廚藝。

【註5】
　　「Bucket list」爲「遺願清單」或「人生目標清單」之意，係指一個人在有生之年想要做的事情和想要取得的成就的清單。2007 年上映的美國電影「一路玩到掛（The Bucket List）」，電影裡講述兩個患了末期癌症的病人如何面對癌症爲他們帶來的「死刑」，和如何在他們餘下的日子裡度過豐盛和歡樂的人生。影片中有兩句經典台詞：「你在生命中有沒有找到喜悅？」、「你的生命中有沒有爲別人帶來喜悅？」，完整的詮釋出人生眞諦。

20. 船上的智慧型科技（On-board smart tech）；當前旅客在日常生活相當倚賴智慧型科技（Smart tech），當然希望在度假中亦復如此。郵輪公司為旅客採用的科技應用軟體包括內建密碼管理系統的鑰匙鏈（Keychains）、項鍊（Necklace）、手鏈（Bracelet）等，期以提升旅客在船上或在岸上的個人化旅遊體驗（Personalized travel experience）與管理。

21. 知性之旅（Conscious travel）：當前的郵輪旅客喜歡從知性與意識的角度（In conscious and mindful way）看世界。因而郵輪產業必須比過去更盡心，從表象的探訪在地景點昇華到挖掘在地深層文化、標誌性建築，並讓環保（影響）足跡（Environmental footprints）最小化。

22. 「接近」成為新的樂趣（Access is the new luxury）；往昔的旅客對於多數景點總是只能遠觀無法近看，如今郵輪公司可以帶您身臨景點，從加拉巴哥群島（Galapagos islands）到南極地區（Antarctic）。

23. Z 世代（Generation Z）上場；指在 1997～2012 年之間出生的世代，又稱「千禧寶寶（Millennials）」。自 2020 年起 Z 世代成為郵輪的最大的消費族群。此一世代族群喜好體驗勝過物質商品（Material items），故而崇尚外出旅行。多景點與獨特體驗（Multiple destinations and unique experiences），諸如海上音樂季最是吸引這一新世代旅客。

24. 非尖峰的冒險之旅（Off peak adventures）；無論旅客想到熱帶區域避開高緯度的酷寒，或是想到新景點擁抱寒意，有愈來愈

多旅客選擇非尖峰季節（Off-peak season）出遊。郵輪公司可在寒冬歲月提供旅客畢生難忘的體驗，包括觀賞北極光（Northern lights）、參觀企鵝群聚，乃至閒逛歐洲的聖誕節市場（European Christmas markets）。

25. 無定所上班模式（Working nomads）；隨著科技發達愈來愈多人將工作與閒暇時間結合一起。遠離往昔的傳統旅行概念，眼前許多新世代旅行者或數位游牧者（Digital nomads），藉由遠端工作（work remotely）就可縮短請假天數或避免扣薪。因此只要有無線網路（WiFi）、電腦以及溫馨的咖啡角落，旅客就可在享受郵輪假期的同時處理工作。尤其現在「星鏈（Star link）」通過低軌道星群，提供覆蓋全球的高速互聯網接入（Internet Access）服務，可為遨遊大海的旅客提供隨時隨地的高速網際網路服務，根本無需掛慮通訊不良的困擾。

26. 女權擴張；隨著郵輪女性旅客人數的增長，觀光旅遊公司特別依據女性的喜好，以及結合女性間的互動開發許多以女性為主體的行程（Female-centered itineraries）。以女性為主體的郵輪一方面可以在海上創造一個女性賦權的共同社會（Female empowerment community），也可以讓女性旅客體驗圍繞在她們周遭的世界，進而開創女權主義里程碑（Feminist landmarks）。

27. 獨自旅行（Going solo）；隨著網際網路搜尋引擎（Google searches）出現愈來愈多「單獨旅行（Solo travel）」的資訊，促使獨自旅行者的人口日趨增長。利用郵輪做單獨旅行不僅無須擔憂繁瑣細節的安排，而且可以結合其他旅客對不同景點進行深度旅

遊，進而形成一個群體結合，常是一生難得的一次經歷（Once-in-a-lifetime experience）。

以上是由 CLIA 在 COVID-19 疫情爆發的前三年對郵輪產業所做的趨勢展望，雖遭逢疫情肆虐讓郵輪產業如同滅頂一樣全軍覆滅，但可以確定的是上述依循時代潮流演進的**趨勢**可信度極高。不榮否認的，相信疫情過後人們在經歷近三年幾近隔離的生活，當會有不同的人生感受與對生活價值觀的再思索，故而旅客的需要與需求或有改變，相信郵輪產業也一定會因應市場變化調整新的旅遊策略。

3.5 郵輪產業的隱憂

若長遠來看，郵輪產業的景氣又會如何呢？毫無疑問的，景氣蕭條與噸位過剩（Over tonnage）依舊是業者擔憂的主因。整體而言，郵輪的營運自 911 恐怖攻擊以來，直至 COVID-19 疫情爆發前確是逐漸復甦，但此主要是因業者降價促銷吸引消費者興趣所造成的。尤其 911 恐怖攻擊以後，銀行業在投資或核定貸款前都會考慮再三。降價促銷的結果是迫使許多規模較小的船東退出市場（Out of the market）；於此同時，由於競爭激烈，郵輪業者亦面臨無法將票價提升到先前的獲利水平（Earlier profitable levels）的困擾。一般郵輪業者在面臨不景氣時都會採取改變郵輪的航線（Detour from their initial plan）因應。又依據郵輪業者的過去經驗，任何大災難的發生後都有一波反彈，但通常僅能維持 12～18 個月。基本上，郵輪業者在經營

上面臨的困難，不外；

1. 考慮恐怖攻擊風險，旅客不願意經由長途飛行才能登船；

2. 世界局勢動盪不安，郵輪必須避免航經戰區（War zone/Unsettled zones）或海盜猖狂區，如 1999 年的科索渥動亂（Conflicts in Kosovo）；2022 年俄烏戰爭造成亞述海封閉與黑海局部禁航；

3. 世界經濟情勢惡化，導致旅客欠缺較長假期，因此是否願意花費一半假期在橫渡大洋值得考慮；

4. 全球性疫情爆發：依據 Cruise Industry News 於 2021 年 3 月初的報導，全球約有 400 艘郵輪受 COVID-19 疫情影響而停航。此等停航郵輪每月產生的支出高達 10 億美元，即平均每艘郵輪大約 200～300 萬美元。依此數值大約可概略推估出若疫情無法控制或減緩，或是疫情已穩定控制但短期內旅客不可能回流所造成的損失。因而各郵輪公司無不陷入前所未有的經營困境。然而最慘的是，就在疫情當下各行各業尋求政府紓困補助的聲浪中，市場上九成以上的郵輪卻都懸掛權宜國籍旗，因為郵輪公司雖將總部雖設在美國，但為降低營運成本，船舶多在巴哈馬、巴拿馬及賴比瑞亞等國家註冊。也因而幾乎完全無法適用各國政府提供的紓困方案與補助。此時只有自尋圖存方案，例如嘉年華集團於 2021 年 4 月 1 日宣布，以每股 8 美元價格發行該公司 6,250 萬股普通股。結果，沙烏地阿拉伯公共投資基金（王國主權財富基金）輕易取得嘉年華公司 8.2% 股份，共持有嘉年華公司 4,300 萬股股票。沙烏地阿拉伯的買股操作使得該公司股票從 4 月 3 日最低的 8.02 美元漲至 4 月 6 日最低的 10.96 美元，但相對於 1 月 17 日的 51.44

美元仍算是慘跌。

　　另一方面，貴為國內郵輪最大母港的基隆港當然亦是重災區。回顧自民國八十七年麗星郵輪開闢基隆至日本航線揭開台灣郵輪新頁以來，基隆港以航海地理的地利之便與市民友善度，博得各國航商讚賞，無視對岸龐大郵輪商機紛將屬輪部署基隆，終至擠身亞州第三大郵輪母港的排名，相關產業亦隨之屢創佳績進而帶動結合港區與觀光產業的整體經濟效能。因應此一情勢，政府也積極投入鉅資大舉興、拓建基隆港東西岸郵輪碼頭與旅客中心，然於碼頭與旅客中心竣工近三年，卻因疫情蔓延致陷入苦無郵輪泊靠的窘境。

　　另從港埠收益面來看，以近年來港灣靠郵輪的平均噸位十萬噸級為例，每艘郵輪除支付給港務公司包括碼頭碇泊費每小時新台幣 7,535 元、拖船費每艘每小時 22,310 元、以及垃圾清潔費新台幣 19,500 元的基本費用外，最大的收入應屬旅客服務費，每名旅客新台幣 460 元，試想一艘載客三千名的郵輪在數小時內給港公司帶來的收益就可高達 1,380,000 元，可以想見一年近四百艘次郵輪取消航程所造成的收入損失有多嚴重，而此還未包括相關周邊業務的收入。很顯然的，以郵輪為首要業務的旅行社、船務代理、補給業乃至基隆港引水人都是此波疫情肆虐的最大受害者。

　　疫情終將緩和，但可以理解的是短期間內難以期待乘客回流，尤其是國際社會與相關組織日後勢必會加強對郵輪防疫指導守則的監督，凡此都會增添郵輪業者的固定成本與營運難度。

※ 溫馨提醒（Friendly Reminders）

1. 郵輪產業是休憩旅遊市場中成長最快的區塊。自從 1980 年起旅客成長率約以每年 7.2% 的幅度成長。

   The cruise industry is the fastest-growing category in the leisure travel market. Since 1980, the industry has experienced an average annual passenger growth rate of approximately 7.2% per annum.

2. 當前郵輪業者的趨勢是讓客船造得愈大以便搭載更多的旅客，以迎合其業務需求。

   The current trend within the industry is for new cruise ships to be larger and to carry an increasing number of passengers, with a larger ship's compliment to cater for their needs.

第四章　郵輪旅客屬性

4.1 國人旅遊進展背景

　　旅遊或旅遊（觀光）業（Tourism）是指個人的旅行遊覽活動和為旅客提供休閒設施與服務的產業。旅遊是一種複雜的社會現象，涉及政治、經濟、文化、歷史、地理、法律等各個社會領域，也是一種休閒娛樂活動。至於旅遊（觀光）業則是休閒產業的一種，具有異地性和暫時性等特徵。一般而言，旅遊具有觀光和遊歷兩個不同的層次，前者歷時短，體驗較淺，後者反之，也稱為深度旅遊。

　　近數十年來，隨著國內經濟狀況改善，民眾出外旅遊漸漸揚棄傳統上阿公阿嬤集體出遊，「上車睡覺、下車尿尿、閒逛買藥」的進香團趕行程模式，餐飲上更從「吃飽」過渡到「吃好、吃巧」的生活層次。所謂飽暖思淫慾乃人之常情，作為供給端的郵輪業者，面對日趨富裕的消費者，當然不能質疑其消費能力與消費行為，反而要盡力滿足其超越「吃飽」、「吃好」的進階消費訴求。

　　可以理解的，當富裕階層有車有房，不再有生活壓力，不再為五斗米折腰後，剩下最重要的事就是想方設法善待自己，提高生活品質與享受人生，因而如何營造高品質的高端消費環境，進而讓消費者願意把錢掏出來盡情享樂就是經營者的首務。環顧全球旅遊業領域，

人定勝天最典型的成功先例就屬在波斯灣南岸沙漠中用錢堆疊出來的人造奢華城——杜拜。旅遊資源極其貧乏的阿拉伯小漁港杜拜之所以能夠銳變成享譽全球的旅遊商業大城，就是因爲它能夠標新立異的滿足全球頂級富人各種吃喝玩樂的奢華需求，進而吸引那些把錢不當錢的人去享受。相對的，欲滿足富裕階層強大的消費力，服務業者就需要爲其尋找不同尋常的消費出路。傳統上的旅遊消費不外「食衣住行吃喝玩樂」，然而現今的富裕階層最想要的絕非「食衣住行吃喝」，而是常常難以定價的「玩樂」，更由於「玩樂」的本質在於格調、創新、多變與罕有體驗，因而其市場發展空間是永無止境地，眼前盛行的郵輪旅遊（Cruising）正是這時代背景下產生的消費產品。

另從旅客消費習慣與品味境界來看，「吃飽喝足」與「景點多」是早年民眾消費能力偏低時代的平價旅遊基本訴求，因此旅遊產業附加價值的創造非常有限。如今隨著經濟與科技的發達，人們不僅見多識廣，健康養生意識亦更爲強烈，因此不再追求「大魚大肉」、「俗擱大碗」的庸俗旅遊訴求，反而極力探索與追求具有放鬆休憩、心靈成長、深富文化意涵的特色景點。也因爲特色景點供給的有限性，連帶的使其旅遊附加價值隨之大幅提升，當然旅遊相關費用亦相對提高，進而讓業者達到獲利最大化的經營目標。

毫無疑問地，面對當前民眾假日家裡待不住的生活趨勢來看，自然旅遊資源愈挖愈少，文化資源愈挖愈多絕對是必然的後果。過去在路邊攤吃一碗蚵仔麵線只需要二十元，但今天卻有很多人願意在講求情境和氛圍的景區花費近百元購買一碗充滿回憶的滋味，其附加值就是源自文化的認同與回憶的追求。因此，旅遊業必須深入挖掘，認

眞梳理，把消費者眞正想要的感覺找出來，例如當前市面上醬油種類繁多，但好醬油不僅要食安無虞有營養，還不能死鹹，更要好入口而且能夠回甘。而「回甘」在某種程度上可解釋爲心靈記憶的體驗，一個服務業能夠做到讓消費者在記憶上產生「回甘」就是最成功的。相對於「回甘」，日本的郵輪業者亦強調推動郵輪業務必須讓旅客產生「醍醐味（だいごみ）」的說法，也就是讓旅客對郵輪公司或旅遊景點提供的事物產生深奧的妙趣或樂趣，更能勾起不斷回想的意境。

　　事實上，現在很多的旅遊者只在意好不好玩，而不在乎要花費多少錢，顯然懂玩的人們不再追求數量與速度，而是追求旅遊的品質與品味。相對於多數基層民眾，這些不缺錢的人們無時無刻都在考慮怎樣長期規劃生涯資產，如何享受舒服好日子，而郵輪旅遊正是能夠滿足這些富裕階層需求的旅遊重點選項。然而，面對現今「崇尙美好生活」的華人市場，郵輪產業究竟做了哪些改變？這些改變是不是能夠確實抓住華人旅客的心？有哪些方面是不足的？又有哪些方面需要努力改善的？

　　不容否認的，郵輪產業自八〇年代進入亞洲市場後，無論在客服與業務上都做了不少變革甚至妥協，期以搶占廣大的華人海上旅運市場。猶記得歐美郵輪初進亞洲市場時，業者刻意對船上中國文化意境的呈現做了許多改變，例如引入筷子、粵式燒烤、擔子麵、麻將、旗袍、瓜皮帽、燈籠等華人元素。不過，這些用洋人思維精心設計但卻不夠道地的山寨版產物常常不是旅客在意，乃至引發些許窩心的回應。反倒是某些能讓旅客「嗨起來」的特殊洋人氛圍與場景才是超級吸客機，例如聖誕節或跨年倒數的歡愉氣氛就是。

　　其次，由於當前全球郵輪業者的用心經營，因此無不自詡為能夠從供給端創造獨特產品的「玩家」，進而以「巧思」與「匠心」創造專屬於各家郵輪公司的獨特競爭性產品，期以招徠需求端廣大的「玩家」對郵輪旅遊樂此不疲，進而確保郵輪產業的持續興盛與發展。

　　另一方面，因為 2019 年爆發 COVID-19 疫情，導致後續幾年的統計資料或有失真，但從疫前 CLIA 的 2018 年全球郵輪旅客的統計得知，全球搭乘郵輪的旅客仍以北美洲的 49.9% 占比最高，人數高達 14,240,000 人。反觀亞太地區只有 20%，但人數亦高達 5,701,000 人。可見亞太地區的郵輪旅遊市場仍有很大的開發空間。（參閱圖 4.1）

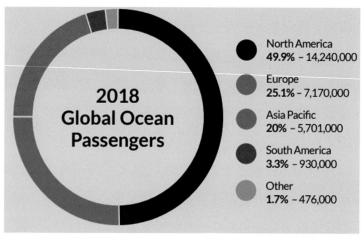

圖 4.1　全球郵輪旅客統計（Source: CLIA）

4.2 郵輪旅客屬性

　　作為海上旅遊消費主體的郵輪旅客絕對是探討郵輪旅運經營成功

與否的核心議題，因此深入探討郵輪旅客的屬性是絕對有必要的。世界旅遊組織對「旅客」的定義是「某人出外最少離家 55 英里（88,495 公尺）」。至於劍橋英語辭典，「旅客（Passenger）」一詞的定義爲「利用運輸工具，諸如汽車、火車、船或飛機旅行的人，但是並不參與運輸工具的操作。」（A person who travels in a conveyance/vehicle , such as a car or train, without participating in its operation.）。而在郵輪實務運作領域，船方爲求溝通的迅速簡捷常將「Passenger」簡稱爲「Pax」。顯然，無論從旅遊距離上或倚賴運輸工具的必然性來看，搭乘郵輪旅遊者都符合「旅客」的定義。

另從消費習慣與獲利策略的角度來看，長久以來，觀光業者一直將觀光客說成是「走動的錢包」，此意味著觀光旅遊業者將「消費」設定爲旅遊活動的主軸，而「消費能力」的高低也就成爲營運盛衰，乃至客群受喜惡程度的評估指標，至於「觀光」則只是吸引旅客的招商訴求。當然以不購物純觀光爲號召的高檔旅遊商品亦有其市場占有，只是占比相對較小而已。

依據日本「運輸政策研究」於 2011 年，利用層級分析法（AHP），選定宮崎港與高知港爲旅遊目的地，再依旅遊目的、評價基準、替代方案等三個層級，針對郵輪旅客的屬性與喜好進行問卷調查。問卷以旅遊目的層級起始，主要考量爲郵輪灣靠港口的吸引力，並藉此延伸到港口的軟、硬體設備，以及物理性與歷史性的條件因素。（參閱圖 4.2、4.3）

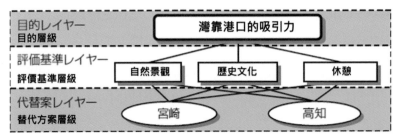

Source: 日本海洋コンサルタント（株）

圖 4.2　利用層級分析法探討郵輪旅客喜好

評估基準	內容
自然景觀	以自然景觀、離島（無人島）觀光、賞鯨等為目的之自然觀光行程
歷史文化	以民俗、傳統藝能、史蹟、逛街、選購土特產、品嚐鄉土料理等為目的之文化、歷史觀光行程
休憩旅遊	以購物、主題公園、休憩、體驗型活動等為目的之購物、休憩行程

圖 4.3　郵輪旅客旅遊愛好選項

　　從問卷結果得知；

1. 歷史文化是郵輪旅客選擇旅遊目的地的最優先考量因素；其次為休憩旅遊的功能性，最後才是自然景觀。

2. 購物並非郵輪旅客的旅遊重要選項；顯然企望郵輪旅客提高在灣靠港消費的訴求是背離旅客旅遊選項的思維。

3. 自然景觀殿後的問卷結果意味著某些業者常以國內欠缺世界級景觀是造成郵輪旅遊觀光推展困難的說法是沒有根據的。（參閱圖 4.4）

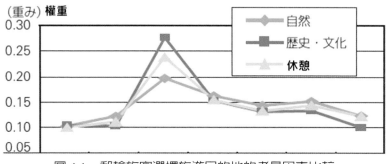

圖 4.4　郵輪旅客選擇旅遊目的地的考量因素比較

　　從上述問卷結果，吾人發現國內郵輪旅遊主事者的觀點顯然與市場實況在本質上存有很大的認知差異。因爲郵輪旅客對灣靠港口的評價除了取決於其對目的地和景象（Places and landscapes）的觀感外，更會透過自身的文化層次與生涯履歷，以及對旅遊地的態度、經驗、動機和獨特的背景（Unique circumstances）來看待目的地與景點。

　　如以上述問卷結果居首的文化層面來看，近年來拜媒體的大力宣導，讓國內「文創」一時蔚爲風潮。「文創」一詞源自「文化產業＋創意產業」，含有要求文化工作者向錢看齊，把文化當成產業經營的意涵，因而每每只注重短期產值，而欠缺實質內涵。其實，若從推展郵輪旅遊地的角度來看，主事者絕不應將一次性文創活動或即興文創思維，無限上綱美名爲文化，因爲其無助於文化底蘊的積累。須知凡事著眼促進創新、轉型，忽略先人智慧與傳統生活美學，終將毫無文化特色可言。以基隆中正公園爲例，早期先人闢建的典雅亭台樓閣盡皆拆除，陸續改以欠缺整體美感的庸俗水泥構造物取代，例如「山海城串聯再造計畫工程」在舊市區建構景觀塔就是最負面的實例，因爲

整座鋼鐵建物矗立在周遭老舊民房之間，不僅突兀毫無搭配，更不用說美感了。（參閱圖 4.5、4.6、4.7））

圖 4.5　基隆中正公園景觀塔（一）

圖 4.6　基隆中正公園景觀塔（二）

圖 4.7　基隆中正公園景觀塔（三）

　　再以 2016 年 3 月 12 日基隆市政府在東三、四碼頭，舉辦「2016
猴來運轉」春節燈會，讓在台北燈會飽受爭議的「福祿猴」主燈異地
重新登場，讓抵港的中外郵輪旅客爭拍猴子的討喜造型。此一規劃美
其名是贏的文創策略，惟缺持久性，嚴格地說，只是讓市民開心了一
晚上，徒留隔日不堪的場景。（參閱圖 4.8）

　　其次，古蹟（景點）必有故事，古蹟沉默地容納人間心情，更見
證人間變化，散發令人駐足流連韻味，故而不該只是文青藝文活動、
美食潮店的聚集地；歷史建築文化資產的修復更不應該只是招商進駐
餐廳、咖啡廳，而是要讓旅人回溯舊日在古蹟中堆疊的喜樂悲歡，思

圖 4.8　基隆港邊的 2016 年燈會主燈「福祿猴」

索改變個人、時代的關鍵章節，並透過陳述古蹟流轉過的史事與變遷，讓文化代代接續傳承，才是永續的作爲。

　　再以郵輪旅客在基隆市的消費行爲爲例，長久以來，港口所在地的基隆市政府乃至民意代表，常常在各種場合一再抱怨郵輪旅客「生雞卵無，放雞屎有」，因爲旅客下船後就搭乘遊覽車直往台北，而不留在基隆消費，對基隆市毫無貢獻可言。此一現象絕對是事實，不容否認的，大部分旅客是被郵輪公司與旅行社的套裝行程綁約只能隨團旅遊，但對將近三成自由行旅客而言，身爲港口所在地的地主卻不檢討爲何旅客不願意留在基隆旅遊消費？基隆難道不值得旅客停留品味？還是基隆的景點不足以吸引外國旅客？

　　如同上述，從陸上觀光旅遊業角度來看，觀光客本質上就是「走

動的錢包」，也就是走到哪消費到哪。但是郵輪旅客的本質與屬性皆不同於陸上觀光客，如果用相同思維來面對郵輪旅客，恐怕很難改變郵輪旅客不停留在基隆旅遊消費的窘況。

　　另從長久的觀察得知，郵輪旅客多屬退休銀髮族，此乃是因為郵輪旅行通常要花費較長時間在海上，加諸相當程度的通訊障礙，故而多少會產生社會疏離感，尤其是跨洋航行的遠程郵輪，因此郵輪本就是適合退休銀髮族的旅遊選項。依據 2014 年國際郵輪協會（Cruise Lines International Association, CLIA）調查統計郵輪旅客年齡譜（Age spectrum）有 75% 落於 60～74 歲之間。但是 2018 年澳洲的「AUSTRALIA OCEAN SOURCE MARKET」期刊調查統計結果是郵輪整體旅客平均年齡為 49 歲，顯然近年來郵輪旅客的年齡層有逐漸下滑傾向，但仍傾向在中高年齡層。又同一調查發現 2018 年每 17 名澳洲人就有一人搭乘過郵輪行，可見郵輪仍有許多發展空間。（參閱圖 4.9）

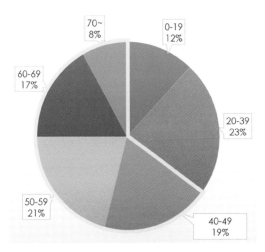

Source: AUSTRALIA OCEAN SOURCE MARKET

圖 4.9　2018 年澳洲郵輪旅客年齡分布

　　除了年齡因子外，究竟是哪些人在搭乘郵輪呢？前述 2014 年的調查發現郵輪旅客的共同特質如下：

1. 每年的家庭收入（Annual household income）至少有 114,000 美元。

2. 72% 的郵輪旅客仍在就業中（Employed）。

3. 69% 的郵輪旅客為大專教育程度（College educated）。

4. 84% 的郵輪旅客為已婚者（Married）。

　　可以確定的，上述調查係以歐美市場抽樣得出的結果，顯然與亞洲華人市場的客源結構有很大差異。郵輪旅遊既然被定位為相對高端的旅遊產品，消費對象當然與價值觀乃至經濟強度有關。以價值觀為例，歐美人士較無華人的儲蓄習慣，卻又重視家庭成員互動的價值，故而將預支旅遊享樂的消費行為視為理所當然。又歐美具大專程度者職涯發展普遍順暢，收入亦較豐厚，消費能力當然較強，反觀華人世界，具大專程度者並不一定代表收入與消費能力較強。再者，儘管郵輪旅客以已婚者為眾，但時下未婚者比已婚者更具消費能力者頗為常見，故而將婚姻狀態列入消費力的評估基準亦欠合理。其實，華人世界新世代的價值觀與消費習慣也正在改變，儲蓄已不再是理財聚財的鐵律，故而不一定要等到退休後再規劃旅遊已是普世認知，小朋友也不一定要等到寒暑假才能出國旅遊，此從愈來愈多非假日年輕爸媽攜帶學齡兒童登上郵輪出國旅遊即可得知。經驗上，小學生少上幾天課也不至於影響其終身學習歷程的，能隨父母親，乃至阿公阿嬤出外旅遊增長見聞開拓視野更有助益身心靈的均衡發展。

4.3 旅客對郵輪的認識

　　對於許多第一次搭乘郵輪的旅客而言，通常都有許多為何猶豫到當下才搭乘郵輪的理由。其實，這些理由都是源自於一般人對於郵輪運作與海上假期的誤解（Misconceptions）。如果旅客的腦海中一直幻想著「鐵達尼」船上的紳士名流與貴婦身著華麗晚禮服（Gowns and tuxedos）歌舞昇華徹夜盡情享樂，或是七〇年代美國電視影集「愛之船（The Love Boat）」船上船員與旅客間放蕩不羈的戀情不斷，甚至惦記著先人「行船跑馬三分險」的再三叮嚀，上船猶如生離死別的到來，那麼或許要先改變此一先入為主的概念（Preconceived notion）。因為這些浪漫的緋聞與奢華劇情在現今的郵輪行程（Modern cruising）中發生的可能性都不高。針對旅客的誤解，筆者發現一般欲搭乘郵輪的旅客最想知道的問題不外：

1. 搭乘郵輪旅行的費用很昂貴嗎？（Is cruising expensive?）

　　郵輪的票價從超低廉的促銷價（Extremely cheap sale fares），有時候稅前可能低到只要每人每宿 50 美元，到豪華郵輪上別出心裁的套房每人每宿數千美元的超高房價（Super-pricey rates）都有。必須一提的是，一般郵輪船票會包括住宿（Accommodations）、大眾餐廳的進餐（Meals in main dining venues）、包含兒童節目的活動與夜間娛樂（Nighttime entertainment），當然亦包括港口與港口間的運輸費用（Transportation from port to port）。因此只要考量陸上旅遊可能衍

生的各種花費，再比較郵輪旅行提供的各種活動項目支出，旅客將會發現郵輪旅行將會比陸上旅行假期（Land-based vacation）來得便宜。當然要降低旅行支出就必須多加比較各郵輪公司所提供的商品與銷售條件。一般旅客想要買到便宜票價就必須注意下列事項：

① 千萬不要依據旅遊手冊上的宣傳價格（Brochure price）購買船票。

② 行程要靈活變通（Be flexible）；指定旅遊商品勢必要付出較高支出。

③ 避免太早訂票（Book early）；除旅遊旺季外，過早訂票常無法享受優惠。

④ 探詢減價促銷（Seek the sales）活動。

⑤ 訂票前務必瀏覽網路相關資訊（Surf the web before you book）。

⑥ 選擇離住家較近港口為出發點的行程（Cruise close to home）。

⑦ 探詢免費的服務（Cruise for free）。

⑧ 是否有延伸旅程（Extend your trip）；取得後續航程的優惠價格。

⑨ 依據自身財務狀況估算消費是否合宜（Do the math）。

⑩ 選擇在船上購買（Book onboard）岸上的旅遊行程；避免登岸後臨時向當地旅行業者購買。

2. 郵輪的票價是否包含所有費用？（Are cruise all-inclusive?）

郵輪的票價當然不包含所有費用，除了上述基本客服項目外，旅客必須為個人喜好而使用船上的娛樂消遣設施（Amenities）付出額外費用，例如自費餐廳（Alternative restaurants）、咖啡與冰淇淋吧

（Coffee and ice cream bars）、飲料與酒品（Soft drinks and alcoholic beverages）、陸上旅遊（Shore excursions）、水療（Spa treatment）與小費（gratuities）等都是必須自掏腰包（out-of-pocket expenses）的。儘管少數豪華等級的郵輪會提供許多免費服務與活動，但絕不會包含所有費用。

郵輪公司常常以較低的票價（Low upfront prices）吸引旅客乘船，及至旅客登船後，再經由船上提供的按摩、雞尾酒、船上活動與自費餐廳賺取額外費用，所謂羊毛出在羊身上，郵輪公司不可能做虧本生意，前段為招攬旅客販售廉價船票沒有賺足的，都會想方設法經由後段船上消費賺足賺滿。基本上，高價位的高檔豪華郵輪（High-priced luxury cruises）甚少採用一票全包的（All-inclusive）的收費模式。旅客如果想體驗所有郵輪提供活動與服務，勢必要多預留現金（或放寬信用卡額度）或渡假預算（Vacation budget）以支付額外的花費（Extra expenditures）。

3. 是否所有的郵輪都一樣？（Are all cruise ships alike?）

每艘郵輪的噸位大小與品味（Personalities）都有不同。旅客可以做不同選擇，如大船、小船、冒險導向的郵輪、極盡糜爛享樂的豪華郵輪（Absolutely decadent luxury ships）、內河遊輪、家族專用的小型郵輪、大型帆船（Sailing ships）等。面對這麼多的船型，最重要的還是旅客要依據自己的喜好與計畫的旅遊模式選擇合適的船舶。

4. 搭乘遊輪旅行是否與遊玩拉斯維加斯或渡假村一樣？（Is cruising like going to Vegas or a resort?）

基本上，當前大型郵輪上的舒適度與豪華度當然可以媲美拉斯維加斯的浮華與魅力，因爲在拉斯維加斯可以玩的，在船上也都玩得到，如熙熙攘攘的賭場與奢華的藝術歌舞劇（Bustling casinos and lavish production shows）。唯一不同的是，旅客身處大洋中的船上，惡劣的天候與海況可能讓你興緻大減，再者除非你訂的是最高級客房，否則你的房間絕對比陸上飯店的客房狹窄。

5. 郵輪旅行只適合新婚蜜月或行將就木者？（Isn't cruising just for the "newly wed and nearly dead？）

傳統上，好像如此，但卻也不盡然。隨著時代演進，郵輪公司鎖定的目標逐漸轉向家族型旅客，進而提供陸上旅遊活動所能提供的兒童節目與設施，如水上公園（Water parks）、攀岩（Rock climbing）、青少年迪士可舞廳、電玩、手工藝課程等。另一方面，在旅客健康意識（Health-conscious）的驅使下，船上的豐盛消夜已漸被昂貴的健身房（Fitness centers）、養身餐（Spa cuisine）、皮拉提斯（Pilates）課程[註6] 所取代。單身者亦可參加特地排的見面會（Meet-and-greets）。喜歡街舞（Hip and urban）的旅行者更可在下半夜到酒吧與俱樂部享受美食、高科技現代娛樂設施。同志旅客（Gay and lesbian cruisers）更可在船上交誼廳與其他心儀的同志來個不期而遇（Meet-up）。有些郵輪公司甚至提供包船服務專門承攬單獨同

志旅客、同志配偶與同志家族。另郵輪業者爲配合上班族（Working folks）常提供三到六夜的較短航程，究竟一般上班族的假期不可能長至二週以上。

【註6】

皮拉提斯（Pilates）是一種全身的鍛鍊運動，發源於德國，由約瑟夫・皮拉提斯（Joseph Pilates）於 20 世紀初期創立並推廣，起初命名爲控制學（Contrology），後人則以皮拉提斯先生的姓氏稱呼這項健身運動。皮拉提斯透過控制、核心、呼吸、專注、精確、流暢等 6 大原則設計動作，著重於鍛鍊核心肌群，可達到雕塑身體線條、訓練平衡感、增加柔韌性等效果，並且有效矯正姿勢、改善腰酸背痛的問題。

---

6. 我會生病或暈船嗎？（Will I get sick or seasick?）

相信所有旅客都曾閱讀過有關郵輪上爆發有關諾羅病毒（Norovirus）的新聞，諾羅腸胃病毒細菌很容易在密閉環境（Contained environments）擴散，例如醫院、學校與船舶都是。但只要勤於洗手並善用設置在舷梯與公共空間的乾洗手液（Hand sanitizer）就可確保健康。

至於暈船，現代的大型郵輪船體龐大而且穩定度高，有時旅客很難感覺到船舶在運動，特別是航行在加勒比海水域，或是阿拉斯加內海航路（Alaska's Inside Passage）。無論如何，雖即時完善的氣象資訊網讓郵輪可以從容的遠離暴風圈與惡劣天候海域，但航行在海上免不了會遭遇不良的海況，旅客一旦暈船就會有暈眩欲吐（Queasiness）現象，只要服用非處方（Over-the-counter）治暈藥，如 Dramamine 或

Bonine 即可改善。如果旅客有嚴重的暈船傾向，則在登船前就須尋求家庭醫師開處方藥（Prescription）。其實，亦有部分旅客尋求其他克服暈船的替代良方，例如服用一般藥房買得到的薑粉膠囊（Ginger capsules）或戴上指壓腕帶（Acupressure wristbands）。事實上，郵輪上的服務台通常亦都備有制式暈船藥，但最重要的還是不要有「我會暈船」的預期恐慌心態，切勿未暈船先服藥。

7. 搭乘遊輪旅行安全嗎？（Is cruising safe?）

為確保旅客與船員的安全，郵輪必須遵守許多國際公約規定與標準，例如國際海上人命安全公約（SOLAS）。各船旗國與沿海國的海事監管單位與海巡機關都會定期嚴格施檢（Conducts rigorous inspections），以確認郵輪是否遵守緊急因應要求（Emergency response requirements）。這些規則的規範包括旅客航前務必參加的安全（逃生）演習（Safety Drill），以及船員的滅火演習、航行安全與保全措施的檢測。前述逃生演習主要在讓旅客知悉救生衣的存放位置，與如何正確穿戴救生衣，並知道在緊急狀況下如何找到自己被分配的救生艇（Assigned lifeboats）。

事實上，郵輪最擔心的海上事故就屬火災、擱淺與傾覆（Running aground/capsizing）。不容否認的，往昔確曾發生過多起令人膽顫心驚的悲劇，但相對於每年二、三千萬人的郵輪旅客數，以及全球的空難與飛安事故，這究竟是極少數。2012 年 1 月 13 日發生「歌施達協和」郵輪在義大利沿岸翻覆悲劇後，國際郵輪協會

（CLIA）採納郵輪產業旅客的權利法案（Cruise industry passenger bill of rights），此法案保障旅客在十個領域的權利，包括安全、舒適與照護（Safety, comfort and care）。此法案載明「郵輪航前因機具缺失停航的全額退費（Full refund），或是因為部分機具缺失（Mechanical failure）造成必須提早返航的部分退費（Partial refund）」，以及「有關郵輪因機具缺失或緊急狀況（Emergency）衍生的行程變更或調整必須及時（Timely）告知旅客，並隨時告知機具缺失狀況的最新訊息」。

　　必須強調的，郵輪猶如一座小型城市，旅客必須一如在陸上旅遊一樣，保持相同的安全防範意識。例如將貴重物品置於房間內的保險箱（Safe）。最好是不要攜帶貴重物品上船，而且未確認對象前切勿開啟房門。父母親對於隨行孩童務必立下在船上「可以與不可以」的嚴格規範。例如不是每艘郵輪的游泳池都配置有救生員（Lifeguards），因此孩童未在父母親陪同下戲水是非常危險的。

8. 我會無聊嗎？（Wil I get bored?）

　　絕對不會！在當今的大型郵輪上您可能需要一張地圖指引才可能走遍全船，而且幾乎每個角落都有吸引您駐足或投入的熱點。如想要讓心跳加速，船上有專供浸泡或游泳的游泳池（Pools for soaking and swimming），也可以打籃球、或到健身房鍛鍊。反之，如果想激勵心智（Intellectual stimulation），可以聽一場專家演講（Guest speaker），或參加橋牌比賽（Bridge tournaments），或參加品酒課程

（Wine lectures），電影欣賞，逛逛精品店（Boutique），乃至水療護膚或日光浴。筆者認為最享受的就是躺在甲板上的涼椅上吹著微微海風閱讀小說。

即使較小型的郵輪，航行中仍舊有許多活動可供消遣，這些郵輪最喜推出學習導向的活動（Enrichment-oriented activities），因此無聊的可能性極小，何況整個旅遊行程並不是都在船上度過，因為行程中通常都會包含幾個灣靠港。

9. 我會變胖嗎？（Won't I get fat?）

從船員的角度來看，登上郵輪工作最難克服的就是體重管理，因為相較於一般貨船，在郵輪上每天面對美食的誘惑，想不增加體重都難。相同的，坊間亦常流傳旅客傳搭乘郵輪一星期體重大約會增加五磅的說法。此猶如意志力戰爭，事實上對於關心卡路里的旅客在面對誘人的自助餐時大可選擇健康的低脂、低醣、無奶、無麩質飲食（Low-fat、low-carb, dairy-free and gluten-free）。從近年來筆者在郵輪上觀察旅客行為得知，隨著人們養生概念的普及，大部分旅客都會避開半夜場的自助餐與消夜，而且除了上述吃得健康的意識外，多數旅客更會積極地尋求燃燒卡路里的活動，例如繞著各層甲板跑步，或是捨棄電梯改走樓梯（Ditching elevators in favor of stairs）。可以確定的是，面對船上的免費自助餐，不想變胖的最高準則就要捨棄「不吃可惜」或「吃夠本」的念頭。

10. 我可以跟外界保持聯繫嗎？（Can I stay in touch?）

在大多數的郵輪上，旅客都可從房間內的電視機收視到 CNN 與其他有線國際新聞網。船上同時會發送彙整各主要媒體報導的紙版每日新聞。另外，儘管價格高昂，仍有許多旅客直接由客房內接播衛星電話。毫無疑問地，手機依舊可以傳播訊息與查看郵件，更可在社群網路貼上相片與傳遞訊息。當然這些通訊服務都要購買漫遊網路套餐（Roaming Internet package）才能使用。許多主流郵輪公司更會提供最適化頻寬（Optimize bandwidth），讓旅客方便使用 Skype 與流式視頻（Stream videos）。另有不同的 APP 可提供旅客與在船上的家人或朋友交換訊息。因此可以確定是，登上現代的郵輪，與外界的聯繫是不會中斷的，只不過要支付昂貴的通訊費用。

4.4 旅客面對的旅遊與消費壁壘

基本上，一般民眾對船乃至對海的認識是極爲淺薄的，尤其華人世界，傳統的保守觀念更讓國人離船離海更遠，因此在推展郵輪旅運的過程中當會面對各種不同程度的旅遊阻礙。郵輪旅運的商機，需靠想法、人才、技術、資金、精神的適時聚合，循環運作始能掌握。亦即天時、地利、人和、大環境缺一不可，而且仿效複製的成功率極低。前述所謂大環境包括政治情勢，例如 2022 年 8 月因美國眾議院議長裴洛西訪台造成兩岸係緊張，勢必墊高日後郵輪載運陸客訪台的壁壘。

　　毫無疑問的，如純從郵輪公司的獲利角度來看，當然要消除所有旅遊與消費壁壘，也就是要營造讓旅客在旅遊與消費時不會感覺有些許不方便的情境與氛圍。一般人出外旅遊心情愉快，抓緊荷包的定力與警覺性普遍降低，因此只要順其心意不添麻煩，旅客大多抵擋不了誘惑。

　　從 Business Research Economic Advisors（BREA），針對 2017～2018 年期間郵輪產業對加勒比海地區所帶來的經濟影響（Economic impact of cruise tourism）的研究顯示，旅客對於目的地與景點的評價以居民友善度、郵輪公司或旅行社員工的禮節為最主要因素，其次為迎賓活動、歷史景點與博物館，以及計程車等當地的運輸系統。其中最值得思考的是，「專程旅遊（Visit Met Expectations）」的平均得分竟比「行程旅遊（Over Visit）」低，可能是因為選擇前者的旅客多以朝聖的心情對目的地抱以極大的期望值（Expected value），結果因不符預期而大失所望。反之，選擇後者的旅客則抱以隨緣的態度參訪景點，卻有超乎意料的收穫（參閱圖 4.10）。

　　顯然，此一研究結果與前述日本學者的研究結果有所出入，此也印證區域性旅客族群的文化屬性不同，終會影響旅客的喜好標的與程度，這也是前述郵輪旅運仿效複製成功率極低的原因。其次，儘管上述分析係針對加勒比海地區郵輪目的地與景點進行調查的結果，而且以美國旅客為主，因此消費習慣與價值觀當與華人有所不同，但仍然可作為吾人發展郵輪旅遊的參考，究竟郵輪旅客組成具高度跨國性質。以下特列舉旅客在搭乘郵輪旅遊過程中可能遭遇上述調查項目的困擾與難處：

Visit Attributes 旅遊屬性	平均分數 Mean Score	
Overall Visit　行程旅遊	7.64	
Visit Met Expectations　專程旅遊	7.05	
Initial Shoreside Welcome　迎賓活動	7.82	☆
Guided Tour　導覽旅遊	8.33	☆
Historic Sites/Museums　歷史景點博物館	7.46	☆
Variety of Things to See and Do	6.96	
Friendliness of Residents　居民友善度	8.07	☆
Overall Shopping Experience	6.98	
Courtesy of Employees　員工禮節	8.33	☆
Variety of Shops	6.83	
Overall Prices	6.77	
Taxis/Local Transportation　交通運輸	7.46	☆

Source: Caribbean-Cruise-Analysis-2018-Vol-I

圖 4.10　加勒比海郵輪旅客對景點的評價分析

1. 交通運輸問題

　　一般郵輪抵港後，除了由郵輪公司或當地旅行社安排遊覽車直赴景點觀光的旅客外，其餘旅客大都會留在港口所在地自由行，前者稱「陪同旅遊（Escorted tours）」，後者稱「自主旅遊（Independent tours；Travel independently）」，後者最先面對的就是交通問題。環顧全球，除了少數如同基隆港東、西岸碼頭一樣，具有出碼頭就是市中心的地理優勢外，其餘各港若非搭乘計程車或特地安排的接駁車甚難抵達市區與景點，因此自由行旅客下船最先要面對的就是與計程車

司機的交易互動，或是要花費相當時間探詢搭乘大眾運輸工具的方法。

外籍旅客搭乘計程車或其他交通工具，除了語言溝通困難外，最令人不齒的的就是少數從業人員每將抵港的遊客視為肥羊上門，不是漫天叫價就是態度輕蔑，甚至拒載短程。毫無疑問的，遇上上述情境，旅客不僅荷包失血，旅遊興緻更盪到谷底。反之，對港口所在地而言，最嚴重的就是國家整體形象受損。

2. 消費的不便利性

多年來國內港口所在地的商家常常透過媒體埋怨無法留住旅客在地消費，其實商家亦應捫心自問究竟它們提供了什麼樣品質的消費環境給旅客？以國內商港城市為例，因為除了外幣的兌換不便，甚至商家拒收外幣，乃至無法刷卡付費外，諸多公共設施的服務人員與商家的店員根本無法用英、日語與旅客溝通，故而旅客只能抱以遺憾與不解的心情純觀光不消費。而最惡劣的，就屬少數商家的商品價格標示不明，對外籍旅客漫天要價或出售次級商品的買賣行為，此類商家多是抱著「不賺白不賺」的短線心態，旅客或許在資訊不足的情況下盡情消費，但後續的負面反饋與抱怨則是由整個港口城市承擔的，也就是汙衊了港口與城市的風評與商譽。

3. 導覽資訊不足

由於郵輪的靠港行程安排大都是當天早到晚開，因此常常發現

一早進到市區觀光的自由行遊客或許因爲行前旅遊資訊的不足，所能看到的除了夜市前晚遺留下來的滿街垃圾外，就是尚未開店的商家鐵門，試問外籍旅客看了此等負面景象，還會想再來臺灣嗎？

其次，外籍自由行旅客最大的困擾就屬路標標示不明，少數設立於市區關鍵位置點的導覽圖，不僅標示內容與紙本導覽難以吻合，更缺少英文解說，故而徒讓旅客浪費寶貴的時間，也無法順利前往預期探訪的景點。例如從東岸郵輪碼頭到中正公園大佛像就有數條通路可以前往，但卻常看到外籍旅客無論走哪一條路都走不通，而須頻頻尋求路人指引。（參閱圖 4.11）

圖 4.11　徬徨於基隆廟口路標前的外籍旅客

　　為排除上述旅遊與消費壁壘，除了觀光主管機關、港埠管理機關與當地市政府應提供各種配套服務全力招商外，其他相關業者與商家更應深切地體認到宰一頭肥羊終究只能滿腹一餐，我們最需要的應是不斷地引進滿心喜樂的羊群，亦惟有如此才是可長可久的拼經濟之道。

　　其實，以國人目前熱衷於擔任義工與志工的文化來看，語言的隔閡與不便若能及早招募熟諳外語的年輕學子或退休賢達擔任義工或志工協助翻譯與導覽當可輕易化解，亦可讓旅客盡興遊覽與享受合理的消費。最重要的是，為確保旅客行的安全，除了要對港區排班的計程車作合理約束外，碼頭與市區間的交通亦可提供接駁公車或專車服務，此舉可免除外籍旅客將有限時間耗費於尋找交通工具進而發生無謂議價與爭執的不愉快上。如同上述，外幣兌換仍是外籍旅客的另一最痛，因為許多郵輪常在銀行不上班的假日抵達港口，又即使銀行上班日，光是兌換外幣所需的時間與手續就令外籍旅客卻步，因而協調銀行至船邊設置服務台兌換外幣似乎是不可或缺的服務。不容否認的，某些港口針對抵港郵輪在碼頭附近設有臨時外幣兌換櫃台，以及退稅（Tax-free refund；Tax reimbursement）窗口，但總是難以提供全方位服務，究竟旅客消費發生地常常不在碼頭，而是遙遠的市區。以新加坡與香港市區店家隨時可兌換外幣的服務為例，就是方便旅客消費的最佳做法。可見欲發展觀光事業就需費心針對軟硬、體作具體投資，以改善既存的缺失與基礎設施的不足。雖此等投資以當地政府與港公司為主導，但卻也是相關業者不可忽視與今後努力的方向。

4.5 旅客的消費需求傾向

　　如同前述，郵輪旅客之所以選擇郵輪旅遊，最主要就是著眼於行程中可免於不斷更換住宿處所與搬運行李之苦，進而得以悠閒地慢活度假，此猶以無心拚趕匆促旅遊行程的銀髮族為最。因此大包小包的採買購物，絕非郵輪旅客的消費行為。

　　若購物消費的行程非郵輪旅客的首選，究竟什麼才是郵輪旅客最鍾愛的旅遊條件因素？從探索性的因素分析（Exploratory factor analysis）發現「環境因素」（Environment factor）對郵輪乘客的旅遊經驗影響最大。而影響旅客滿意程度的最大變數（Variables）就屬乾淨無汙染的環境，而且以太陽、海洋、沙灘（Clean unpolluted environments and sun-sea-sand）為不可或缺的要素。（參閱圖 4.12）

Source: www.drewreportsnews

圖 4.12　郵輪錨泊讓旅客在陽光下戲水景象

　　顯然，長久以來國內港埠營運機關標榜要在腹地本已狹窄的碼頭建構港際摩天大樓，以及強力促銷的鳳梨酥等伴手禮，都不是旅客選擇目的地的考慮因素。試想外國郵輪旅客抵達基隆港會將寶貴的時間耗費在矗立基隆港邊的摩天大樓？或是在碼頭邊的購物商場停留？又外籍銀髮族旅客人生旅遊經驗豐富，而且船上終日供應美食，怎會購買整盒的鳳梨酥？

　　正因為郵輪旅客屬性迥異於一般陸上旅遊觀光客，因此風光明媚、氣候宜人，而且充滿西班牙浪漫情懷慢活步調的加勒比海地區，以及藍天碧海充滿羅馬神話故事的地中海始終是全世界郵輪旅客的首選，故而各大郵輪公司紛將所屬郵輪部署於此等地區。（參閱圖4.13）

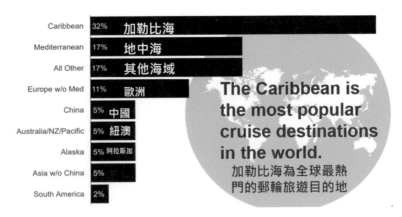

圖 4.13　全球郵輪船隊部署示意圖

　　另一方面，港口所在地的政治人物與商家批評旅客的消費意願不高的同時，是否亦曾探討過港口方推薦的景點與商家所販賣的商品真是旅客所要，或是願意消費的項目？

　　講到景點，郵輪旅客既屬銀髮族居多，這些經濟能力相對較佳的旅遊族群，在其人生的前半段，基本上都已玩遍世界各地名勝，因此如同前述調查結果，視覺享受的自然景觀並非其旅遊的目的地首選，反而景點是否具有歷史與故事性，足以讓人憶往思故憑弔先人才是最重要的。例如兩岸對峙期間，國軍在金門開鑿花崗岩建構的擎天廳地道，以及縣民利用 823 砲戰對岸發射的砲彈殼鑄打而成的菜刀，對於許多曾參與二次世界大戰的西方遊客而言，無不感佩動容讚譽有加。又如日本旅客憑弔九份太子賓館與日式官舍，怎不會以其先人開疆闢土殖民異土為傲？類此充滿時代故事背景的景點，才是郵輪旅客的最愛。

　　至於郵輪旅客究竟想買什麼？我們又要賣什麼給旅客？從國家整體利益角度來看，我們實不應完全聚焦在實物商品的推銷，而是要主動積極地向郵輪旅客推銷國家形象。「國家形象」雖抽象又難以具體評估，但卻是無價的。猶記得以往觀光主管機關偶會重金禮聘偶像團體或重量級藝人遠赴國外宣傳旅遊，以招徠國外觀光客，可謂用心良苦。但主事者卻常忽略了，一艘載運四、五千名國外旅客的郵輪靠港，這些旅客在港旅遊期間的所見所聞就是對我們國家形象與觀感的總結。若果這些旅客的感受是正面的，自然會在歸國後發揮乘數效應，周知其親朋好友在我國旅遊的種種，此不啻是最佳的旅遊觀光宣傳大使。反之，如果這些旅客的感受是不愉快的，自然也會告知友人

「台灣不值得去」的負面宣傳。因此，主事者千萬勿以旅客的消費多寡做為評估郵輪旅客對港口所在地，乃至國家的貢獻指標。

　　綜上所述，吾人務必體認到搭乘郵輪環遊列國的旅客水平絕非往昔那些奉「極樂台灣」為圭臬的東瀛買春客所能比喻者，尤其此等高素質的旅客更是最有可能提升臺灣旅遊附加價值與國際風評的義務宣傳者。所以我們絕對不能喪失任何扭轉外籍旅客對臺灣整體，乃至各國際商港存有任何負面印象的機會。吾人猶記得歷任主政者都曾信勢旦旦的宣稱要拼觀光救經濟，然類此送上門來的免付費宣傳利基我們都無法有效掌握，還能奢談發展觀光事業嗎？

　　不容否認的，亦有不同於歐美旅客消費習慣的群族，最典型的就屬兩岸華人，拜近年經濟能力大幅提升之賜，華人旅客購買力超強，無論四天三夜或是三天兩夜的短程旅行，都能盡情購買，行囊飽飽的離船。下圖為基隆港郵輪進、出港艙間行李房常見的景象（參閱圖4.14、4.15、4.16）

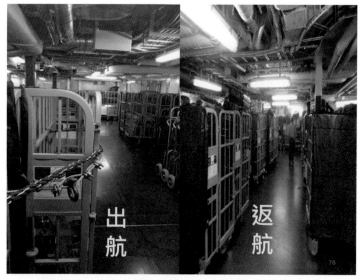

圖 4.14　同一郵輪出港與返航行李箱差異示意圖

圖 4.15　台日線郵輪抵達基隆港時艙間走道擠滿行李箱（一）

圖 4.16　台日線郵輪抵達基隆港時艙間走道擠滿行李箱（二）

　　不可思議，單是三天二夜的日本離島行程竟能購得如此多的商品，似此怎可能還有時間與心思悠游慢活地享受郵輪旅遊與體驗異地風光？反之，大陸旅客來台大氣採購，有很大程度是基於國族認同意識與久聞寶島美譽所驅使的。

　　又上述行李占滿艙間景象不僅凸顯出華籍旅客「愛買」的習性，更曝露出船舶安全管理上的缺失，究竟走道不是艙間，除了嚴重排擠船員生活與作業空間外，風平浪靜時或許安全無虞，一旦遇有惡劣天候船體搖晃，要如何確保滿載行李的柵欄推車不會移動？試想行李推車一旦移動，除了增添船員的勞力與心理負擔外，勢必影響船舶的穩定性，進而影響船舶的固有操縱特性。相對於華籍郵輪旅客「以量取勝」的購物行為，歐美旅客的購物則以「輕、巧、薄、小」為主，下表是美國旅客在加勒比海七天航程的購物行為問卷調查。（參閱圖4.17）

購買項目 Purchase Categories	平均每名 旅客消費 （美元）Average Spend per Passenger ($US)	Share of All Onshore Visits①	Weighted Average Spend per Passenger	Total Passenger Expenditures ($US Millions)
Shore Excursions② 陸上旅遊	$48.01	52.6%	$25.27	$636.6
F&B at Restaurants & Bars 餐飲費	$16.82	47.1%	$7.92	$199.5
Local Crafts & Souvenirs 紀念品	$16.80	47.0%	$7.89	$198.8
Clothing 服飾	$24.29	41.3%	$10.04	$252.8
Other Purchases 其他	$41.52	20.2%	$8.39	$211.4
Taxis/Ground Transportation 交通費	$16.24	18.7%	$3.03	$76.4
Watches & Jewelry 手錶珠寶	$212.25	15.5%	$32.85	$827.5
Retail Purchases of Liquor 酒精飲料	$23.08	10.9%	$2.53	$63.6
Perfumes & Cosmetics 香水化妝品	$35.12	2.9%	$1.01	$25.3
Telephone & Internet 電話網路	$15.31	1.3%	$0.20	$5.11
Entertainment/Night Clubs 夜總會	$52.76	1.3%	$0.68	$17.0
Lodging③ 住宿	$164.54	1.0%	$1.61	$40.6
Electronics 3C產品	$39.25	0.2%	$0.10	$2.4
Total 所有旅客總消費（十億美元）			$101.52	$2,557.21

Source: Caribbean-Cruise-Analysis-2018-Vol-I

圖4.17　加勒比海航線郵輪旅客消費統計

　　從上表得知，歐美旅客消費習慣與東方旅客差異很大，例如華人旅客大都不會在郵輪行程中購買手錶珠寶，而且歐美旅客在陸上的餐飲消費所占比例也較高，此主要在於歐美旅客大多有到陸上具有當地特色文化的餐廳與酒吧品嚐不同於船上所提供的制式餐飲的消費習慣。但隨著經濟能力的改善，以及生活品味的提升應會漸漸改變華籍旅客的消費習慣。相同的是，陸上旅遊與紀念品都是旅客的主要花費，這也是郵輪公司極欲主導與掌握旅上旅遊這一營運區塊的原因。

4.6 郵輪旅遊的花費（How Much Does a Cruise Cost?）

　　由於關係旅遊預算與規劃，旅客在購買船票前，必須了解到自己將要花費多少錢。也就是必須知道旅程中種種消費的細節項目，始能免去日後財務上的煩惱。

　　基本上，搭乘郵輪每人每天的平均消費約落於 79～212 美元之間。79 美元表示四人一房。反之，212 美元表示包括船票（Cruise ticket）以及旅客在船上一天的所有費用（Onboard expenses for a day）。但此一費用通常不包括陸上旅遊行程（Offshore tours）及其相關費用（Related fees）。

　　旅客如果想要知道自己購買郵輪行程的所有費用，就必須了解在船上期間所有可能產生的各種開銷。郵輪行程的總費用係依據客房類型與級別、目的地、郵輪的大小以及郵輪的票價（Cruise fare）的多寡而定。郵輪票價基本上是以每天每人計價，通常是以雙人房

（Double-occupancy rooms）為主。以下是旅客在船上可能產生費用的細目推算（由於 2019 年起連續三年郵輪市場受疫情嚴重影響，故特以疫前的 2018 年市場價格為基準）：

1. 客房類型與級別（Type of Cabin）

以皇家加勒比郵輪公司為例，豪華客房（Luxury cabins）或露台客房（Balcony staterooms）的船票是非常昂貴的，每天最少 200 美元起跳，至於沒有窗戶的艙內客房（Inside cabin）則每天只要 50 美元即可。因此若旅客計畫在船上停留一週，則每個人將分別要花費 1,400 美元或 350 美元。如同陸上五星級飯店一樣，客房等級不同就有很大的價差。

旅客如果預訂雙人房，但是只想一個人住，則需另加付費。當然郵輪上亦有單人房（Cabins for single occupant），但卻是相對昂貴。上述價錢只是客房費（Cabin fees）而已。此外，即使同一郵輪公司天數相同，仍會因旅程不同而有很大的價差，例如以阿拉斯加冰川之旅七天行程為例，各級客房的票價就比上述價格高出甚多。（參閱圖4.18）

Source: royalcaribbeanblog.com

圖 4.18　皇家加勒比阿拉斯加冰川之旅七天行程各級客房票價

2. 交通費（Transfer Costs）

搭乘郵輪的旅客必須考慮從機場搭乘計程車或巴士到船邊的交通費用。即使自行駕車前往港口，亦須支付停車費（Parking fees），在美國這些費用從 20 美元到 120 美元不等。如果旅客是搭乘飛機前往登船港口上船，則費用將從 300 美元提高到 500 美元不等，當然飛行距離愈遠機票是愈貴的。

必須強調的是，雖然自郵輪公司購買從機場到郵輪碼頭間，或是碼頭至機場的轉乘票（Transfer pass），可以保證旅客上船前不會開船，但是依照行程表定時間抵達與離開出發港仍是旅客的責任（Passengers' responsibility）。相同的，如果旅客向郵輪公司購買陸上旅遊（Shore excursion）行程，若行程有所延誤（The tour runs late），則船方有責任等到所有旅客歸船後始能開船。

3. 港口稅（Port Taxes）

某些郵輪公司的票價並不包括港口稅，所以旅客要預留這一筆費用。在美國每位旅客整個航程（Duration of the trip）的港口稅介於 200 美元到 500 美元之間。因此購買船票時務必詢問旅行社或郵輪公司的票務人員，票價是否含括港口稅在內。

4. 小費（Tips or Gratuities）

小費係指在消費金額以外，另外給予服務人員的賞金，以酬報其個人服務之用。小費雖在某些國家被視為陋習或歧視，但在西方社會

常被視為社交禮儀。然而在所有國家，小費都不是法定要給的規費，數目也沒有明碼標定，在不同地區的行業都有各種不成文的規定。必須強調的是，郵輪上的餐飲與客房服務人員的薪資甚低，主要靠旅客賞賜小費彌補收入，因而搭乘郵輪給予小費不僅是展現禮儀，更是嘉惠基層服務人員的善行。

　　基本上，小費通常不會包括在郵輪的票價裡面。但仍有某些郵輪公司的船票會包括小費在內，因此登船前必須確認。又小費到底要給多少？一般旅客在船上餐飲費用總額的 10～15% 可視為合理的小費（Reasonable tip），此意味著每位旅客每天要準備 10～15 美元的小費。至於旅客在船上所給予的小費分配，依據皇家加勒比郵輪公司 2018 年的統計得知，餐廳的服務人員占比最高達 43%，其次為酒館與其他娛樂場所的 32%，再者就是客房服務人員的 25%。（參閱圖 4.19）

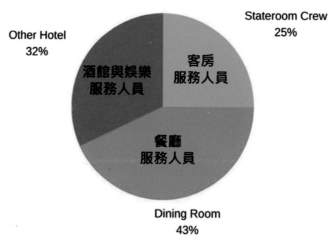

Source: emmacruises.com

圖 4.19　郵輪旅客小費給予分配

5. 特殊課程（Special Classes）

　　儘管在郵輪上的某些設施可免費使用，然而如果想參加各種特殊課程，諸如游泳課、運動課（Sports lessons）或健身課（Fitness classes）就必須另外付費。參加這些課程的費用每人從 60 美元到 150 美元不等。

6. 娛樂享受（Fun and Entertainment）

　　基本上，郵輪上的賭場、賓果與其他遊戲都是要付費的，亦即你必須先支付娛樂費用始能玩樂，一般在整個航程所需的費用約從 50 美元到 100 美元不等。如果手氣不佳，可能在賭場輸掉上百萬美元。因此行家常建議旅客要設定賭輸一百美元就退場的停損策略。賭贏上癮，賭輸想回本乃人性使然，尤其人在船上，活動空間有限，稍有意志不堅者終究會再逛回賭場繼續參賭，直至輸到兩手空空為止。這也是諸多郵輪公司將賭場視為其營利獲益最主要熱點的原因。

7. 相片（Photos）

　　儘管現在手機發達，但郵輪上仍有專業攝影師為旅客拍照，如同陸上旅遊景點一樣，攝影師所拍攝的相片要買與否全憑旅客自行決定。當然這些在船上拍攝的相片對旅客而言都是珍貴的回憶，但售價卻高達 80 美元到 100 美元之間。不容否認的，攝影師的設備與取景技巧都是專業級，所拍攝相片有一定水平。但筆者認為現在手機的攝影功能不斷精進，與其花錢請攝影師代勞，不如使用自己的手機盡情

地拍攝。

8. 特別餐飲（Specialty Dining）

習慣上（Customarily），郵輪的船票都會包括旅客在船上的膳食（Meals）。但是當旅客想到特別的餐廳（Specialty restaurants）享用精緻餐點就須另外付費，每天的費用依據進餐次數有所差異，約從50 美元到 200 美元不等。

9. 飲料（Beverages：指除水以外的飲料，如茶、酒、牛奶、汽水等）

某些郵輪上，在特定的甲板或服務場合會提供免費飲料。值得一提的是，旅客也可以攜帶飲料至酒吧或娛樂室（Bars and lounges），但必須支付開瓶費（Corkage fee）。當然如果旅客想在酒吧享用酒吧提供的飲料就須付費。所需費用就依據旅客享用的酒類與數量而定，一般每個人每週約需花費 30 美元至 120 美元之間。如果你是貪杯好飲者，則可考慮購買郵輪的無限暢飲套裝（Unlimited drinking packages）酒票，如此就可享用相對合理價格的酒類。

10. 網際網路（Internet）

旅客在船上期間可使用付費的網際網路。因為船上有折扣，故而比登船前在陸上預購的網際網路套裝價格便宜。基本上，郵輪上的網

際網路可全天候無限制地使用，費用介於 50 美元至 100 美元之間。

11. 其它服務

其它服務如同水療（Spa treatment）、洗衣（Laundry）與管家（Butler）通常不包括在船票內，這些服務的費用每週介於 60 美元至 150 美元之間。

從上述旅客在郵輪上可能花費的費用分析，我們大概可算出一位旅客在七天的郵輪旅程所需花費的費用（Individual Cost for a 7-Day Cruise）如下：

(1) 客房（Cabin）：露台客房（Balcony cabins）為 1,400 美元，或艙內（無窗）客房為 350 美元。

(2) 交通費（Transfer Costs）：包含以七天計算的巴士或計程車費約 20 美元至 120 美元之間，以及機票約 200 美元至 500 美元之間。

(3) 港口稅（Port Taxes）：依航程期間長短而定，整個旅程約需 200 美元至 500 美元之間。

(4) 小費（Tips）：10 至 15 美元乘以七天，約需 70 美元至 105 美元之間。

(5) 特別課程（Special Classes）：約 60 美元至 150 美元之間（七天）。

(6) 娛樂享受（Fun and Entertainment）：約 50 美元至 100 美元之間（七天）。

(7) 相片（Photos）：約 80 美元至 100 美元之間（七天）。

(8) 特別餐飲（Specialty Dining）：整個航程約 50 美元至 200 美元之間。

(9)飲料（Beverages）：30 美元至 120 美元乘以七天，約需 210 美元至 840 美元之間（七天計）（$30 to $120 x 7 = $210 to $840）。

(10) 網際網路（Internet）：約 50 美元至 100 美元之間。

(11) 其他服務（Other Services）：約 60 美元至 120 美元之間。

　　假設上述費用是以一週航程計算，則整個航程每一位旅客將要花費約 990 美元至 3,735 美元之間。可見搭乘郵輪的基本門檻費用不是很高，但如果想要享受較好的服務與消費則要付出相對較高的費用，而且差距很大。

　　再從市場上較為知名的幾家郵輪（Popular Cruises）的眞實船票價位來看，究竟差異有多大？這些價格當然不包括陸上旅遊（Off tours）、特殊餐飲與其服務費用。

1. 加勒比海郵輪（Caribbean Cruises）

　　以三到五天航程爲例，加勒比海郵輪的票價從 200 美元至 700 美元之間。客房都屬雙人房（Double occupancy type）。至於露台客房（Balcony cabins）的票價則從 325～900 美元，至最豪華套房（Luxury suites）的 750～1,200 美元之間。

2. 名人郵輪（Celebrity Cruises）

　　名人郵輪從美國至墨西哥四夜行程，露台客房與豪華套房最高可至 450 美元，艙內（無窗）客房約爲 350 美元。

3. 嘉年華郵輪（Carnival Cruises）

嘉年華郵輪四夜行程，票價從 160 美元至 550 美元之間。至於一夜的國內沿岸航程（Domestic cruise）每人只需 150 美元。

4. 狄斯耐郵輪（Disney Cruise Line）

狄斯耐郵輪從德州到西加勒比海墨西哥的科蘇梅爾島（Cozumel）八夜行程雙人房，每人票價 1,100 美元。

基本上，郵輪的船票在春季與假期季節（Holiday seasons）的尖峰時段因為需求提高會賣得較貴。至於頂層客房（Penthouse cabins）幾乎每一家都賣得很貴，有時甚至高達 40,000 美元。可見即使同一艘郵輪，不同客房等級的票價常會產生很大的落差。

4.7 旅客如何選擇郵輪

從 CLIA 的統計資料得知，COVID-19 疫情爆發前的 2018 年 12 月，全世界營運中的遠洋郵輪共有 314 艘，載客容量高達 537,000 人。即使疫情氾濫後的 2021 年終，全世界仍有 323 艘遠洋郵輪持續在運航，載客容量高達 581,200 人。從旅客的角度來看，面對如此多的郵輪公司與郵輪，旅客該如何選擇自己喜歡或適合的郵輪呢？ 基本上，評估一般郵輪安全與服務品質的考量因素不外：

1. 郵輪公司商譽（Business reputation）與歷史。
2. 欲搭乘的郵輪新船下水（Launching）或改建（Reconstruct）的年份。

3. 郵輪註冊的國籍（Ship's registry）。

4. 郵輪登記的船級社或驗船協會（Ship classification society）。

5. 過往的肇事紀錄與善後處理。

6. 郵輪的「客服指數」（Service index）。

7. 配置有露台（Balcony）客房數的多寡。愈多愈好。

8. 船員組成，尤其是船長與高階船員的國籍。

9. 是否為新開闢航線？

10.擬航行區域之天候與海況。

　　上述第 6 項所指的「客服指數」，乃是衡量郵輪所提供服務品質優劣的基本評估參考，基本上採用下列二種方法表示：

1. 船舶總噸與旅客可使用空間比

　　旅客可使用空間比 = 船舶總噸 ÷ 旅客可使用空間

　　（Space ratio = vessel's gross tonnage / passenger capacity）

2. 旅客人數與船員人數比

　　旅客人數與船員人數比 = 可搭乘旅客人數 ÷ 船員人數

　　（Passenger-to-crew ratio = Passengers / crew members）

　　很顯然地，無論空間比愈大，或是旅客人數與船員人數比愈大，都意味著旅客可享受的空間與被服務的機會愈趨降低。例如頂級郵輪「銀影號（Silver Shadow）」可搭乘旅客人數為 382 名，配置有 295 名船員，旅客人數與船員人數比介於 1～1.3 之間。空間比則落

於 74，明顯比其他郵輪提供更大的旅客活動空間。又如於 2013 年建造的德國籍郵輪「歐羅巴二號（EUROPA 2）」，可搭乘旅客人數爲 500 名，配置有 370 名船員，旅客人數與船員人數比爲 1.35。

　　相對於 2016 年 3 月 28 日抵達基隆港的跨洋遠洋郵輪「伊莉莎白皇后號（Queen Elizabeth）」（參閱圖 5.4），船長 294 公尺，總噸位 90,000。搭載旅客 2,500 人，船員人數爲 1,000 人，旅客人數與船員人數比爲 2.5。顯然客服指標不及前述「銀影號」與「歐羅巴二號」，但是比起專營台日定期航線麗星郵輪的旅客人數與船員人數比高達 3～3.5，仍屬客服品質較高的郵輪。（參閱圖 4.20）

圖 4.20　伊莉莎白皇后號

　　如從上述「空間」的計算方式來看，採用淨噸位除以郵輪的核定

載客量（人數），得出的旅客空間比（Passenger's space ratio）更能夠讓乘客精準地認知到郵輪的實質可利用空間的大小。畢竟船上所配置的機器、備品所占用的空間與旅客服務無關。

讀者或會質疑為何上述郵輪的「旅客空間比」採用「總噸（Gross tonnage）」而不用「淨噸（Net tonnage）」？因為「淨噸（Net Tonnage）」係指從「總噸」扣除已被船舶的機器、備品所占用的空間，也就是旅客可實質利用的空間。因此「淨噸」的數值通常比「總噸」小。似此，若以「總噸」作為旅客服務指數的評估基礎，所得的數值較大，讓旅客直覺上感到可以享受的空間較大。

再者，早期船舶的推進系統與石化燃料占用船體空間極大，使得乘客可以使用的服務空間非常有限，加諸每艘投入市場的新船都在爭搶「世界最大」頭銜的年代，顯然用「總噸」這個數據來比大小，較容易讓旅客對郵輪的「大」更有概念。

除上述海運實務習慣外，吾人發現在克拉克森海運管理公司（Clarksons Research）2020 年的 456 艘郵輪資料中，竟然有 37 艘郵輪沒有淨噸位的數據登錄。而這些沒有淨噸位數據的郵輪大多數是 2017 年以後建造的。此一船舶資料不齊的現象應是現行淨噸位的測量和計算，需要等到船舶正常運航後隨著裝備與補給的增減確定後再行丈量有關。至此我們就可了解為何郵輪的「旅客可使用空間比」採用「總噸（Gross tonnage）」而不用「淨噸（Net tonnage）」的另一原因。

令人好奇的是，皇家加勒比郵輪公司晚近建造的四艘綠洲級郵輪，其「淨噸」都比「總噸」大，如「海洋交響號（Symphony of the seas）」（總噸 228,081、淨噸 258,794）、「海洋和諧號（Harmony of the seas）」（總噸 226,923、淨噸 257,566）、「海洋綠洲號（Oasis of the Seas）」（總噸 226,838、淨噸 257,429）的「淨噸總噸比」為 1.13～1.14，而「海洋魅力號（Allure of the seas）」（總噸 225,282、淨噸 242,999）的「淨噸總噸比」為 1.08。

　　從航運經營的角度來看，依據國際噸位丈量公約，只要「淨噸」不小於「總噸」的 30% 就合乎規定，並未規定「淨噸」不得大於「總噸」。之所以會有「總噸」小於「淨噸」的情況應是郵輪公司針對部分港口的相關收費係以「總噸」作為收費依據，而為降低營運成本與造船廠或船級社（classification Society）相互協調，技術上配合所達致的結果。

　　當然亦有特例，例如冠達郵輪的「瑪麗皇后二世（RMS Queen Mary II）」（總噸 149,215），其「淨噸總噸比」則小至 0.67。此主因皇后系列郵輪為跨洋定期郵輪，為克服多季北大西洋的惡劣天氣，以便保持較快的船速必須配置大馬力主機，因此機艙所占的空間亦相對較大，結果相對地限縮了郵輪的旅客有效服務空間。然而，總噸與「瑪麗皇后二世」同為 14 萬噸級（總噸 145,656）的「挪威門戶號（Norwegian Getaway）」的「淨噸總噸比」卻為 0.91，此主因新一代郵輪都改採新型的舷外吊艙式推進系統（AZIPOD Propulsion System），使得機艙空間大幅減小所造成的。

4.8 旅客降低搭乘郵輪費用的攻略（Tips on Reducing Cruise Costs）

毫無疑問地，除了少數高端消費族群外，一般旅客總是想要以最低的價格尋求合理且可以接受的旅遊商品與條件。海上郵輪旅遊亦同，在有限的預算下，如要節省開支，購買船票前就要多方探詢乃至比價，再決定出遊行程，始能掌握預算開支，以最低的消費盡情享受玩樂。基本上，旅客降低旅遊費用的方法不外：

1. 尋求套裝交易或獎勵（Look for Package Deals or Rewards）

因為套裝交易與利用網際網路購票的價格較為便宜，所以購票時應先詢問。當然旅客亦可報名（Sign up）許多郵輪公司提供的忠誠客戶促銷與獎勵（Loyalty promos and rewards）方案。旅行社（Travel agency）往往可以幫你選擇最便宜且最適合你的郵輪（The cheapest and most appropriate cruise ship for you）。

2. 提前一年預訂計畫航程的船票（Book a Year Before Your Scheduled Cruise）

提前一年預訂計畫航程的船票通常可以取得很大的折扣（Great discounts）。如果無法提前一年預訂，至少也要在半年前訂票。另外也可以購買淡季時段（Off seasons）的船票，常會有較低的票價與更多等級的客房選擇。可以理解的，由於特定時限內的需求大幅增

加，暑假與聖誕假期的票價常比淡季時期的票價高出一倍。（參閱圖4.21）

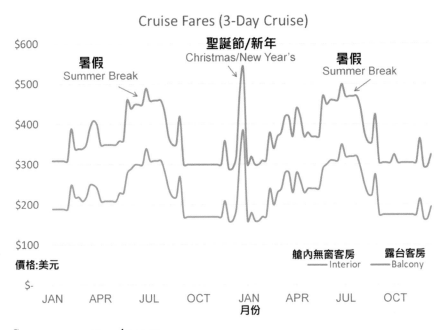

Source:www.cruzely.com

圖 4.21　三天二夜郵輪行程的季節性船票價格差異

此外，郵輪公司的票價報價又分成「門戶至門戶（Door to Door）」與「港口至港口（Port to Port）」，前者就是船票包含從旅客居住地往返船邊的交通費用，後者則是旅客要自行前往港口搭船，下船時亦要從港口自行搭乘交通工具返家。毫無疑問地，自行選擇交通工具可節省支出，但可能要多費心神且花時間。

3. 避開酒精飲料（Avoid Drinking Alcohol）

在船上的酒吧享用酒精飲料是很昂貴的。如果自行攜帶酒精飲料（Alcoholic beverages）進入酒吧飲用也要支付開瓶費（Corkage fee）。因此旅客在船上除了要避開自費項目外，更要遠離酒精飲料，才能節省旅遊費用。

4. 自行拍照（Take Your Own Pictures）

如果自行攜帶相機或手機其實可以不用請船上攝影師拍照。因此學會如何在關鍵時刻與場景下按下快門捕捉終生難忘鏡頭是很重要的。事實上，一般人常常都有利用手機拍下令人驚奇的自拍照（Amazing selfies）的經驗。尤其多功能的自拍棒（Selfie stick）更可以幫你取得較佳的拍攝角度，是不可或缺的取景神器。

5. 儘量利用船上的免付費供餐（Take Advantage of the Free Meals On Board）

基本上，郵輪上的免付費餐廳提供的餐點雖不能說是精緻，但大多可以滿足一般人的飲食需求，除非你口袋太深想在自費高檔餐廳用餐，否則就應享用船上主餐廳（Main dining room）提供的餐飲，以節省大筆餐費開銷。當然，既然高興出遊亦可至少選擇一晚到付費餐廳開洋葷，在沒有人潮擁擠的用餐環境下盡興享用渴望的異國風味餐。

6. 僅選擇免付費娛樂設施（Choose Free Entertainment Only）

　　事實上，許多郵輪船上是有提供各種各樣免費的超級秀（Superb shows），只不過常有時段設限或場次不多。因此除了非有特別喜歡的節目表演，否則大可不必花費昂貴的門票。

7. 預訂沒有露台的客房船票（Book Cabins with No Balconies）

　　預訂沒有露台的客房船票可以省下很多錢，這些位於船艙內而且沒有窗戶（或只有一扇小窗戶）的客房票價非常低廉（Significantly cheaper）。船艙內的客房（Inner rooms）大多窄小且看不到海景，基本上只是提供你休息睡覺用的，但是只要你走到甲板上，一樣可以曬太陽與呼吸新鮮空氣。其實，登上郵輪旅遊本就不應該一直待在房內看電視，而是盡情享受船上設備與海上風光。

　　事實上，部分旅客的旅遊格言（Motto）是我寧願以同樣的支出搭乘兩趟艙內無窗的客房，而非購買一趟附露台的高價客房。這類旅客多屬節約奉行者，特別是單獨旅行者（Traveling alone），因為他們總認為房間不就只是睡覺的地方嗎？

　　相對於此，選擇露台客房的旅客則認為無論單獨旅行或跟朋友與家人出遊，因為有落地窗與露台，客房視野開闊光線明亮，會完全改變郵輪旅程的品質。試想住在位於主甲板（Main deck）下方沒有露台的客房，房間唯一的小窗戶往往就開在床鋪正上方，因此七天的行程只能跪在床上往外窺視海景，這不是受罪嗎？更不用說完

全沒有窗戶，不開燈就暗無天日的艙內客房。

8. 遠離賭場（Keep Out of Casinos）

　　無論船上或是陸上的賭場，因爲好玩又刺激常會使人上癮的（Addicting）。吾人常聞「小賭怡情、大賭傷身」，事實並非如此，賭就是賭，沒有所謂大賭小賭之分，凡賭博都傷心傷身，賭勝的還想贏，賭輸的想翻盤，最終，都是輸得一無所有，小賭也變成大賭！郵輪旅客在一小時內輸掉上百萬元是常有的事，因此爲節省開支最好遠離這些場所。

※ 溫馨提醒（Friendly Reminders）

當郵輪在惡劣天候會造成旅客不愉快，因而偶有取消航程的情況發生。無論如何，此等情況會讓有暈船傾向的旅客產生暈船的情況，因而郵輪被迫取消灣靠港口。

While a cruise ship in rough seas can be unpleasant, it will rarely result in a cancelled voyage. However, it may make nausea-prone passengers seasick and force the ship to skip ports.

第五章　郵輪經營

5.1 郵輪的經營本質與環境

　　從海運經營的角度來看，經營海上旅遊的客運服務，因為所運送的主體為變動因素較大的「人」，而非被掌控性較高的「貨物」，故而不僅需要龐大的財力支撐，更要有豐富的營運管理經驗與高品質服務團隊，以及陸岸端完善的後勤補給支援系統，因而市場上稍具商譽的郵輪船隊無不由國際知名大財團所掌有、管理與運航。

　　全球郵輪產業每年創造超過 150 億美元的市場，其中 79% 的產出落於北美和英國市場，以及創造全世界數十萬的直接和間接就業機會，更在全球各個不同的產業部門間產生數十億美元的年度間接效益，例如消費用品生產、專業技術服務、旅遊服務、金融服務、航空運輸和批發貿易等。

　　相對地，隨著世界上發展出愈來愈多的郵輪母港和掛靠港，以及來自各大洲不同國籍、不同階層的乘客和船員共處一船，進而在船上人際間產生經濟、法律、環境和社會等連帶關係的認知差異，使得只會出現在往昔高端社區才有的冷漠疏離感（Detachment），常常發生在郵輪旅客互動的場景中，此絕對是管理科學標榜全球化互動趨勢預想不到的另類產出。而在企圖有效管理與疏導船上複雜的人際互動的

同時，又要確保旅客享有舒適的服務品質，就是郵輪經營者日常必須面對的棘手問題。

另一方面，除了 2019～2022 年期間因 COVID-19 疫情肆虐造成全球海上運輸供應鏈嚴重失衡，除貨櫃船航商藉由技術性操作大獲暴利的特殊情況外，相對於之前十餘年海運市場長期的萎靡不振，郵輪產業卻因不斷創新推出多樣化的運輸模式，結合現代化的港口服務，成就了郵輪作為消費者渡假的優先選擇，因而被業界稱為獲利甚豐的「抗危機產業」。然而任誰都沒想到前述疫情卻重創了整個郵輪產業，造成全球數百艘巨型豪華郵輪被迫錨泊於世界各港口外海等候疫情緩和，及至 2022 年年底才開始緩慢陸續復航，但復航的營運業績顯然無法快速回到往昔的盛況。至此，我們也不得不相信先人對於歷史上只要每逢六十年一輪的庚子（2020）年，都會發生災難或時代巨變，是個「兇年、災難年」的說法。

策略上，郵輪業者鎖定目標為愈來愈多的富裕階層客戶群，每年為來自世界各地數以千萬計的乘客提供令人興奮、多元與輕鬆愉快的體驗。因此，這個充滿活力的行業不斷擴大產品開發和服務的提供，並開拓新的市場，過去 20 年來平均每年增長 8.5%。自 1980 年以來已累計至接近 9000 萬人次，其中 60% 是在 2008～2018 年間所產出的，而且沒有減緩的趨勢。相對於 2007 年的 1260 萬人，2008 年和 2009 年的旅客人數則高達為 1300 和 1350 萬人，原本預計此一趨勢將持續至 21 世紀。但這一切樂觀預期都被 COVID-19 疫情的蔓延給推翻了。（參閱圖 5.1、5.2、5.3）

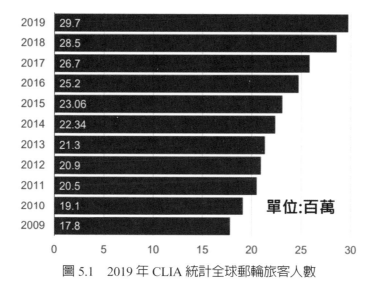

圖 5.1　2019 年 CLIA 統計全球郵輪旅客人數

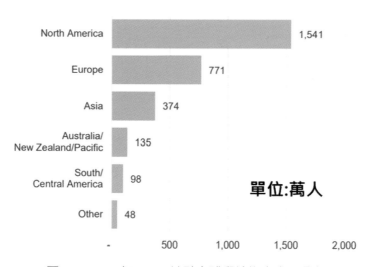

圖 5.2　2019 年 CLIA 統計全球郵輪旅客客源分布

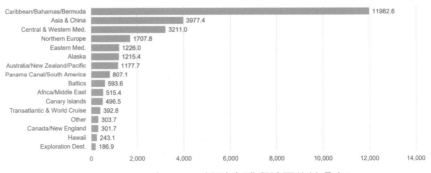

圖 5.3　2019 年 CLIA 統計全球郵輪目的地分布

　　從圖 5.3 可以看出，加勒比海地區一直是郵輪旅客的首選，倒是長期以來一直位居第二的地中海西部與中部地區則被中國與亞洲追越而淪爲第三。東地中海地區更是掉到第五。阿拉斯加擠進排名第六，可以看出人們的旅遊喜好正在改變，往昔千篇一律走馬看花的行程的吸引力正逐漸淡化。

　　基本上，全世界的郵輪市場就是由數百艘大型郵輪組成的船隊，全年載運不同國家的乘客穿梭漫遊散布在全球各地理區域（Geographical areas）內的 500 多個目的地，其中以氣候與生態條件俱佳的加勒比海航線最受歡迎，其次是地中海航線和歐洲的旅程（Itineraries），至於港口和城市則以巴塞隆那、威尼斯、尼斯、雅典和希臘群島、蒙特卡羅、伊斯坦堡、倫敦、阿姆斯特丹、斯堪的納維亞峽灣、赫爾辛基、聖彼得堡等歷史悠久的港口城市較受青睞。當然亦包括一般旅行業者較少提供的旅遊機會，如近年來特別風行的北極和南極的極地探險旅程即是。而從上述港口與城市的特質來看，歷史、故事與景觀依舊是吸引郵輪旅客的最主要因素。

　　另一方面，除了郵輪經營獲利頗豐外，航商更預期疫情終究會過去，因而無不超前部署競相訂造新船，期望疫情一過就能搶得市場先機。（參閱圖 5.4）

郵輪公司	新造郵輪船名
AIDA Cruise	AIDAcosma
Atlas Ocean Voyages	World Navigator
Aurora Expeditions	Sylvia Earle
Costa Cruises	Costa Toscana
Coral Expeditions	Coral Geographer
Crystal Expedition Cruises	Crystal Endeavor
Emerald Waterways	Emerald Azzurra
Hapag-Lloyd Cruises	Hanseatic Spirit
Holland America Line	Rotterdam
MSC Cruises	MSC Virtuosa
MSC Cruises	MSC Seashore
PONANT Yacht Cruises and Expeditions	Le Commandant Charcot
Royal Caribbean International	Odyssey of the Seas
Scenic Luxury Cruises & Tours	Scenic Eclipse II
Sea Cloud Cruises	Sea Cloud Spirit
Seabourn	Seabourn Venture
Silversea Cruises	Silver Dawn
Swan Hellenic	Minerva
Tradewind Voyages	Golden Horizon
Virgin Voyages	Valiant Lady

Source: 2021 CLIA member debuts

圖 5.4　2021 年各大航商公布即將投入市場的新船

　　可以理解的，郵輪應是很好的生意也才會有人願意繼續訂造新船。然而，郵輪業者面對這一驚人的市場增長與同業之間的激烈競爭，當然亦體認到需要更高效能的管理，以及迫切的進行組織和結構再造，因為唯有如此始能因應不斷變化的市場競爭。

5.2 郵輪業的競爭

眾所周知，COVID-19 疫情爆發以前的 2019 年，各家郵輪公司的郵輪密集灣靠台灣港口，除了對港埠營運的實質收入助益甚大外，相對於全球海運業長期不景氣與我國港埠業績不斷下滑的利空大環境下，郵輪業的一枝獨秀對國際海運社會與旅遊業卻有著一定程度的指標性意義。因為此等具左右全球海上旅遊影響力的船東會選擇泊靠台灣港口，尤其是基隆港，自有其商業評估與考量，當然此也意味著我們的港埠地理條件與觀光資源仍具一定程度的吸引力。此外，相對於國際間許多國家與區域的政局不穩，亞洲地區的繁榮穩定則是發展海上旅遊的另一有利因素。很遺憾地，COVID-19 疫情的爆發重創郵輪產業，自 2019 年起全球郵輪都處於停擺狀態，直至 2022 年夏天仍盼不到市場再開，致使所有業者都蒙受空前的損失，甚至造成少數郵輪公司宣布破產退出市場。

回顧 COVID-19 疫情爆發後，中央流行疫情指揮中心隨即自 2020 年 2 月 6 日起，禁止國際郵輪靠泊台灣港口。直到六月，台灣因防疫有成，境內解封後，雲頂郵輪集團也通過指揮中心的重重檢驗，在七月下旬，專案獲准以旗下星夢郵輪的探索夢號，在台灣開啓跳島郵輪旅遊的新頁，成為疫後全球唯一點火營運的郵輪旅遊。稍後因全球疫情加重，國內於 2021 年 5 月間再度爆發本土疫情，探索夢號的國內離島跳島行程被迫停航，直到 2021 年底才復航，但業績乏善可陳，接著就傳出「探索夢（Explorer Dream）」號郵輪因香港母

公司雲頂郵輪集團（Genting Cruise Lines）爆發財務危機，原定 2022
年 3 月 14 日晚 6 時離港，卻因積欠供貨商貨款，交通部航港局裁定
暫緩該船出港，最後由星夢郵輪債權銀行團出面，代墊現款美金 15
萬元，約 400 萬到 500 萬元台幣，讓每位已出面的債權人先取回四至
五成償還金額，其餘未償還部分再委由律師循法律途徑解決處理，
並獲受害供應商同意，航港局始同意該輪於 3 月 17 日下午 4 時 50 分
離開基隆港。實際上，該輪欠款的供應商超過 20 家，積欠款項預計
一千多萬元。任誰都不會料到 2019 年年初還班班滿載旅客的探索夢
號，三年後卻遭此債務糾纏難以出港的窘境。（參閱圖 5.5）

圖 5.5　2022/03/17 黯然駛離基隆港的探索夢號

不容否認的，相對於貨櫃運輸，郵輪市場的規模顯然較小，但因為郵輪承載的是「人」，船舶載重量變化不大，加諸航行區域多為風平浪靜海域，故而船體所承受的不當物理應力（Undue physical stress）較貨船小；反之，一般貨輪裝的是「貨」，運送或裝卸貨過程中船體常需承受各種不當的重量分布（Weight distribution）與物理撞擊，使得郵輪的服務壽命（Lifespan）較一般貨船為長，一般可達40年，而貨櫃船的服務壽命通常只能延續26～30年。因此，郵輪進入市場的主要障礙（Entry barrier）除了單一郵輪昂貴的建造、購買或出售成本外，還包括高素質人力、後勤支援、維護和管理郵輪延役所需的高額投資，此也是影響郵輪公司組織和管理策略的決定因素。

另一方面，郵輪業者本於規模經濟的理論，無不競相藉由擴大營運規模以降低成本，而節約的成本除了可回饋消費者外，更有部分成為郵輪公司的利潤。

依據 Cruise ship tourism 2nd Edition（2017/01/25, Ross Dowling, Clare Weeden），郵輪業的規模不斷擴大，確實讓某些國際郵輪公司的總收入持續增長。例如2001年至2014年間，嘉年華和皇家加勒比的收入增長分別達到161%和92%。但如果以郵輪的「總收入」除以「載客運航天數（PCD；Passenger cruise days; 郵輪公司所能提供的所有運能）」所得到的「單位收入」，就可發現兩大郵輪集團的單位收入都呈現下降趨勢。毫無疑問地，航商絕對無法容忍單位收入的實質下降，因此如果將單位收入拆分為船票和船上（旅客消費衍生）收益，就可了解到郵輪公司能持續經營與獲利的原因了。

統計上，自從2001年以來，郵輪公司的單位船票收益都是呈下

降趨勢。尤其 2001 年 9 月 11 日，19 名回教蓋達組織恐怖分子劫持四架民航客機，分別衝撞紐約世界貿易中心一號大樓（北塔）及二號大樓（南塔）的恐怖攻擊，以及 2008 年 9 月 15 日凌晨，美國雷曼兄弟公司宣告破產，都曾重創郵輪產業。雷曼破產衍生的金融危機造成美國超過八百萬公民失業，近二百五十萬家企業破產，四百萬戶家庭因無法支付房貸導致房子被銀行收回。2009 年美國的失業率達到了 10%，直到 2016 年才恢復到危機前的水準。前述二事件促使郵輪人均船票收入的急劇下降，並再也未恢復到災難前的水準。必須一提的是，911 恐攻事件之後，郵輪的單位船上（商業活動）收入只出現了小幅下降，但在 915 金融風暴之後，單位船上收入卻急劇下降，究竟金融危機影響消費者的收入較為嚴重。至於會產生「單位船票收入」下降的幅度大於「單位船上收入」下降的現象，乃是郵輪公司為求滿載率採取降價促銷的攬客策略，另一方面卻在船上不斷推出各種付費服務與活動的結果。類此先以低價優惠或促銷手法吸引旅客上船後，再藉由船上推出的各種付費活動賺取先前應賺而未賺的利潤的商業運作，業界謔稱為「養、套、殺」。

　　之所以會產生「養、套、殺」現象，乃是各家郵輪公司競相訂造新船所產生的船噸大增，迫使郵輪公司為填滿新船所增加的運能（Capacity），不得不降低票價促銷，或施行各種優惠活動，以確保旅客入住率。因為如果一味地堅持票價固定，勢必要承擔低入住率所帶來的虧損。

　　如同前述，儘管郵輪船票的獲利比不是很高，但卻是最大宗的營收項目，故而票價策略依舊是郵輪公司的營運的核心。基本上，

在決定郵輪票價策略（Pricing strategies）時必須考慮的三個經濟特質（Economic characteristics）如下；

1. 缺乏彈性（Inelasticity）：郵輪的服務非持久性，也因而運能不可儲存；（cannot be stored）。

2. 異質性（Heterogeneity）：郵輪產品是由許多成分組成，使得每一旅客都能享有獨特的郵輪體驗（cruising experience to be unique for every customer）。

3. 互補性（Complementary）：郵輪體驗是由許多面向（a host of aspects）聚集而成。

　　另從傳統運輸經營的角度看，當需求具有價格彈性時，通常只要價格下降 1%，就會造成需求增加 1% 以上時，該策略即具有經濟價值，因為只要稍微降低價格就會帶來更多的獲利。因此，經營者通常會藉由不斷調整銷售價格來試探市場，進而讓滿載率達到恰當的水準，以實現郵輪的需求約等於供應，也就是在入住率與總收入間取得一個獲利最大化的平衡點。從 2001 年至 2014 年間，嘉年華和皇家加勒比兩家郵輪公司的平均入住率都介於 102～107%，就可看出這種策略在業界是盛行的手法。

　　至於郵輪公司究竟能從每位旅客獲取多少的利潤？因為每家郵輪公司成本架構與營運方針都有差異，但基本上是雷同的。故而本書僅以皇家加勒比郵輪 2018～2019 年的財務數據做為探討基礎。

　　眾所周知，旅客購買船票時，常會發現如果人數增加，票價常有大幅下調空間，不是第二人半價就是客房升等。然而隨之而來的就是額外加收數百元的港口稅與規費（Port taxes and fees），甚至還要支

付可觀的小費（Gratuities）。

　　毫無疑問地，一旦船上諸多設施與服務是免付費的，旅客勢必要在其他享受上付出額外費用（Pay for extras），收費範圍從飲料到陸上旅遊活動都是。再者，旅客在船上也會不斷的收到船上的促銷宣傳信息，如藝術品拍賣（Art auctions）、特殊水療等，都是郵輪努力推銷的商品。因此意志不堅的旅客在船上常會感覺到自己不斷在花錢，感覺郵輪公司好像一直在搶錢（raking in massive profits）似地。

5.3 郵輪經濟（The economics of cruise ships）與負面評價

　　2018 年全球郵輪共載運二千八百五十萬旅客，總共花費四百六十億美元，依此推估得知較大型的郵輪公司當年獲利可達數十億美元，其中大多數旅客為美國人。然而儘管郵輪公司競相訂造大船賺得盆滿缽滿，但同時卻也落得「怪獸（Monsters）」的惡名，這顯然與一般人對豪華郵輪光鮮亮麗的觀感認知大相逕庭。郵輪之所以被稱為「怪獸」，除了大量吸金與環保議題外，從技術面來看，最主要就是郵輪的船型與容量顛覆了人們傳統上對「船」的認知，如果你曾經看過運轉中的大型郵輪即會明白，試想一艘如同皇家加勒比公司的「海洋交響樂（Symphony of the Seas）」，船長超過十二條藍鯨（Blue whales）長度，總噸位 228,000，約為「鐵達尼」的五倍。單船可以載客 6,680 人，加上 2,200 名船員，直比一個小型美國城市的人口，因此無論在行政管理或是危機處理都是很大的挑戰，何況郵輪

公司還想要確保營收獲利。

　　基本上，全球郵輪市場是由數十家郵輪公司所屬超過 450 艘各型郵輪構成。但是嘉年華（Carnival Corporation & PLC）、皇家加勒比（Royal Caribbean Cruises LTD）、挪威郵輪控股（Norwegian Cruise Line HLD）等三家大型郵輪公司掌控了 75% 的市場。這三家郵輪公司連同其子公司（subsidiary cruise lines）2018 年的營收達三百四十二億美元。（參閱圖 5.6）

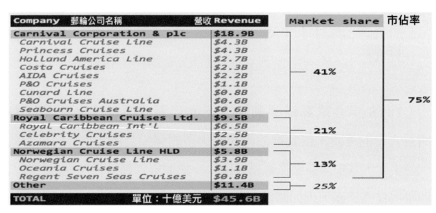

Source: Carnival.RC, Norwegian annual reports, 2018

圖 5.6　2018 年全球主要航商營收與市占率

　　如同前述，郵輪公司的獲利主要由銷售船票（Ticket sales）與船上販賣商品（Onboard purchases）二個管道取得。後者指船上提供的付費娛樂活動與服務，而為降低旅客抵抗誘惑的意志力，並圖消費與交易方便，一般旅客在船上的消費都會被要求以郵輪公司提供的郵輪預付卡（Pre-loaded cruise cards）或有內建晶片的腕帶（Chip-equipped wristbands）支付，至離船前才一次結清。平均上，船票收入占郵輪總營收（Total revenue）的 62%，船上販賣商品與服務則占剩餘的 38%。依據專家估算結果，儘管船票占比較高，但是船上販售的商品與服務才是郵輪公司獲利的主要來源，此當與兩者的成本結構不同有關。

另一方面，由於郵輪屬高固定成本產業（High fixed-cost business），加諸運輸能量不可儲存的本質，因此郵輪業的經營指導最高原則就是盡可能裝滿旅客，甚至不惜採取跳樓大拍賣的低價攬客。乍看之下，廉價促銷船票怎有利可圖？殊不知郵輪公司精於各種榨乾旅客錢包之道，故而即使祭出免房費的招商手法仍能獲利（Give a cabin away for free and still make a profit）。

又在商業壓力下，一般大型郵輪公司通常都會為每一艘郵輪超額攬客至最高載客量的 105〜110%，然後再以附加服務（Additional services）的銷售手法用更高的價格（Upsell）賣給「郵粉（Captive consumer）」。如同航空業一樣，類此「超賣（Overbooked；Oversold）」船票的作法當然有客訴的風險，但事實上「超賣」卻是郵輪業一直存在的實務操作，郵輪公司賭的是究竟會有旅客在行前因各種原因取消旅程（Last minute cancellations），因此郵輪公司多賣 5〜10% 船票的策略就是要使客房住滿，也因而才能達致獲利最大化。然而人算不如天算，實務上偶會發生所有旅客皆按時抵達船邊準備登船的爆滿狀況，此時因為客房不足，郵輪公司就會祭出補償措施協調某些旅客放棄登船。補償的形式可能是提供另一航次的免費船票、客房升等或現金補償等。

不容否認的，儘管郵輪的經營成本龐大（Sizeable overhead costs），包括支付協力旅行社的回扣、燃油、行銷與薪資等，但大量的旅客仍會給郵輪公司創造可觀的獲利。整體上，郵輪業淨獲利約 17%，此約爲陸上大型觀光飯店鏈平均値的二倍。2018 年三大主要郵輪公司的獲利如下：

1. 嘉年華：32 億美元淨獲利（17% 邊際收益）。
2. 皇家加勒比：18 億美元淨獲利（19% 邊際收益）。
3. 挪威郵輪：9 億 5 千 5 百萬美元淨獲利（16% 邊際收益）。

爲進一步理解這些數値的相關性，我們可從每名旅客在爲期七天的郵輪行程中的產出看出端倪（參閱圖 5.7）：

REVENUE 營收		
Ticket 船票	$1,060	62%
Onboard spending 船上花費	$650	38%
Total revenue / passenger	$1,710	
OVERHEAD 營運支出項目		
Agent commission + related fees	$257	15%
Marketing + administration	$222	13%
Misc. operating costs	$205	12%
Depreciation/amortization	$171	10%
Payroll	$154	9%
Fuel	$137	8%
Food	$103	6%
Onboard costs	$103	6%
Other	$68	4%
Total expenses / passenger 總花費 / 旅客	$1,419	
NET PROFIT / passenger 淨獲利 / 旅客	$291	17%

營收+獲利 REVENUE + PROFIT per passenger for a 7-day cruise	Revenue	Profit
Carnival	$1,475	$250
Royal Caribbean	$1,587	$301
Norwegian	$2,069	$329

Source: Carnival.RC,Norwegian annual reports, 2018

圖 5.7　2018 年郵輪公司自每名旅客七天行程獲利概算

從上圖得知，平均每一名旅客要花費 1,060 美元（約 151 美元／天）在船票上，而旅客在船上購買商品與服務的花費爲 650 美元（約 92 美元／天）。扣除營運成本後，郵輪公司可從每艘郵輪的每名旅

客得到的淨獲利（Net profit per passenger）為 291 美元。因此可以確定的是，在承平時期郵輪絕對屬高獲利產業。

好景無常，COVID-19 疫情爆發之後，因郵輪長期停航致使各家郵輪公司不僅沒有收益股價更是大跌，迫使許多美國船東擁有的郵輪公司紛紛尋求政府協助度過難關。但事實上，由於近數十年來郵輪產業一直竭盡所能的避免將獲利所得投入郵輪營運（會計）系統，也就是郵輪業者賺錢時只知盡入私人口袋，不思健全公司財務體質與規劃，乃至回饋社會。反而一旦遇有虧損就大聲疾呼要求政府補助，結果引發社會大眾與學界的大力撻伐。

眾所周知，號稱對國際海運具有影響力的國際郵輪協會（CLIA）宣稱郵輪產業 2018 年對全球經濟貢獻達 5,270,000 萬美元，並提供 421,000 個工作機會。但美國的海運學者與專家對 CLIA 的計算基準持保留態度。事實上，郵輪產業在美國一直積極透過政客遊說（Lobbying），期望能夠繼續享有各種免稅（Exemptions）待遇。依據非營利組織（Nonprofit organization, NPO）[註7]「公開的祕密（Open Secrets）」公布的資料，郵輪產業自 1998 至 2019 年之間共計花費 6,620 萬美元的公關遊說費（Lobbying fees）。

【註7】

非營利組織是指不以營利為目的組織或團體，其核心目標通常是支持或處理個人關心或者公眾關注的議題或事件，因此其所涉及的領域非常廣，從藝術、慈善、教育、政治、公共政策、宗教、學術、環保等，分別擔任起彌補社會需求與政府供給間的落差。

於此同時，郵輪業者同時也捐款給美國的國會議員候選人至少110 萬美元，其中包括捐給來自佛羅里達州身為巴拿馬黨團（Panama Caucus）主席的眾議員的 29,500 美元，以及協助擋住郵輪稅（Cruise tax）的參議員 23,500 美元。可見全世界的政治人物都一樣，只不過美國國會議員的胃口小到令人質疑。

加拿大紐芬蘭紀念大學教授 Klein 指出郵輪業既要逃避繳納美國的賦稅，同時卻又想要從由全體納稅人納稅成立的聯邦部門（Taxpayer-funded federal agencies）獲取好處。

事實上，上述三家占美國市場近 95% 的郵輪公司幾乎不繳納所得稅，例如嘉年華公司 2003 年總共繳納 2900 萬美元的稅款，僅為其 67 億美元收入的 0.5%。2012 年，參議員傑伊洛克菲勒在參議院商務委員會的聽證會上嚴厲批評嘉年華郵輪公司，在過去 5 年中，該公司累計盈利 113 億美元，但只繳納了 1.1% 的州、地方和外國所得稅。

另一方面，Klein 教授亦曾到美國國會對郵輪安全事務作證（Testified），並指出在過去二十五年期間：

1. 有 361 名旅客自郵輪落海身亡（每年 14 人）。
2. 有 353 名旅客在船上罹患腸胃炎與諾羅病毒（Gastrointestinal/norovirus）。
3. 超過 500 件指控郵輪違反環保規定。

顯然郵輪公司在保護旅客安全與環保的議題上存有很大改善空間。除此之外，在很多狀況下，例如海上人命救助或拖帶遇難船舶等，沿海國的海巡單位或航政主管機關常常基於人道考量主動投入（Intervene）救援與協助，而這些社會成本的支出不僅是沿海國政府

承擔，更是全體納稅人付出，而非郵輪公司。（參閱圖 5.8）

Source: Target Presse Agentur Gmbh/Getty Images
圖 5.8　救難人員正從 2012 年觸礁沉沒的 Costa Concordia 郵輪救起殘存者

又 Klein 教授指出單一郵輪的海難救助作業常要美國海岸防衛隊
（US Coast Guard）或海軍花費五十萬到一百萬美元以上的支出。以
2009 年在佛羅里達外海搜救一位自郵輪落海的女性乘客爲例，海岸
防衛隊就花費 813,807 美元。又如果郵輪在海上發生重大事故致失去
動力，如 2010 年的「Carnival Splendor」，或是 2013 年的「Carnival
Triumph」在海上發生火災，救助費用都超過五百萬美元以上。

不容否認的，郵輪公司都會爲其屬輪投保產物險與意外險，但理
賠額度常常無法填補救援單位投入的實際支出，也就是沿海國政府多
少要承擔支出。因爲大型郵輪的海難救助參與單位不只海上防衛隊、

海軍或水上警察，通常還要涉及公共衛生、疾管、海關、移民署等境管單位，以及行政與後勤的配合等。

再以 COVID-19 疫情影響為例，由於郵輪的封閉性與中央空調系統特質特別適於疾病源的傳播與擴散，故而亦被稱為「浮動的細菌培養皿（Floating petri dishes）」。2020 年 3 月 23 日嘉年華郵輪公司的「Grand Princess」被發現至少有二十一名旅客確診 COVID-19 陽性後，美國政府立即宣布民眾不得搭乘郵輪旅行。使得已經訂票的旅客紛紛退票取消旅程，導致嘉年華郵輪公司的股價破紀錄的跌落 60%。（參閱圖 5.9）

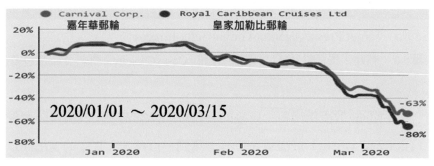

Source: NYSE

圖 5.9　COVID-19 疫情影響下的郵輪公司股價走勢

猶記得疫情初期，某些郵輪公司仍企圖不惜任何代價（At all costs），繼續以各種優惠促銷活動販賣船票，期以平息疫情帶來的負面效應。期間「邁阿密新時代（Miami New Times）」新聞還取得挪威郵輪公司傳給業務員的郵件，郵件內容為公司高層指示業務員面對旅客詢問疫情影響時的標準回應是：「搭乘郵輪你唯一需要擔

心的是，你是否帶足防曬霜（Sunscreen）？」；不然就是「熱帶氣候（Tropical climates）地區不會有 COVID 病毒存在的」，可見郵輪公司為求獲利無所不用其極，自然招來消費大眾的負面觀感。

又有某些大型郵輪公司受疫情影響自行停航六十天以上，因此嚴重危及公司營收。期間川普政府有意無意地暗示業者可以提出可能的緊急財政紓困（Potential bailout）請求，於是國際郵輪協會遂積極催促四萬三千家與會員公司有業務往來的旅行社夥同向白宮表達其強烈支持對郵輪產業紓困的意見。對此，Klein 教授再次批判「郵輪業者平時不繳稅給政府，現在卻要納稅人支持，究竟自由資本主義（Laissez-faire capitalism）發生了什麼問題？」。眼看聯邦紓困不太可能，郵輪業者又開始改變其訴求（Pleas）。其中最具代表性的就屬嘉年華郵輪公司總裁珍‧史渥茲（Jan Swartz）女士在推特上呼籲美國民眾協助指引嘉年華郵輪公司渡過黑水（Dark waters）的悲情訴求。珍‧史渥茲女士在貼文上寫到：「我們懇請您繼續預訂未來的郵輪行程，讓我們載運您到夢幻的目的地，作為對我們團隊的鼓勵（as a sign of encouragement for our team）。而在您的支持下，我們自此將接受更嚴厲的檢驗」，著實令人感動。然無論外界給郵輪業的負面評價如何，筆者於此必須以曾為船長的背景表達對珍‧史渥茲女士的最高敬意，因為嘉年華郵輪公司受疫情影響全面停航之初，珍‧史渥茲女士於第一時間親上媒體宣布所有旅客船票全數退費，包括登船前、離船後的所有陸、空運交通費及旅舍費用。至於船上工作人員與船員則薪資照發，尤其客服人員更可領到原本在船上預期可以獲得旅客小費的全部損失。令人敬佩的大手筆！筆者服務海運界數十年，從未想

到在這個幾乎全由男性經理人撐起一片天的產業裡，竟然由一位傑出女性經理人第一次做出類此嘉惠船員與工作人員的壯舉，其魄力與慈悲令人敬佩。毫無疑問的，珍‧史渥茲女士旨在搶救公司得來不易的形象與傳統信用，企圖穩固日後市場重開後的商機。

另一方面，除了上述郵輪公司在非常時期要求政府補貼紓困外，如同其他企業，在積極增加營收的同時，降低營運成本更是所有業者奉行不二的圭臬，當然郵輪業者也不能免，至於郵輪公司如何避稅（How cruise companies avoid paying taxes）呢？

海運界最常採取的避稅與節稅作法就是將屬輪改在「權宜國（Convenient States）」註冊，也就是船舶所有人（或稱「船東」）將其屬輪註冊登記在不同於船舶所有人本身所屬國籍的國家，而這些開放給外國船舶登記入籍的國家就稱為「權宜國」，至於被登記在非船舶所有人國籍國的船舶則稱為「權宜國籍船（Convenient flag ship）」，日本稱為「便宜船」，中國則稱為「方便船」，而其船舶所懸掛的註冊國國旗稱為「權宜國籍旗（Convenient Flag）」。此一概念如同某些開發中國家高價販售護照給外國人一樣，顯然除了政治因素外，欲取得類似國家的護照者多存有不太健康的想法。

談及權宜國籍，就不得不對船舶國籍取得的相關規定有所了解。回顧人類發展跨國海運歷經數百年，演進至今日在國際海法規範與船舶的擬人化特質下，所有船舶皆需在某一船旗國註冊，其所有人始能取得合法證明文件與保有相關權益。故而 1982 年 4 月 30 日聯合國第三次海洋法會議制定的《海洋法公約》第九十一條「船舶的國籍」作了如下規定：

1. 每個國家應確定對船舶給予國籍、船舶在其領土內登記及船舶懸掛該國旗幟的權利的條件。船舶具有所懸掛旗幟所屬國家的國籍，該國家和船舶之間必須有真正聯繫（Genuine link）。

2. 每個國家應向其給予懸掛該國旗幟權利的船舶頒發給予該權利的文件——國籍證書（Certificate of registry）。

　　同公約第九十四條第一款（船旗國的義務）規定：每個國家應對懸掛該國旗幟的船舶有效地行使行政技術及社會事項的管轄和控制。

　　實務上，只要船舶所有人按照一國的船舶登記辦法進行登記，取得國籍證書（Certificate of ship nationality），即擁有該國國籍，進而與該國發生法律上的親屬關係。又船舶必須懸掛象徵國籍的一國國旗才能在公海上航行，無國籍的船舶在公海上航行會被視為海盜船，各國飛機和軍艦均可攔截。又船舶不能具有雙重國籍，根據《海洋法公約》規定，懸掛兩面或兩面以上國旗航行，並視方便而換用旗幟的船舶，對任何其他國家不得主張其中的任一國籍，並可視同無國籍的船舶。

　　因此，除了少數極權國家外，對於船舶所有人而言，世界上有許多船旗國（Flag states）任其選擇，因此某些法律管制與賦稅條件較鬆散的國家就成為各國船舶所有人避稅逃稅的最愛。基本上，船舶所有人在選擇船旗國時，必須依自身需求考慮某些因素，其中有些是無法單從財務的角度輕易加以量化的，稍有不慎常會造成日後意想不到的嚴重經濟衝擊。

　　權宜船的出現，乃源自於長期以來船舶所有人對於諸多傳統（海運）船旗國的高成本、官僚制度、過於嚴苛的法規，諸如船員的任用

資格規定等難以承受的負擔所致。也因為如此，才讓權宜國「販賣」船籍的業務得以蓬勃發展。一般開放登記權宜船的國家多屬貧窮落後國家，因而彼此間競爭激烈，其中最受船舶所有人喜愛的註冊國家，如蒙古、薩摩亞、巴哈馬、巴拿馬、賴比瑞亞與安地卡及巴布達（Antigua and Barbuda；簡稱「安巴」）等國就是以顧客導向，高度配合聞名的，當然也為其國家帶來可觀的稅收。因為這些國家不僅採取簡單的賦稅費率架構，並將官僚性介入的規定減少至最低的程度。此亦是自七○至八○年代以來多數船舶所有人所採行節省成本的主要方法，特別是雇用船員的成本。顯然船舶所有人是聚焦於規避本國財稅、船員、船舶管理的管制，以及營業貿易所受之限制等誘因，於比較利益下為船舶選擇登記之國籍。

事實上，在各不同的船旗背後都存有不同的誘因，毫無疑問地，船舶所有人的著眼點不外是風險小、成本低、高利潤，因而某些船籍註冊開放國為迎合船舶所有人的需求，加諸礙於自身資源有限的考量，所以除了保留些許公部門的直接管理與運作權限外，其餘船舶註冊相關業務皆授權民間團體代為辦理，最常見者即是借助各國際知名船級（驗船）協會（Classification society）執行船舶查驗等法定功能。處此背景下，各船籍國履行國際海事公約所賦予責任的能力當會存有相當程度上的差異，諸如安全檢查、事故調查，以及國際公約的相關需求等。例如當年內戰頻傳自顧不暇的賴比瑞亞，我們就合理懷疑其是否還能作為一個具正常管理能力的船籍註冊國。似此，當然給船舶所有人帶來許多規避船籍國應有的監督空間。

基本上，船舶所有人在選擇船籍國時所遭遇的限制極少，因

為除了美國本於瓊斯法案（Jones Act）規定，仍限制非懸掛美國國旗船舶不得從事沿岸航線的規定外，許多往昔主張類似內河航行權（Cabotage）規定的國家多已廢止此項保護本國海運企業的限制。然無論如何，選擇哪一個國家的船旗所衍生的最終責任還是要由船舶所有人獨自承擔，因而許多知名航商與船舶所有人雖選擇開放國籍，但仍執意保持屬輪的高標準要求。一般影響船舶所有人選擇屬輪懸旗國籍的因素，不外：

1. 入籍起始費用與年度規費暨稅率。

2. 附加費用。

3. 權宜國所提供的服務規定。

4. 企業本身的適用性，例如雇用船員有無排除特定國籍船員的限制。

5. 長期的關係。

6. 干涉較少者。

7. 政治的影響。

8. 財稅因素。

9. 保密度，即船東組成與財務結構的隱密度。

　　如同前述，某些船籍國會在服務標準上作競爭，例如提供二十四小時無休的收件服務，滿足船舶所有人迅速與可靠的需求。反之，某些船籍國由於規模較小即無法廣設服務據點作類似服務，而需利用其有限的駐外使領館兼辦相關業務。不容否認的，有些船籍國的不肖外交官本身甚至就是一個利潤中心，其結果就是給船東增添許多隱藏成本，例如船東急於取得相關有效文件每需看承辦人員的臉色與態度，而這些有關船舶抵押、船舶出售證明、船員證照等重要文件的審核與

核發手續常涉及到嚴重的財務關鍵。因而上述所提到的服務就顯得特別重要，因為無法及時提供解決延遲船舶註冊問題勢必要付出昂貴的代價。這是許多選擇船旗國因素中無法量化的典型例子，更是船舶所有人「購買」廉價船籍而需付出遠超過預期代價甚多的例子。此等風險因子的項目與代價不僅具有相當歷史而且愈來愈多，因為其會給船舶所有人帶來許多意想不到的支出乃至罰款，所以在選擇船旗國時應考量的財務風險因素不外；

1. 屬意的船籍國是否為港口國管制公約（Port State Control）鎖定與留置船舶的目標？

2. 產業關係；是否因為欠缺健全的海員保障規範致成為國際運輸勞工聯盟（ITF）抵制的目標？

3. 是否需要繳納較高額的保險費？保險公司對於不同船旗國常存有差別待遇。

4. 有無隱藏成本？

5. 有無船級認證的阻力？

6. 入籍船舶意外事故發生率的高低？

7. 船籍國是否為市場上租（傭）船人（Charterer）較喜愛的國家？

8. 服務的水平與標準要求？

9. 能否確保入籍船舶具有自由貿易的政治能力？

10. 是否要求財務抵押的擔保？

11. 稅則規定是否透明？

12. 法制事務；如權義關係是否明確與效率高低。

13. 安全保障。

　　以嘉年華（Carnival）、皇家加勒比（Royal Caribbean）與挪威郵輪（Norwegian 等三家公司總部都設在號稱世界郵輪首都（Cruise Capital of the World）的邁阿密為例。郵輪公司在美國本土有營運總部，旅客源又是以美國國民為主，建築物每天飄揚著星條旗，一般民眾的認知就是道道地地的美國公司（Authentically American corporations）。連最喜歡講「偉大」的川普總統都稱其為「偉大的美國企業（Great US business）」。但在假象之下的法律認定上完全不是這回事。

　　如同上述，郵輪公司考量已開發國家的高昂稅額與嚴格的法律規範，通常會選擇法律較為寬鬆，稅額較低的新興國家作為船舶註冊國，以避免被課徵高額稅款，而上述三家郵輪公司亦同。

　　事實上，不只郵輪業者如此，貨櫃船航商也是如此，賺錢時可發數十個月年終獎金加上年中獎金，一旦市場稍有波動就喊著要政府補貼紓困，更有甚者是這些國籍航商的屬輪都是懸掛權宜國籍（Convenient Flag）的「外」輪，這些以「外國實體（Foreign entities」做為掩護的「外」輪並未向中華民國政府依法繳稅，竟假借國人航商實質經營之名占盡全體納稅人（Taxpayer）便宜，實屬不公。（參閱圖 5.10）

　　數十年來，郵輪公司亦是藉由將屬輪註冊在權宜國，並利用存之已久的賦稅漏洞（Loopholes）逃避繳納公司稅（Corporate taxes），進而雇用外籍廉價船員與勞工，大幅降低營運成本以獲取暴利。為便於了解，吾人在探討郵輪業者如何規避繳稅（How cruise companies circumvent taxes and regulations）前，先行瀏覽主要郵輪公司的賦稅狀

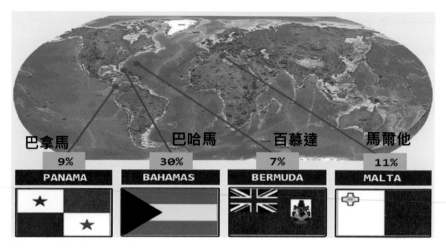

Source: Cruisemapper.com

圖 5.10　主要郵輪航商船籍註冊國

況與成本支出。

　　可以理解的，郵輪公司最好是找一個不用付稅，船員雇用薪資不受規範，也不用遵守勞福規定，營運完全不受監督的國家註冊。例如各大郵輪公司繳納給權宜國的企業所得稅（Corporate tax rate）的平均稅率（Average tax rate）只有 0.8%，而非美國的 21%。另一方面，郵輪灣靠每一個港口時，郵輪公司通常要付給港口方人頭稅（Head tax），每人約 4～15 美元。而這些港口所收的人頭稅往往無法彌補港口郵輪相關設施所需的維修費用支出。顯然所有基礎建設的支出不足就要由港口國政府與納稅人承擔。

　　此外，郵輪公司亦常常承諾港口國或權宜國給予協助或促進經濟，但事實上郵輪公司常與當地商家合作，幾乎取得陸上合作營收的 70%。也就是當地商家與居民從雙方的合作關係中獲利實在非常有

限。所以類似促進經濟發展的承諾常成為空頭支票。

另從成本支出面來看，由於懸掛權宜國籍旗，郵輪公司就可雇用廉價船員，這些船員多來自東南亞、東歐與中國，以及世界上任何找得到想上船的人的地方。這些來自開發中國家的船員以極為艱辛的超負荷工作（Grueling workloads）換取微不足道的薪資（Comparatively paltry wages）。例如郵輪上的清潔人員（Cleaner）或洗碗人員（Dishwasher）的標準合約（Standard contract）為每個月工作 308 小時，約等於每天工作 11 小時，長達 8～10 個月的合約期間每週工作七天沒有假日。每月薪資卻只有 400～700 美元，亦即每小時工資約為 1.62～2.27 美元。於此筆者要特別呼籲國人同胞有幸搭乘郵輪旅遊，切勿吝於酌賞小費給客服人員，因為郵輪上的服務人員的收入主要來源就依靠各位慷慨的小費。

其次，由於註冊權宜國籍的船舶未如同已開發國家一樣，要嚴格遵守海員勞福相關法規，因此船員在職場上受傷或罹患疾病就會立即被要求離職遣送回國，如同「可替代商品（Fungible goods）」一樣，毫無保障可言。凡此都是社會大眾與社福學者給予郵輪業的負面評價。

5.4 營運郵輪所需的成本（Cost to Operate a Cruise Ship）與營收利潤（Revenue and Profit?）

商業上，「Revenue」一詞係指營收，「Profit」則指利潤，而利潤就是營收減去成本（Cost），亦即「Revenue－Cost＝Profit」。因

此探討郵輪的獲利或利潤之前，就須先了解郵輪運航所需的成本。若從資本結構來看，究竟運航一艘郵輪需要多少成本？基本上，一艘郵輪每年的運航成本可能高達數十億美元。依據皇家加勒比聲稱該公司2018 年整年所屬的 26 艘郵輪總計載運 610 萬名旅客的運航成本高達九十五億美元。亦即每艘郵輪每年的運航成本（Annual operating cost per ship）約為三億六千萬美元（每天約一百萬美元）。當然該公司的「海洋神話（Symphony of the Seas）」級大型郵輪的成本要高於此平均值。反之，較小型的「海洋皇后（Empress of the Seas）」級郵輪的營運成本就低於此平均值。

　　另從需求面來看，隨著當前科技、材料與造船工藝的精進發達，使得郵輪愈造愈大而且更安全。再者，科技進展連帶地引進更多船上的娛樂消遣設施，與各種精心設計的服務，因此船上的舒適環境常讓旅客毫無置身於船舶內部的感覺。例如郵輪上的大型游泳池、沖浪水道、商店、賭場與特色餐廳應有盡有，故而近年來人們常將郵輪描述為漂浮於海上的大型商場與賭場。可以理解的是，本於旅客需求大於需要的消費特質，郵輪業者只能挖空心思想方設法投旅客所好，無盡的增添設施與提供服務，當然也讓郵輪的經營與運航成本相對的提高。以船型愈造愈大為例，單是每天的燃料費用就高達數十萬美元，因此郵輪經營是一種需要龐大資本的生意。

　　究竟一艘郵輪的運航成本是多少呢？基本上，單是建造一艘大型郵輪約需花費十億美元，而此僅只是郵輪的「建造」費用，尚未包括投入市場後每年的運航成本。事實上，投入市場運轉後的燃料、船員薪資與保養費用等才是營運成本的最主要部分。

其次，除了運航成本外，郵輪尚須償還（Pay back）建造船舶的初始投資成本（Initial cost of building the ship），因此在探討郵輪運航成本時一定要了解最初建造的成本價格。一艘載運 500 名旅客的小型郵輪造價約為二億五千萬美元。毫無疑問的，愈大的郵輪所需的營運成本愈高，因為船價從二億五千萬美元起跳，依可搭載旅客人數與船舶容積上調，一艘可搭載 2,000 人至 3,000 人旅客郵輪的造價約為五億美元。及至 2022 年，一艘可搭載 4,000 人至 5,000 人旅客的大型郵輪的造價約為十億美元。通常只要超過 5,000 人載客量的郵輪建造成本都要超過十億美元。以 2022 年當年全球最大的郵輪「海洋和諧（The Harmony of the Seas）」號為例，建造成本高達驚人的 13.5 億美元。該船擁有 2,747 間客房，船上甚至有自營的星巴克咖啡（Starbucks café）。如再計入船上船員，船上實際的總人數將會達到 7,000 人。相對於此，美國新一代的大型核子動力航空母艦的總人數約只有 5,000 人。（請參閱圖 5.11）

然而必須一提的是，船價的高低並不是單由船舶的「大小」來決定的，而是另有其他幾個影響因素。因為「郵輪（Cruise ships）」不單僅是「客船（Passenger ships）」而已，其建造主旨在於打造一座安全、舒適、多元、新奇的海上浮動娛樂中心（Floating entertainment centers）。有些郵輪從獲利考量甚至刻意打造成海上賭場（Floating casino），而非以載運旅客旅遊為主要業務。

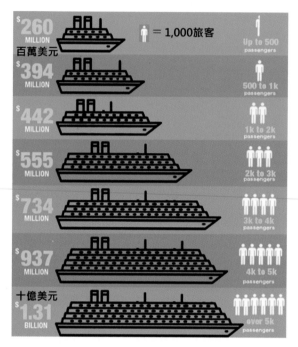

Source: www.quora.com

圖 5.11　新一代郵輪的成本

　　因此，另一個決定造船價格的因素就是船上究竟設置有哪些休憩環境與娛樂設施（Amenities）？當前的市場趨勢就是要將餐廳、賭場、電玩場，甚至陸上整座五星級飯店移置到此等巨大的浮動城市（Giant floating cities），也因此造船價格一直居高不下。

　　依據皇家加勒比郵輪公司 2018 年的財務報告，平均每郵輪船噸（Average cruise ship tonnage）運送 3,000 名旅客。而載運此 3,000 名旅客的成本約為每人 1,252 美元。如果以七天航程為計算，則此型郵輪每天的成本高達 536,571 美元。

　　皇家加勒比郵輪公司的財務報表（Financial statements）係將郵輪的營運成本分成下列幾組不同的會計科目，包括：

1. 回扣、交通及其它費用（Commissions, transportation and other expenses）：此項費用係指與旅客船票營收（Passenger ticket revenues）有關的直接成本，包括支付給協力旅行社的回扣、空運與其他交通費用，以及依據船舶噸位（Tonnage）決定的港埠成本（Port costs）。其實船舶泊靠碼頭的費用（Payment for docking）尚有保全（Security）、碼頭電力供應，以及最重要的（補給）裝卸空間等付費項目。

2. 船上與其它費用（Onboard and other expenses）：此項費用係指旅客在船上，以及其他與營收有關的直接成本，包括船上出售商品與服務的成本、船上販賣旅遊商品應投保項目的保險費（Insurance premiums）、郵輪行程之前與其後（Pre- and post-cruise tours）的相關成本、船方代表未結盟的聯營公司（Unconsolidated affiliates）提供服務所產生的相關採購與管理成本（Procurement and management related services），信用卡相關手續費用，以及與出讓船上商業活動特許權收入（Concession revenues）有關的最低成本（Minimal costs）。因為經由第三方受讓人或特許經銷商（Third-party concessionaires）提供販售或服務常會衍生某些成本。

3. 員工薪資與相關費用（Payroll and related expenses）：郵輪船上的工作人員基本上包括負責船舶運轉的「船員（Crew）」與專責服務旅客的「工作人員（Staff）」，但外界一般統稱為船員。此一費用依船型大小與旅客人數多寡常有很大的差異。至於郵輪公司

所屬的岸勤人員（Shoreside personnel）的相關成本則列舉在行銷、
銷售與行政開銷（Marketing, selling and administrative expenses）項
目下。

4. 食物費用（Food expenses）：包含旅客、船員與所有工作人員的
   膳食費用。由於大型郵輪船員與旅客的總人數常達六千人甚或更
   多，因此這項費用是郵輪營運成本支出主要因素之一。以 2018 年
   當時航行在海上最大的「海洋交響樂（Symphony of the Seas）」
   的七天航程爲例，旅客共消耗：

   ·60,000 個雞蛋

   ·20,000 磅馬鈴薯

   ·15,000 磅牛肉

   ·12,600 磅麵粉（Flour）

   ·12,000 磅墨西哥薄餅（Flour tortillas）

   ·9,700 磅雞肉

   ·5,300 磅培根肉（Bacon）

   ·5,000 磅薯條（French fries）

   ·2,500 磅鮭魚（Salmon）

   ·2,100 磅龍蝦肉（Lobster tails）

   ·2,000 磅雞翅（Wings）

   ·1,500 磅咖啡

   ·700 磅冰淇淋

   可見郵輪所消耗的食材不僅數量龐大，其產生的採購、運送、儲
   存與管理流程更要投入相當大的人力與財力。此也是造成全球各

港口的供應商相互競價爭取郵輪公司訂單的原因。

5. 燃料（油）費用（Fuel expenses）：包括燃油本身，以及與燃油運送、儲存有關的成本（Related delivery and storage costs）。船舶噸位大小與船速的快慢是影響油耗多寡的最重要因素，因為燃油的消耗與噸位、船速成正比。平均上，一般以正常速度（Normal speed）航行的大型郵輪每天的燃油消耗量約為 250 噸，如果每噸燃油價格為 300 美元，則每天的燃油成本就高達 75,000 美元。其次，此項成本尚要包括燃油採購與更換合約時的財務衝擊（Financial impact of fuel swap agreements），因為海運業採購燃油多採行簽訂長約的模式運作，偏偏燃油價格常受外在不確定因素的波動影響，如果購油長約在油價高昂時簽定，購買量過大除了要擔憂龐大資金被綁住，更害怕日後油價暴跌時營運成本變得相對太高。反之，如在油價低廉時簽定長約，雖亦有資金被綁的問題，但可化解油價隨時變動的潛在風險，如 2022 年 2 月俄羅斯入侵烏克蘭，導致西方國家制裁俄羅斯禁止採購俄羅斯石油帶來油價飆漲的衝擊即是。2021 年俄羅斯是全球第三大石油生產國，僅居美國和沙烏地阿拉伯之後，制裁造成全球性油品的嚴重供需失衡。

談及郵輪的速度，就不能不提藍絲帶獎（Blue Riband），這是早年海運界授予以最短時間橫渡大西洋的船舶的榮譽獎項，在大西洋郵輪界一直享有極高的評價和誘惑力。獲得這一榮譽的船舶會在主桅杆掛上藍絲帶，讓人們清晰可見並致崇高敬意。贏得藍絲帶，特別是在處女航（Maiden voyage）贏得藍絲帶，是大西洋兩

岸每家航運公司和每艘郵輪船長的最大榮譽，因為贏得藍絲帶除了得到榮譽之外，更意味著能夠吸引更多的乘客。

藍絲帶獎的評定是以郵輪橫越大西洋的平均船速為基準，而船舶的航速是以「節（Knot）」為單位，一「節」代表一小時航行一浬（Mile），而一浬為 1852 公尺。又考慮到大西洋洋流的影響，藍絲帶獎分東行（East bound）和西行（Westbound）兩種，評選航線包括德國的漢堡至紐約航線、英國的南安普敦至紐約航線、法國的勒阿弗爾至紐約航線、義大利的熱那亞至紐約航線等。

眾所周知，由於船舶的耗油量與速度的立方成正比，速度愈快表示燃油消耗相對愈高，當然營運成本亦會隨之上漲。既然如此，為何船東仍熱衷於競相追逐藍絲帶獎？原因不外：

①滿足郵件時效性的要求：早期郵輪主要業務是運送郵件和包裹，亦即大西洋兩岸之間的資訊傳輸只能依賴這些郵輪，故而政府與人民對資訊的渴望與時效性需求，促使人們對郵輪的航速有著高度的要求。

②縮短旅客在海上航行時間：早期的郵輪是高端移民及達官貴人跨越大西洋的唯一運輸方式。既然是運輸，當然是愈快愈好。事實上，航行在北大西洋上並不浪漫，尤其北大西洋的多天波濤洶湧，常讓船體激烈搖晃顛簸，除了豪華客艙以外，其餘客艙的生活條件都非常惡劣，旅客不是感到恐懼就是嚴重暈船，享受已質變成忍受，因此無不想盡早脫離苦海，即使一分鐘也不想多留。

③滿足國家競爭的要求。須知要讓郵輪的速度更快，除了船型設

計外，還要配置強而有力的推進系統，而這與一個國家的工業化水準密切相關。另由於建造船速更快的船，亦可彰顯國家實力，因此大西洋兩岸的國家相繼加入這一「速度」競賽，如英國、德國、法國以及美國。

然自從 1960 年開始，郵輪逐漸從運輸功能變爲旅遊功能之後，郵輪就不再以航速爲招商的訴求。當前的郵輪大多以 22～24 節爲設計航速，而爲節省燃油通常都以 18 節左右的經濟速度（Economic speed）航行。尤其公海漫遊的行程，航速則會更慢。由於燃油成本約占郵輪公司營運成本的 12%，更快的航速意味著更高的燃油成本。因此，航行得更快既不會得到船東的贊許，也不會得到旅客的鼓舞。何況郵輪旅行本就要「慢遊」才能充分體驗到郵輪上的自由愜意和從容不迫。只有在少數情況下，例如意外情況導致船期的延誤，郵輪才需要全速運轉追上預定的期程。

另一方面，無論從航行安全或合理性角度來看，類似以「誰跑得比較快？」來頒發獎項的作法實不足取，因爲海上行船有相當大的程度取決於不可預測的外力，甚至是靠天吃飯憑靠運氣。猶記得筆者擔任貨櫃船船長期間，每次從美國西岸返航，冬天常常有同公司友輪同時經由白令海返航遠東，結果我這菜鳥船長多次超越由公司資深船長操縱的主力船型。因爲兩船雖近在咫尺目視可及，但兩船遭遇的水流完全不同，故而當會產生速度上的差異。此種現象只能以我的水花運較好做解釋，無關航海技術的優劣。

6. 與船舶運航有關的費用（Other operating expenses）：包括以維修、保養（Repairs and maintenance）爲主的運航成本，尤其船舶保險

也是一項重大支出。基本上，港埠成本（Port costs）不會因搭載旅客的人頭數多寡、船舶保險、船上商品販售與付費活動的損益而生變動，也就是特定船舶的港埠成本屬固定成本，但船舶航行海上變數太大，故而其維修保養的成本才是難以預期的。

此外，郵輪公司還有折舊與分期償還（Depreciation and amortization）、行銷、行政管理與其它費用的支出。

從上述成本項目得知，郵輪的運航成本高到令人難以相信，因而不禁讓人質疑在如此高昂的成本條件下郵輪公司還能獲利嗎？從皇家加勒比郵輪公司釋出的年度財報來看，確是有利可圖的（Quite lucrative），而且高獲利率令人感到驚訝。

從財務報表（Financial reports）的各項成本項目來看，大致上可以了解每位旅客在郵輪上究竟要花費多錢（How Much Passengers Spend Per Person？），以及郵輪公司從其旅客獲取多少利益。以2018年皇家加勒比郵輪公司及其子公司（Subsidiary cruise lines）在全球的屬輪總計載運六百一十萬旅客爲例，旅客每人平均花費達1,560美元。此一金額包括客房費（Cabin fares），以及旅客在船上的消費但不含已繳過的港口稅與規費。也就是郵輪公司從每位旅客得到的平均營收達1,560美元，而1,560美元之中的71.5%（每名旅客1,116美元）是用於支付郵輪票價（Cruise fares），剩下的28.5%（每名旅客444美元）是旅客在船上的消費，項目從在酒吧豪飲到禮品店購買紀念T恤都有。

如同前述，旅客在郵輪上所花費的金錢並不一定全都算是獲利。畢竟，郵輪公司最大的開銷就是船舶本身運航的成本。毫無疑問

地，儘管上述的諸多成本費用一定會抵消郵輪公司的營收，郵輪公司仍然保有相當豐厚的獲利，否則就不會有航商競相訂造新船的景象。究竟郵輪公司獲利有多少呢？以上述皇家加勒比郵輪公司平均每位旅客可產生 1,560 美元的收入為基準，再將郵輪公司的所有費用分成細目（Break down all the expenses）審視，就可知道郵輪公司的概略獲利。很明顯地，該公司從每位旅客獲利達營收的 19.1%，也就是每位旅客 298 美元。必須強調的是，此處所示每位旅客產出 1,560 美元，乃是皇家加勒比郵輪公司獨家於 2018 年所做的財報分析數值，此不同於前述由嘉年華、皇家加勒比與挪威郵輪等三家公司所做財報分析得到的平均一名旅客要花費 1,060 美元在船票上，以及船上花費為 650 美元，也就是 1,710 美元。兩者金額極為接近，顯然郵輪獲利的可信度極高。（請參閱圖 5.12）

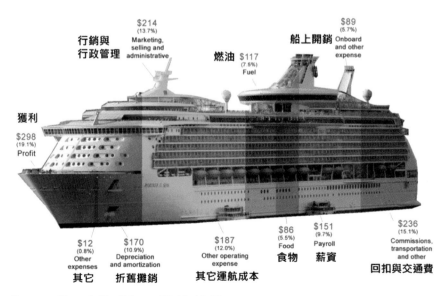

Source: Royal Caribbean 2018 10-K

圖 5.12　郵輪營運成本與獲利細目

　　從上圖可知，儘管郵輪的船票價格不高，但皇家加勒比郵輪公司仍有可觀的淨利（the bottom line）。如 2018 年皇家加勒比郵輪公司在清算調整（Adjustments）前的獲利高達 10.8 億美元，亦即每日獲利 496 萬美元。對股東而言，類此獲利絕對是令人興奮地。在 2014 至 2018 的五年之間，該公司將每股的股息紅利從 1.10 美元提高至 2.60 美元。從財務報表得知，直到 COVID-19 疫情爆發前的 2018 年，全球各大郵輪公司都有亮麗的業績與營收。（參考圖 5.13）

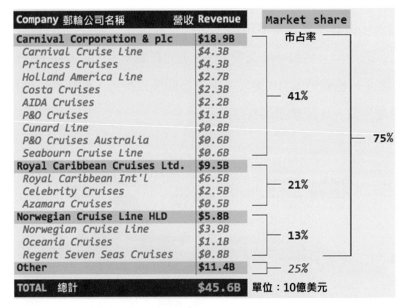

Source: Carnival, RC, Norwegian annual report (2018)

圖 5.13　2018 年各大郵輪公司營收與市占

　　而每天獲利 496 萬美元，就是回應外界郵輪還能否賺錢的最佳答案，當然郵輪公司絞盡腦汁競相造船也是表示其可以獲利的明證。

　　從上述得知，每名旅客在船上花費的金額占搭乘郵輪總費用的
28.5～38%，所占比例雖不及船票高，但卻是郵輪公司的主要獲利來
源，因為這一部分的產出多源自成本較低的服務商品。至於為何旅客
在船上花費占比高居不下，主因在於郵輪上的客房除了頂級豪華客房
外，多屬空間狹窄甚至不開燈就暗無天日，因而除了睡覺外，旅客很
難久待房內，加上多數旅客很難抗拒房外由郵輪公司精心設計的種種
活動的誘惑，稍有意志不堅者終究要出房消費。（參考圖 5.14）

圖 5.14　挪威郵輪上的賭場

　　另一方面，從利潤的角度來看，郵輪上的賭場與酒吧亦是船上
商業活動的主要收入來源之一，約占郵輪總營收的 12%。傳統上，
「賭」字對一般人而言都是負面的，涉足「賭場」更有些許犯罪的意

涵，然而時今日郵輪上的「賭場」已被包裝成「娛樂」項目，因此中外人士不再將之視爲道德禁地，而樂於流連消遣兼試手氣。

至於酒在西方人的日常中更是隨處可見，不僅業餘的放鬆時刻，即使工作場合也充滿了酒精。西方人崇尚個體價值，而個體需要一個與社會溝通交流的平台，這就是西方社會無處不在的酒吧興盛根源。酒吧不僅是和朋友交流溝通的所在，更是建立新的人際關係與擴展人脈的開放平台，因此無論男女老少都喜好在酒吧殺時間。反之，傳統上華人則往往是在既有的家庭、朋友及工作關係中飲酒，目的是強化現有的關係網路。

由於歐美人士熱衷泡酒吧，這樣的喜好也延伸到郵輪上。儘管華人的酒文化十分深厚，然而郵輪到了華人世界，船上的酒吧卻門可羅雀。可見酒文化不同連帶地影響到酒精消費模式，例如華人的飲酒是爲了佐餐和助興，而西方人在酒吧飲酒就比較單純，只有少量的配餐和開胃菜就可聊上一晚。又由於酒吧是相對開放的飲酒場景，因此也就不大會出現華人世界的勸酒、拚酒和豪飲的情況，或許這也是華人不喜歡涉足的原因。值得一提的是，現在年輕一代華人逛酒吧的風潮日趨盛行，此從台北市區酒吧林立的夜景就可得知，只是不知何時才能將此風潮引領至郵輪上。

其次，郵輪船上活動獲利的最重要原因當與船上缺乏競爭有關。因爲郵輪完全由郵輪公司控制，故而其可以充當臨時壟斷者。壟斷者的利潤最大化策略是郵輪公司可以技術性營造供應短缺，並將價格設定在競爭水準之上。一般旅客難得搭船旅遊，即使船上商品與服務的販售價格比岸上高出 20～30%，大多數旅客都可以接受的。

　　事實上，嘉年華與皇家加勒比兩公司船上提供的商業活動業務的平均回報率就高達 82%，亦即旅客在船上每花一美元，郵輪公司就可獲得 82 美分的營業利潤，此乃郵輪公司得以保持高獲利的商業祕密之一。至於船上商業活動高獲利的原因，不外是上述郵輪公司經由大量採購補給所取得的較低成本與回扣，以及部分船上商業活動的成本是由經營船上商店、餐館、水療中心等的特許經營人承擔支付。此一商業運作模式已成為全球各大郵輪公司競相採行的經營策略，這再次說明郵輪公司即使以再低的船票價格吸引遊客上船，都能透過船上各種商業活動與服務掏空旅客的錢包以提高獲利。

　　從下圖可以得知，皇家加勒比與嘉年華二公司即使在營業獲利率總體下滑的過程中，船上提供的商業活動與服務所創造的淨收入與營運獲利之比仍呈現上升的趨勢，再次凸顯出船上活動創造的收入對郵輪公司營運的重要性。（參閱圖 5.15）

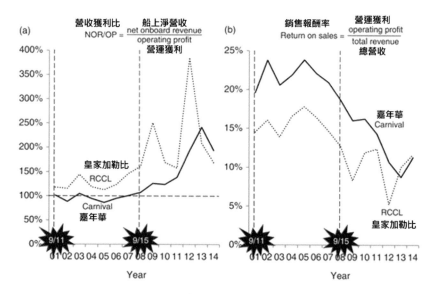

Source: Cruise Ship Tourism 2nd Edition

圖 5.15　郵輪船上活動營收相對於整體獲利占比趨勢

5.5 郵輪的補給採購策略

由於郵輪的後勤補給量大，一般大型郵輪公司為防弊端都將「採購」作業分成「採（Sourcing）」和「購（Purchasing）」二大部門，由不同的人員負責。採購流程是先「Sourcing」再「Purchasing」，負責「Sourcing」的人要先找幾家可能的供應廠商，取得他們的報價，並會同品管、技術或業務等部門的代表，一起訪查、評估這些廠商（Vendor surveys）；一旦選定供應商，再由「Purchasing」的人員執行後續採購的工作。如原有供應商服務品質不符公司要求，就須另找新的來源。

另由於郵輪的長期航程規劃至少都有二年，因此必須預為規劃後勤補給，依長、中、短程適時調整計畫。供應鏈的庫存與補給水平必須依據航線長短、航行水域、季節、盛產期、旅客數量、旅客族群等因素調整，當然更要考慮商品的品質與價格。基本上，大型高檔郵輪公司為確保飲食衛生，對於魚肉類、乳製品都會採取嚴格品管，甚至要求提示商品的生產履歷。（參閱圖 5.16）

本於上述營運特質，郵輪業必須與各國補給業建立並保持有效關係。另一方面，由於採購量龐大，郵輪公司日益增加的採購和議價能力已對這些服務的提供者產生了重大的影響，致彼此間相互競爭激烈，被迫互相削弱，期以獲得郵輪公司的合同，此讓郵輪業得以從補給產品、服務的購買和銷售價格之間的差異獲得額外的收入。

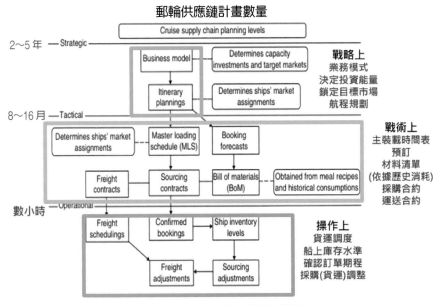

圖 5.16　郵輪長期採購規劃模型

5.6 如何降低成本

　　毫無疑問地，在此競爭激烈的市場上，除了提升服務品質外，欲提高獲利的首務就是降低總營運成本（Operational cost），這也是所有郵輪公司積極努力的方向。而降營運低成本除了前述將屬輪改懸權宜國籍旗以降低固定成本（Fixed costs）外，就是儘量降低維持船舶正常運轉所需的各項變動成本（Variable costs），而影響變動成本的因素包括：

1. 提高行政管理效率。

2. 降低人事成本；欲降低人事成本除了減少船員配置人數外，就是

大量採用東歐籍或開發中國家的廉價船員。前者毫無疑問地會降低「旅客船員比（Passenger-to-crew ratio）」，也就是降低旅客服務指數。後者則會一定程度的降低船舶運航安全品質，究竟專業技術人員很難有「價廉物美」的。另外一個降低人事成本的方法就是推行小費制度，也就是藉由旅客給予小費的所得來彌補船上服務人員較低的工資，但小費多寡依郵輪航線、艙位類別與市場而異，亦即欠缺穩定性。顯然如果沒有旅客的小費補貼，郵輪公司勢必要支付更高的工資。

3. 降低膳食供應成本；此一部分的成本可藉由供應商相互競價與大量採購，甚至採用品質相對低端的替代膳食品達致之。

4. 船舶運轉與燃料成本；燃油費用占相當大的營運成本比率。毫無疑問地，買到低價的燃油，成本當會降低，但油價的波動實難預測更無法掌控，因此在競爭激烈的年代，油價高低常是決定郵輪公司盈虧的主要因素之一。

5. 旅行社回扣（佣金；Commission / Brokerage）與交通費用；付與協力旅行社的回扣和交通費用，常是郵輪公司削減單位成本的努力區塊。而回扣的支出下降可能是票價下跌的自然結果，因為給旅行社的回扣通常按固定的百分比計算。故而降低票價常是郵輪公司通盤戰略運用無可避免的手法。相對的，郵輪亦從岸上商店獲取可觀的回扣（約 40%）。

　　其次，儘管降低營運成本是眼前所有產業的基本教戰守則，但郵輪產業利用學理上規模經濟（Economic scale）的議價能力卻受到現實市場上兩個不同且相互矛盾的因素影響：

1. 郵輪取得的議價空間不大：由於郵輪的造船技術規範門檻極高，故而造船廠和技術開發商每以其獨有性與稀少性迫使郵輪公司接受其提出商品或服務的超高價格成本，此當會提高郵輪投入市場後的固定營運成本。

2. 後勤支援與補給的議價空間較大：由於郵輪的需求規模與誘因較一般貨船大，致造成眾多設備、燃料和食品供應商處於激烈競爭的情況下，而不得不容忍郵輪公司以最優惠的價格進行議價，進而降低郵輪龐大的消耗性支出。

　　顯然，處此競爭激烈的商業環境下，除了上述造船與採購決策外，只要旅客承攬業務稍有疏忽或偏差就會造成營運的虧損，乃至喪失市場占有，因而促成市場上總家數不多的郵輪業者不得不密切關注同業的潛在商業威脅，並積極採取各種手法以爭取受到不同經濟條件影響的客戶群和度假選擇，如促銷活動、優惠票價、船上設施、陸上旅遊、主題之旅等訴求的區隔。當然此等情勢也為不斷推出不同戰略和計畫的郵輪業者提供了舞台，導致郵輪產業分化成具差異化的奢華、高端、現代化，及至平價市場，進而提供多樣化和針對性郵輪產品和服務，以滿足大眾消費市場。

　　因此，營銷、創新和品牌形象在郵輪業這樣一個競爭激烈的商業環境中是至關重要的因素，也是其不斷努力尋找新的收入來源和新戰略以實現經濟效益和利潤最大化的關鍵因素。

　　如同前述，郵輪業的主要收入大部分來自郵輪乘客，因此吸引和維持既有客戶的能力對其財務上的挹注至關重要。然而，當前郵輪販賣船票的營收占比雖高，卻不是郵輪複雜的商業活動中實質獲利占

比最高的收入項目，因爲目前郵輪的營運模式並非如七〇年代所盛行一票全包式度假套餐的收費模式，而是有愈來愈多的收入品項來源。例如，類似往昔機場商店提供了一些紀念品和免稅商品來塞滿旅客行李箱的做法早已落後。如今，郵輪船上不僅提供各式主題商店和精品店，更會藉由提供衛星電話、網咖、烹飪、水療和個人護理、攝影部門和藝術品拍賣等多元服務增加收益。本於促銷手法，其中更有部分商品與服務的價格甚至比陸上商家低廉。可以確定的是，目前的郵輪營運如果船上收入不佳，郵輪公司的總營運收支絕對是入不敷出的。

另外，儘管有很多旅客選擇郵輪只在於放鬆身心，但仍有不少旅客熱衷參與郵輪灣靠港口期間的各種活動，盡可能地體驗旅遊目的地的一切，並願意爲此付費。似此，除了船上提供的付費活動外，郵輪公司一定會利用各種宣傳策略鼓勵乘客參加愈來愈多的各種岸上活動。因爲與郵輪公司加盟的當地特許經營者和當地旅遊經營者承辦的遊覽商品，早已成爲郵輪公司增長最快的收入來源。因此郵輪業者與灣靠港口的陸上旅遊業者建立和保持有效關係亦是其獲利能力優劣的主要影響因素。

另一方面，郵輪灣靠港口的港口費用常是郵輪公司決定屬輪灣靠與否的考量因素，例如某些港口祭出降低旅客服務費、碼頭靠泊費或提供優惠獎勵的策略，吸引郵輪灣靠它們的港口。同樣的，郵輪公司基於共生共榮考量，也會對具有旅遊觀光潛力的開發中國家或新興港口提供財政上的投資或改善港口基礎與旅遊設施，以換取港口方回饋的各種優惠權與優先權，甚至投資標的物日後營收的分配權。

其次，由於郵輪業的經營獲利主要取決於旅客的供給量。因

此，欲讓郵輪滿載旅客的策略就必須保有穩定的旅客供給源（Fixed supply source），且在需求微弱時要適時地提供優惠折價促銷手法吸引游移客源。至於爭取客源的方法，除了必須從旅客端思考如何滿足旅客的不同需求外，更要借鏡下列先前成功經營者的營運策略：

1. 郵輪商品多元化（Cruise product is diversified）。
2. 善於回應旅客的假期需求（Responded to vocation desires of its guests）。
3. 開發新的目的地、新穎的船舶設計、創新與多元的船上活動與服務（Develop new destinations, new ship designs, new and diverse onboard amenities, facilities and services）。
4. 多采多姿的岸上旅遊（Wide-ranging shore side activities）。
5. 迎合當前旅客多變的假期模式，提供新的主題與行程適當的航程（Offered their guests new cruise themes and voyage lengths to meet the changing vacation pattern of today's traveler）。

很明顯地，面對市場需求，以及滿載優先的戰略考量，郵輪產業的經營趨勢正走向兩極化，也就是新一代郵輪除了頂級豪華等級外，有相當比例是走實惠的平價路線。

5.7 郵輪的移航（部署）（Reposition）

市場上我們看到郵輪航線遍布全球，但實際上除了少數幾家專營跨洋航線的郵輪公司（Trans-Ocean Cruise Liners）外，幾乎所有郵輪都是以經營「區域性」航線為主。因為從氣候角度考量，地球上除了

低緯度的赤道無風帶（Doldrums）終年無風，不受異常天氣系統影響外，如新加坡、印尼、馬爾地夫，其他地區都有季節性氣候變化。而郵輪之所以採「區域性」運航模式主要在於避免遭受「季節性」氣候的影響，例如夏天定期航行台灣至日本航線的郵輪，一旦進入東北季風期，周邊海域的天候就變成低溫、潮濕與暴風持續不斷的狀況，故而不得不撤離台灣市場，將郵輪的運航區域與行程移轉至無風無浪的熱帶區域，甚或南半球，以達致郵輪旅遊「舒適」的最基本要求。

　　也因爲郵輪航線具有隨著季節性調度的營運特質，郵輪就會發生隨著「季節性」進行「移航（Reposition）」的作業實務，此頗似游牧民族逐水草而居的特質，只不過郵輪「移航」是基於經濟考量被迫避開惡劣天候爲旅客營造舒適環境，或是遇有（包租船）租約期滿情況，被退租的郵輪必須自其先前服務的海域，航行至新母港或掛靠港進行後續的航程，而牧人則是積極地爲牲口尋求豐盛的水草。「移航」作業通常發生在春、秋二季，但亦有少數例外。

　　必須一提的是，儘管每家郵輪公司的「移航」作業性質相同，但卻常使用不同的同義字，諸如「Relocation Cruises」、「Transit-」、「Transition Cruises」、「Crossings」等，有時候爲方便旅客行程規劃，售票廣告還會依據郵輪繞行地球的航行方向加註「東航（Eastbound）」或「西航（Westbound）」。以及是否通過巴拿馬運河（Panama Canal），或是蘇伊士運河（Suez Canal），航程究竟要橫越太平洋（Transpacific）或是橫越大西洋（Transatlantic）？

　　遇有「移航」情形，郵輪公司務必於旅客購買船票時明確告知特定郵輪預定「移航」的時程，否則在「移航」過程時常會發生客訴

糾紛。基本上，遊客若明知該航次郵輪抵達目的港後就不會返回原出發港，而是要停留在異地運航，卻仍要搭乘該輪而且要返回出發港，則必須自費負擔一段單程返回機票。反之，郵輪公司若在「移航」的航程中遇有旅客單純想搭順風船至沿途各不同港口或目的地，而不想再搭船回原出發地，就可兼攬旅客，多少彌補油料成本，此時當會降價優惠（Bargain price），有時價格可降至對折。事實上，有許多旅客會刻意挑選淡季假期（Off-season vacations）利用郵輪「移航」，船大旅客少的空船情況渡過悠閒假期（Lazy leisure days）享受海上的寧靜（Tranquillity），以避開尖峰假期船上人滿爲患的不舒服感。「移航」航程的船票通常不會委託旅行社代售，而是直接由郵輪公司的票務部門發售，一般郵輪公司的業務代表都會把「移航」的航程包裝成「探索之旅（Discovery Voyage）」以利促銷。常見的「移航」實例不外：

1. 秋季到來時，將整個夏季都在阿拉斯加漫遊的郵輪，經由巴拿馬運河移航至加勒比海水域，或先移航夏威夷，再轉往澳大利亞或亞洲。

2. 將原本在北歐運航的郵輪移航至地中海，或橫越大西洋至美國，再以美國東岸港口爲母港（大多是紐約與佛羅里達）航往加勒比海的巴貝多或波多黎各（Barbados or Puerto Rico）。

3. 從南美洲移航至佛羅里達；或在初春時期橫越大西洋至歐洲、波羅的海或地中海。

4. 秋天自英國的南安普敦港（Southampton）移航至南非的開普敦或德班港（Cape Town or Durban）。及至春天再由開普敦移航至英

國或地中海。（參閱圖 5.17、5.18）

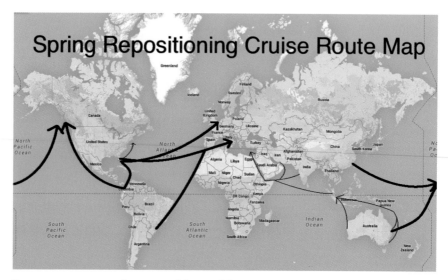

Source: www.roamingaroundtheworld.com

圖 5.17　春季全球郵輪移航部署航路

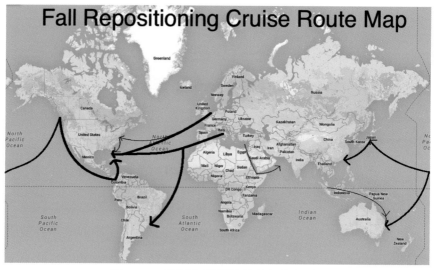

圖 5.18　秋季全球郵輪移航部署航路

　　基本上，旅客選擇郵輪「移航」行程所能獲致的優勢益處（Benefits）如下：

1. 具價格優勢的票價。「移航」行程的平均成本較典型的母港模式行程（typical round-trip sailing from the same port）便宜約 50%，因而「每人每天的價格（Price Per Person Per Day）」甚至可降至 40 美元。因此旅客如選擇「移航」行程應勿提早購票（Don't book too early），因爲郵輪公司在空房太多的情況下，常會再祭出跳樓大拍賣的優惠價。必須強調的是，儘管票價降低 40～50%，但仍需愼選房間（Choose your cabin carefully）。試想若是選擇沒有窗戶的客房，如何在海上渡過漫長的兩週假期？反之，如果您想在初春跨越北大西洋或北太平洋，就得多花點錢選擇有露台的房間（Balcony cabin），也唯有如此才能讓您有如在家的感覺。

2. 即使「移航」行程，所有郵輪的船上仍會一如正常航程一樣，提供全套的娛樂與餐點選擇（full set of entertainment and dining options）。因爲在船上時間較長，因而是提供體驗船上所有事物與特定主題活動（Onboard specially themed activities）的絕佳機會。

3. 旅客人數相對較少，可避免平常郵輪人滿爲患的困擾。

　　另一方面，旅客選擇郵輪「移航」行程，恐會面對下列不利條件（Disadvantages）：

1. 因爲灣靠港口數變少，使得旅客停留在船上的時間相對變長，也就是所謂的「海上密集高過港口密集（Sea intensive as opposed to port intensive）」。有時甚至會感到無聊（Boring）。故而要愼選船舶（Know the ship），一般船型愈大船上的活動會愈多，時間較

易打發。

2. 因為上、下船（Embarkation and disembarkation）不在同一港口，因此整體郵輪船票價格（Cruise ticket price）恐要再加上額外的機票費用（additional flight fares）。

3. 因為在船上停留時間較長，可能誘使旅客享受更多「花錢尋歡（Money spending fun）」的活動，諸如到船上酒吧買醉與揮霍賭場（Splurging on bar drinks and gambling in the casino）就是，而這就是郵輪公司最希望你做的。因此「移航」行程較適合節儉的旅行者（Frugal travelers），這一群族可以透過閱讀、寫作與聊天互動方式自得其樂地享受假期。

4. 跨洋行程的「移航」，有時可長達 18 天之久，對於大多數旅客而言，假期很難有如此長的時間。

5. 在海上長達二週的假期，面對餐餐美食很難不被誘惑的，因此旅客在離船時體重增加的現象是常見的。也因此航程中定時走進健身房與甲板上健走是施行體重管理（Maintain a fitness routine）的必修課程。

6. 「移航」主要目的是要將郵輪駛離惡劣氣候季節即將來臨的水域，而不得不跨洋越海航行至氣候良好水域，而就當郵輪在地球上某處跨洋「移航」至他處的過程中難免會遭遇惡劣天候。少數旅客或許有曾體驗過船舶在暴風浪中的顛簸搖晃，特別是小型船舶，那種痛不欲生的暈船經驗，因此「變化中的天候（Changing weather）」亦當列入選擇「移航」行程的考量。

　　另外從港口經營的角度來看，針對郵輪產業季節性需求變動的基

本市場特質（Fundamental market characteristic），吾人可將郵輪港口分成三種類型：

1. 常年型（Perennial）：主要適用於終年氣候穩定，而且整年度的淡、旺季營收可以相互彌補的地區。加勒比海、地中海與其鄰接海域（Adjoining seas）就是此類郵輪的市場。

2. 季節型（Seasonal）：只在一年中的某一段氣候良好時間提供郵輪灣靠。如波羅地海、挪威、阿拉斯加、新英格蘭（美國東北部六個州）乃至基隆港，就是典型的季節性港口。理想上，郵輪公司當然最想經營常年型市場，因爲常年型模式表示船舶資產（Ship assets）可以做最適化使用（Optimal use）。然而如同一般的觀光業，季節性是一個很重要的需求要素，郵輪業只要抓住某一市場夏季幾個月的市場大都能取得全年度的整體獲利。

3. 重新部署（配置）（Repositioning）型：介於常年型與季節型之間。最常見於加勒比海與地中海之間，以及阿拉斯加與夏威夷之間。儘管當前市場國際化的聲浪頗高，但依舊無法改變此一郵輪移地經營的運航習慣。所謂重新部署（配置）簡單言之就是船隊調動。基本上，郵輪公司對於所屬船隊的重新部署配置策略乃依據郵輪的行程規劃，以及特定時段（Specific periods）的市場需求而定。當然還需考慮市場遠近（Proximity of markets）、成本項目、承攬客源模式（Sourcing of passenger patterns）等因素。例如，東北亞與東南亞連結，兩個市場的客源相近，而且同樣具有良好氣候、以及較低的重新部署成本需求。東北亞與澳大利亞連結同樣有良好氣候、收益可觀與降低重新部署成本的優勢。（參閱圖

5.19）

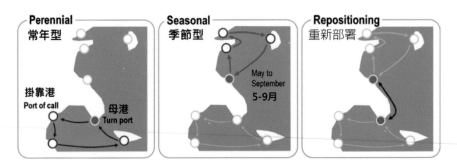

圖 5.19　依據郵輪季節需求形成的港口型態

　　如同前述，世界上仍有許多郵輪運航區域是不受季節性影響的，例如加勒比海地區就是少數幾個全年不受季節影響的市場之一。因為全年自北美洲前往加勒比海地區的郵輪旅客，每個月都穩定的保持在八十萬至一百萬之間，而旺季（Peak season）則落在每年的十二月到隔年一月的聖誕與新年假期。

　　然而不管季節性的影響程度如何，在競爭激烈的大環境下，郵輪公司仍積極企圖創造淡季的商機，期以整年度都能運用並活化其資產。例如各主要郵輪公司紛紛在巴哈馬群島建造私人專屬的島嶼港口，就是要淡化旺季淡季的營收差異。

　　因此，季節性不應成為限制郵輪運航區域發展的因素，諸如地中海及其周邊水域全年成為最具活力的旅遊區域即是（參閱圖 5.20）。當然這與區域性旅客的屬性差異有相當關係，例如歐美旅客在行程中即使遭遇惡劣天候，大多隨遇而安，反之，國人只要稍有不適就激發

負面情緒。

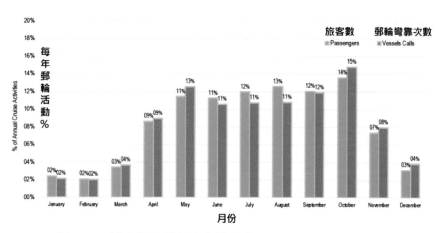

圖 5.20　地中海及其周邊水域郵輪港口活動的季節性統計

5.8 航線規劃

　　如同前述，既然郵輪運航作業主要採區域性營運模式，當受地理性因素限制，故而單一航程的時間就不會太長，最常見的就是從三天兩夜起，及至六天五夜。而航程的長短規劃當然必須考量下列因素：

1. 船班航次安排的頻度：考量旅客假期的長短與落點，而固定日期開航的船期有利於旅客提前規劃假期，絕對有助於提升旅客的搭載意願，尤其是三、四夜乃至一星期的航程都是賣點超好的商品。
2. 長假日期：長假期（Long weekend）是郵輪公司鎖定搶客的營運熱點，如寒暑假、連休日期，故而郵輪公司企劃部門都會刻意預先調整長假期前後的航程，讓旅客得以享受全假期的航程，以利爭取更多的旅客。

3. 配合前項長假期規劃調整假期前、後航班的航程，通常改為二天一夜的「無目的港」公海漫遊航程。公海行程純粹海上漫遊，由於不安排陸上行程，整個行程旅客活動都限縮在船上，故而常被好事者說成賭博之旅，究竟賭博是許多華籍旅客的最愛。

4. 可能的旅客量：此要透過預先的市場調查。

5. 分布得宜的景點；調整熱門景點順序不至於讓旅客感到無聊，或避免與他船撞期導致景點服務能量不足。（參閱圖 5.21、5.22、5.23、5.24）

海洋一夜好心晴 二天一夜 週三航次 (與那國島海域海上巡遊，不安排陸上行程)					
出航日期：每週三					
星期	目的地	抵達時間	登船時間	關閘時間	出發時間
星期三	基隆	—	19:00	20:30	22:00
星期四	與那國島海域	07:00	—	—	07:30(08:30)
星期四	基隆	16:00	—	—	—

圖 5.21　二天一夜的郵輪行程（一）

海洋一夜好心晴 二天一夜 週四航次 (與那國島海域海上巡遊，不安排路上行程)					
出航日期：每週四					
星期	目的地	抵達時間	登船時間	關閘時間	出發時間
星期四	基隆	—	19:00	20:30	22:00
星期五	與那國島海域	07:00	—	—	07:30(08:30)
星期五	基隆	16:00	—	—	—

圖 5.22　二天一夜的郵輪行程（二）

沖繩假期 四天三夜 週日航次					
(船停靠中城港，週一、週二乘客可安排岸上觀光行程)					
出航日期：每週日					
星期	目的地	抵達時間	登船時間	關閘時間	出發時間
星期日	基隆	－	13:00	14:30	16:00
星期一	中城港	15:00(16:00)	－	－	－
星期二	中城港	－	－	15:30(16:30)	17:00(18:00)
星期三	基隆	16:00(*17:30)	－	－	－

* 10/17 之後山羊星號停靠中城港。

圖 5.23　四天三夜的郵輪行程（二）

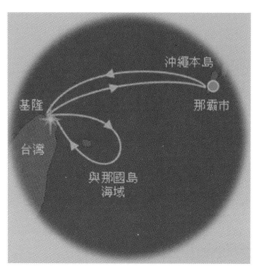

圖 5.24　區域型郵輪行程示意

在規劃郵輪航線的同時，企劃部門通常亦會釐訂行銷廣告方案，如：

1. 基隆‧沖繩‧公海之旅：四天三夜沖繩假期，您可在國際通、一

番街、北谷町，盡情 shopping，在海洋博公園、Busena 海灘、一覽沖繩美麗風光與自然景緻。

2. 二天一夜歡樂海洋假期，XX 號一天四餐的超值享受以及精緻豪華的設施，超炫娛樂秀、精彩魔術表演、提供旅客完美的服務並保證給您一個最浪漫休閒的郵輪假期。

3. 搭乘 KK 郵輪享受完全自由的航行旅遊，除了在船長晚宴（Captain's Party）上，您需要穿著正式服裝外，其餘時間您都可輕鬆打扮渡假，去任何地方吃東西，和任何人一同前往，您可以做任何事，一切隨心所欲，只為成就您完美的假期。

5.9 郵輪公司的品牌

環視當前市場上各主要郵輪公司，有些是直接承襲自傳統的客船公司（Traditional passenger shipping lines），如冠達郵輪公司，餘者多是自 1960 年代起為經營郵輪業務陸續投入者。

從歷史看，郵輪經營是不穩定的（Volatile），屬高運航成本的高資金投資生意。若載客率或售票業務持續不佳將會給公司帶來財政上的風險（Financial jeopardy），因而郵輪業者常須透過出售、整修（Renovate）、重新命名（Rename）等技術性操作保持市場占有，以免無法跟上旅遊趨勢（Travel trends）慘遭淘汰。

郵輪業者運航其船舶是全年無休日夜不息的，因此郵輪一旦停止服務進行例行保養（Routine maintenance）就意味著要損失上千萬美元。又如果保養作業是未預期的（Unscheduled），可能會造成數千

名行程延宕旅客的不滿。

可以理解的，市場競爭激烈就有淘汰，郵輪業經歷 1990 年代一波衰退潮與合併（Consolidation）後，導致許多郵輪集團公司僅在集團內留下部分郵輪的「品牌（Brands）」，一如單一汽車公司生產許多品牌的汽車一樣。

郵輪集團公司保留部分品牌的原因是顧及回頭客的忠誠度（Repeat customer loyalty），以及提供不同層次的品質與服務，例如嘉年華公司同時擁有嘉年華郵輪公司（Carnival Cruise Lines）與荷美公司（Holland America Line）。嘉年華郵輪先前的形象是她的船舶擁有被年輕旅行者稱為「派對船（Party ship）」的美譽，因此即使船型變大、新潮、高雅仍可獲利。至於荷美公司（Holland America Line）的船舶則致力於營造古典美的形象（Image of classic elegance）。因此旅客可依自己的秉性與喜好選擇郵輪品牌，例如嘉年華的「派對船」，喜歡熱鬧的年輕人可以日以繼夜沉浸在歡愉的派對氣氛中，但對喜歡寧靜的旅客而言則稱她為「喧鬧派對船（Raucous party boat）」。

2004 年嘉年華郵輪公司將旗下冠達郵輪總公司併入位於加州 Santa Clarita 的公主郵輪，使得其可以結合行政的、財政的、以及技術的服務，結束了冠達沒有對手的歷史。但是冠達郵輪公司仍在 2009 年重新取得某些自主（收入）權，總部移往南安普敦的 Carnival House，百年老店究竟無法忘懷念茲在茲的自有品牌。

某些郵輪公司則是明確區隔市場，以保持其在營運上的特殊性，例如英國的薩加郵輪（Saga Cruise）僅接受年齡超過 50 歲的旅客；反之，Aida 郵輪則是以極地爬山或獨木舟吸引年輕族群。又

如 Star Clipper、及先前的 Windjammer、Barefoot Cruises 與 Windstar Cruises 僅運航配置有柴油機的大型三桅或四桅帆船（Tall ships），以標榜傳統帆船的典雅特質。至於走高價位路線的麗晶七海郵輪（Regent Seven Seas Cruises）僅營運比嘉年華與皇家加勒比二公司的巨無霸郵輪船型較小的中型船（Medium-sized vessels），並強調九成的套房設計有露台（Balcony suites）。另有幾家郵輪公司則主打特別的「探險旅程（Expedition cruise）」或較小型船舶，專門灣靠某些特殊景點，諸如北極、南極或加拉巴戈群島，最典型的就屬「Silver whisper」的「極地探險行程（Pole to pole expedition itinerary）」，也就是從北極一路往南玩到南極的行程，旅客在船上時間長達四個月，平均每天約 1,200 美元。另有挪威 Hurtigruten 郵輪於 2022 年 8 月推出自溫哥華出發的 93 天行程，先沿著阿拉斯加沿岸航行，繼而穿越北極圈，抵達格陵蘭後再折返往南至南極，單人票價自 64,581 美元起跳。（參閱圖 5.25、5.26）

Source: www.swoop-arctic.com

圖 5.25　郵輪 Silver cloud 灣靠北極行程

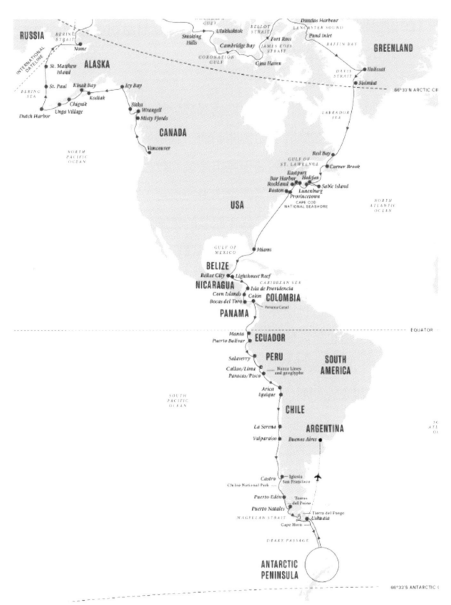

圖 5.26　連結南北極的郵輪行程

5.10 開船前的船長廣播（Master's Before-Departure announcement）

作爲一船之主的船長，無論從商業經營或船務管理的角度，爲表示歡迎之意，都會在旅客登船後開船前，利用船上廣播系統，致歡迎詞並爲即將出港的郵輪運轉過程與出港後的行程做簡短介紹，通常在致詞後就會立即解開船纜離開碼頭出港。反之，當郵輪抵達目的港進港之前，船長亦會致答謝詞，感謝旅客的搭乘並祝福旅客平安返家。

必須一提的是，船長致詞中簡單描述郵輪進、出港的操作過程主要在讓旅客了解大型郵輪如何在狹窄的港區內行進或迴轉。究竟對大多數旅客而言，如何將停靠在碼頭的十幾萬噸大郵輪開出港口絕對是值得一看的，這也是郵輪公司提高賣點的宣傳手法。

原則上，在船長致歡迎詞之前，船上會依照國際海上人命公約（SOLAS）規定在開船前要求全員舉行救生艇（與逃生）操演（Boat drill onboard cruise），而此操演的廣播通常是由船副（Ship's mate）以船長之名代爲發布。常見廣播範本如下：

「爲遵守國際海上人命公約規定，並顧及所有人的權益，本輪即將舉行滅火與求生操演。敬請配合穿起你（妳）的救生衣，救生衣放在房間內的下舖床底下。如果你（妳）不知如何調整救生帶，一位位於你（妳）的登艇集合站的船員將會協助你（妳）。同時你（妳）將可在房間內找到一張卡片，上面印有你（妳）被指定前往的救生艇號碼數」」

（In complying with the rules and regulations for the safety of life at sea, we are having a fire and boat drill, which is for the benefit of all. Please cooperate by wearing your lift belts, which are to be found under the lower berth in your cabin. If you are not familiar with the adjusting of life belts, a member of the crew, locate at your boat station, will assist you. You will also find a card in your cabin with the number of the boat to which you are assigned.）

「當你（妳）知道被指定的救生艇號碼數後，請前往 B 層甲板。如果你（妳）卡片上的號碼是單數，你（妳）將會在右舷（Starbard or right side）找到該編號的救生艇，如果是雙數則在左舷（Port or left side）。當汽笛鳴放六短聲一長聲表示：『你（妳）應立即前往救生艇集合站。』；三短聲表示：『操演結束』」。

（After acquainting yourself with the number of your boat go to B deck. If your has an odd number you will find it stenciled overhead on the starbard or right side; if an even number, on the port or left side. The six short and one long blast if the whistle will be the call to boat stations. The three short blast will terminate the drill.）

上述的人員召集（Summon）與演習（Drills）旨在使旅客與船員在面對可能危害海上人命及財產安全的突發危險情況時，可熟練及有條不紊地應對，另一目的是保護海洋環境。故而演習要認真，盡可能近似現實中的緊急情況，但同時要確保參與旅客與船員的安全。（參閱圖 5.27、5.28）

圖 5.27　船員在救生艇甲板指導旅客參與求生操演

圖 5.28　郵輪出航前所有旅客穿戴救生衣參加求生操演

除了上述依國際公約強制規定有關救生求生的廣播外，主要的廣播就屬船長開船前的致歡迎詞。基本上，郵輪船長的致詞大同小異，以下特列舉數例做為參考：

1.「藍寶石公主」船長航前廣播

各位女士、先生午安！這是船長自駕駛台發言，本人名為 Paolo Ravera，謹代表公主郵輪公司與藍寶石公主號所有幹部與船員熱烈歡迎各位搭乘本輪。首先，感謝各位配合參與法定安全操演。本人希望從現在開始各位就可藉由探索這艘豪華的郵輪與其特質享受您美好的假期。

（Good afternoon Ladies and Gentlemen! This is your Captain speaking from bridge, my name is Paolo Ravera. On behalf of Princess Cruise and the entire Officers and crew of Sapphire Princess I would like to extend a warm welcome on board to all of you. First of all thank you all for attending our Mandatory Safety Drill, I hope that you can now start enjoying your vacation discovering our beautiful ship and her features.）

此一航程將帶領我們灣靠三個非常有趣的日本港口，沖繩島、宮古島與石垣島。我們衷心希望能帶給各位一趟美好與值得記憶的旅程。

（This itinerary will bring us visiting three very interesting Ports in Japan. The islands of Okinawa - Miyakojima and Ishigaki. We really hope to make the journey special and memorable to all of you.）

　　各位旅客請注意，郵輪抵達宮古島與石垣島時，我們會使用<u>接駁船接送</u>您上岸與返船。接駁船的運轉需要所有乘客、旅行團的合作與配合，才能確保接駁船順利作業。因此，請您在這兩天務必仔細聆聽以下的廣播並遵照指示，以便讓所有乘客能盡快上岸遊玩。

　　（Please be reminded that when calling to Miyakojima and Ishigaki we will use Ship's <u>Tenders to shuttle</u> you ashore and back on board the Ship. Tender Operations require a very good organization dispatching groups and independent Passengers. It is therefore very much important that you will listen and follow instructions that will be broadcasted on these days.）

　　請注意，您在郵輪上的安全是我們的首要責任，在進出開放甲板時請特別注意強風，以避免發生危險。郵輪在航行期間可能會有顛簸起伏，請您在上下樓梯時務必抓緊扶手，避免摔倒。

　　（Please be reminded that your Safety onboard is always our priority. Pay very much attention when exiting to any Open Deck as we may experience strong winds. Make good use of handrails particularly in Stairways as the ship may experience rolling or pitching movements due to Sea conditions.）

　　為了郵輪全體人員的安全著想，請吸菸的乘客嚴格遵守吸菸規則，並在指定吸菸區吸菸。乘客的艙房及陽台為禁菸區域。

　　（For the ones of you smoking, please strictly observe our smoking policy, smoking only in the areas which are allowed and indicated. Smoking is not allowed in any Passenger Cabin and Balcony. It is very important for everyone safety that you strictly follow these instructions.）

　　所有的乘客艙房皆配置有煙霧感測器，洗澡時請確保浴室門緊閉，以免蒸氣誤引煙霧警鈴。若有孩童與您同行，特別是居住在配置有<u>露台客房</u>的乘客，請隨時注意孩童的安全。

　　（All passengers Cabin are equipped with very sensitive Smoke Detectors. Please be reminded when taking a shower to keep the bathroom door closed as the steam coming from the shower would activate the Fire Detector. If you are travelling with small children please be very careful and look after them at all times, particularly if you occupy a Cabin with a <u>Balcony</u>.）

　　目前我們預計於晚間 5 點離開基隆港客運碼頭。離港過程約 45 分鐘，我們會先行倒退，並在一個極為狹窄的水域迴轉，隨後朝北離開基隆港。離港過程中我們預計會遇到一個較強的流水，屆時郵輪可能會有些許傾斜，請各位乘客小心行走。

　　（Presently our departure time is set for 17:00 from Keelung Passenger Terminal. Exiting manoeuvre will take approximately 45 minutes as we have to back and turn in quite a tight basin. As we come out of the Port the ship may experience some unusual listing caused by very strong current which are present in the waters adjacent and North of Keelung Port.）

　　我們預計以時速 18.5 節航往下一個港口──沖繩。預測航往沖繩途中海況良好。再次提醒您！為配合日本當地時間，今晚凌晨兩點，郵輪內所有時鐘會撥快一小時。

（Speed to our next Port Okinawa is approximately 18.5 Kts. Sea conditions on the way to Naha, Okinawa are expected to be good. One more reminder！Ship's clock will be set 1 hour Forward（Advanced）at 2 am tomorrow morning to adjust o Japan Local Time UTC +9）

天氣預測：今晚天氣多雲，攝氏 27 度，海面微浪至中等浪高，浪高約 1.5 至 2 公尺，風速爲南風 15～20 節。

（Weather forecasts tonight are：Wind – Southerly 10-15 kts；Temp - 27°C - 79°F；Sky partly cloudy）

女士先生們！感謝您的收聽，敬祝您在藍寶石公主號有美好的一晚與美好的假期！

（Ladies and Gentlemen, we wish a very enjoyable time on board Sapphire Princess enjoy the rest of your evening and have a great vacation.）」

2.「太陽公主」郵輪船長航前廣播

各位乘客午安，這是船長 Wxxx Keee 來自駕駛台的廣播。在此謹代表公主郵輪歡迎您登輪。

（A very good afternoon ladies and gentlemen, this is Captain Wxxx Keee speaking from navigational bridge, and on behalf of the entire ship's company & Princess cruise, I would like to welcome you all onboard.）

駕駛台團隊已完成所有的啓航預備作業，太陽公主號即將出海。很快我們會收回所有纜繩，一旦得到港口交通管制中心同意，我

們就會離開泊位，並倒俥退到迴船池，完成調頭轉彎後，引水人將會離船，我們也會加速離開基隆港的防坡堤。進入短暫的交通航道，隨後右轉開始向東航往我們航程的首站——日本沖繩。

（All our pre-departure checks are now complete; therefore, Sun Princess is ready in all respects to proceed to sea. Very shortly we will still start to let go our lines, and once our final clearance from port control has been received, we thrust clear off the dock prior to moving astern to the swinging basin. Once we have completed our swing, the pilots will disembark, and we will increase speed to leave the port of Keelung passing between the breakwatrers. We will transit a short traffic scheme before altering course to starboard and coming onto an Easterly heading towards our first port of call, Okinawa in Japan.）

我們預計於明天早上 10：30 讓沖繩引水人上船，並在 11：30 將船停妥。

（I expect to embark the Okinawa Pilot at 10:30 tomorrow morning to be berthed alongside by 11:30.）

天氣預報：今晚南南西風 15～20 節，多雲，浪高約 1.5 公尺。氣溫約為 28℃。今晚的日落時間為下午 6 點 43 分；明天沖繩天氣晴朗，南南西風微風，氣溫約為 28℃；明天早上的日出時間為 05：49 時。

（The weather forecast for this evening is for a Fresh Breeze of 15/20 knots from the South-South-West and cloudy skies, with S'ly swell of 1.5 mtr. The temperature is expected to reach a low of around 28℃.

Sunset tonight: 18:34. The weather for tomorrow in Okinawa is for Mostly sunny skies, a Gentle Breeze from the South-South-East and an outside temperature expected to reach a high of 28℃. Sunrise tomorrow morning will be at 05:49.）

　在此提醒各位乘客，爲配合日本時差，今晚凌晨二點所有時鐘會撥快一小時。

　（Tomorrow morning at 02:00 the ships clock will move 1 hour forward.）

　各位女士先生、祝您在優質郵輪太陽公主號有一個美好的夜晚，謝謝！

　（Ladies and Gentlemen, I wish you an enjoyable evening on board Sun Princess and wish you an excellent cruise.）」

3.「鑽石公主」抵達基隆港船長廣播

　各位旅客早安　歡迎到基隆來，本輪鑽石公主已抵達基隆港。

　（皆樣おはようございます、基隆へようこそ。本船ダイヤモンドプリンスは基隆に到着致しました。）

　有關各旅行團下船順序的安排，請參閱下船說明書。現在基隆天氣是晴天，東北風風速 10 每秒米，室外溫度爲 25 度。今天的日落時間是 18：10 時。

　（下船の手順（てじゅん）につきましてはグループ毎にご案内いたしますので、下船についてのお手紙をご參照くださいませ。現

在、基隆のお天氣は晴、北東から風速 10 メートルの風、外の氣溫は 25 度でございます。本日の日のいりは 18：10 です）

　再次衷心感謝各位搭乘鑽石公主號，並以提供各位愉快的郵輪假期深感榮幸。

　（改めましてこの度はダイヤモンドプリンスにご乘船いただきまして、誠にありがとうございます。素晴らしいクルーズをお過ごしいただけたら幸いでございます。）

　船長暨所有船員衷心期待與各位在船上再相會！返家途中請注意安全哦！

　（私キャプテンをはじめ、乘組員一同船上にてきた皆樣にお会できる日を、心よりお待ち申し上げております。どうぞ、お氣をつけてお帰りくださいませ。）

　此外，除了各位旅客的協助外，船員們以客爲尊的努力直至各位離船的最後一天，希望各位下船時能夠給予船員嘉勉的致意。

　（また、お客樣のご協力は勿論のこと、乘組員一人一人の尽力がなくては最終日まで迎えることは出來ませんでした。下船される前に乘組員に勞いのお言葉をお願いいたします。）

　再者，繼續搭乘本輪前往下一港口的旅客請在下午四時前回船。敬祝各位在基隆度過愉快的一天。

　（尙、連续乘船のお客樣は午後 4 時までにお戻りくださいませ。それでは皆樣、基隆にて素敵な日をお過ごしください。）

※ 溫馨提醒（Friendly Reminders）

1. 自從新冠病毒疫情肆虐後，郵輪業務逐漸復甦，但此情勢乃因降低票價所促成的。主要的問題還是在於郵輪業的長程遠景為何？又有哪家公司要退出市場？

   Trade for cruise lines has picked up since the atrocities of COVID-19, but this has mainly been achieved by lowering prices. The principal questions are: What are the long-term prospects for cruise and which companies will lose out?

2. 歷史上，郵輪業務是多變的，屬高運航成本的高資金投資。持續性的售票業務衰退會給公司帶來財政上的危險。

   Historically, the cruise ship business has been volatile. The ships are large capital investments with high operating costs. A persistent decrease in bookings can put a company in financial jeopardy.

3. 客人的容忍是有極限的；取消航程則是超出其容忍。

   Our customers have a limited tolerance to failure and a cancelled cruise would be outside their tolerance.

4. 郵輪公司藉由提供各種折扣與其他誘因應付顧客的精打細算。

   Lines have responded to consumers' spending caution by offering a range of discounts and other incentives.

5. 當前郵輪業者最嚴重的問題之一就是船員的高流動率。

   One of the current problems within the cruise ship industry is the high turnover of seafarers.

第六章　郵輪組織與管理

6.1 郵輪組織

　　郵輪既然被定義爲「漂浮於海上的飯店（Floating hotel；海に浮かぶホテル）」、「配置主機與螺旋槳的飯店（ホテルにエンジンとプロペラを付けたもの）」，而爲良善管理此一特殊「飯店」，船內勢必要具備含括「保持船舶運轉」，以及提供「優質飯店服務」兩大系統的組織。

　　郵輪的運航者（Operator of cruise ships）稱爲郵輪公司（Cruise lines），而單一郵輪的組織就須滿足漂浮飯店的基本需求，除了要配置足夠讓船舶維持正常運轉的船員外，更要配置具有高度服務熱誠的（飯店）客服人員。因此當前的郵輪公司在運航管理上皆保有兩個特質體系，其一爲「運送業務（Transportation business）」，另一爲「休憩娛樂（Leisure entertainment business）」。船上的兩個體系分由船上的部門主管負責，船員歸船長管，客服人員（Hospitality staff）則由等同飯店經理的服務部門主管領軍。對大多數豪華郵輪而言，船員與職員人數加總常達七、八百人，因而管理這些船員與服務人員的起居作息，進而確保船舶正常運轉與滿足旅客要求就是一門很大的學問。（參閱圖 6.1）

圖 6.1　郵輪管理體系

　　當前郵輪動輒可搭載五、六千名旅客，因而也配置相對多數的船員，但各國郵輪的組織在本體上差異不大，只不過船員的職銜與級別依公司不同或有些微差異。一般大型郵輪與私人大型遊艇的船內組織架構如下圖所示（參閱圖 6.2、6.3）：

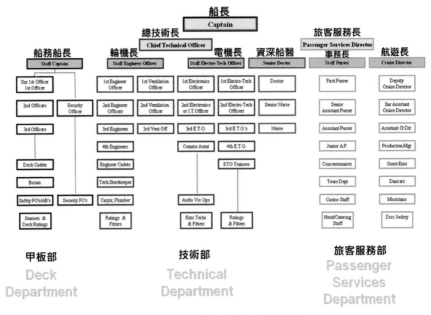

圖 6.2　大型郵輪階級組織架構

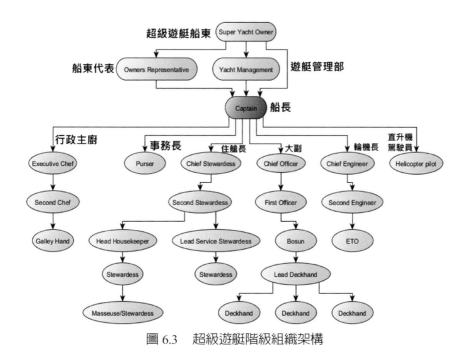

圖 6.3　超級遊艇階級組織架構

以下爲上述組織架構內的部門與成員的職務功能：

1. 船長（Master/Captain）

基本上，一般船舶通常只配置一位掌管全船的船長，但大型郵輪則會配置二位船長，二位船長都持有船長（Captain）的適任證書（Certificate of competency），郵輪公司會指派其中一位較資深或受公司器重信賴者負責全船最高安全責任，稱爲「船長（Master）」，對外代表船東，對內掌管船上一切事務，例如對外的聯絡溝通，或是郵輪開航後的「船長之夜（Captain's party）」派對就是由「船長

（Master）」開舞。至於另一位較資淺者，則僅負責船務與行政部門的管理運作，掌管航行與船務，稱為「船務（行政）船長（Staff captain）」或「副船長」。可見「Master」一定必須具備船長的資格，而具備船長的資格卻不一定能夠成為「Master」。

實務上，基於郵輪繁雜的航儀配置與特殊的推進系統背景，當郵輪進出港僱用引水人上船執行引航業務時，通常會被船長禮貌且主動的要求扮演船長的航行顧問角色，故而大都由「船長（Master）」親自擔任下達引水人所建議的俥令、舵令給「協同航行員（Co-navigator）」，而此時扮演「協同航行員」角色的「船務船長」或其他駕駛員則擔任實際執行俥令、舵令的操作者。亦即「Master」為指令下達者，而「Staff captain」則是忠實執行「Master」的指令者，而非由引水人直接下達操船指令給執行者，顯見郵輪的運作較一般貨輪嚴謹。實務上，基於個別郵輪特殊船況的安全考量與操縱程序，「Master」偶會對引水人的建議（Advise）提出質疑，或逕自修正引水人的建議指令，究竟依法船長負有船舶最終安全的責任，但前提是船長要對本船的操縱特性與港口的地文水文情勢非常熟悉。這也是郵輪船長較一般貨船船長的技術能量與實務經驗要求較高的原因所在。

從管理層面來看，「Master」雖出身自甲板部的駕駛員（Navigating Officer）系統，但卻如同一般貨船，除駕駛與甲板部外，亦要管理輪機與機電技術部門。在郵輪上更要管理飯店與保全部門，而且要擔負與旅客保持良好社交互動的職務。

如同上述，「Master」的主要角色雖為船舶運航的最終安全責任者，但本於郵輪以客為尊的最高理念，亦必須熟悉飯店經營與旅客

服務的相關知識。其次，由於「Master」在船上演講或社交的場合甚多，因此亦必須具備幽默的人格特質，更要扮演女性旅客絕佳舞伴的角色，尤其在各種重要晚宴中扮演主人的身分，所以亦負有在餐桌上隨時提供各種豐富話題的職責，可見非多才多藝儀態出眾者難以勝任。因此，歐美大型郵輪船長的實質薪資所得常會高過郵輪公司的高階管理階層，這在類同「受薪階級」的華人船員職場，或是一般貨櫃船是不可能的。

也因爲「Master」的職務繁重，郵輪才會設置「Staff captain」一職協助輔佐。實務上，有關船舶運航與船員管理的業務都是委由「Staff captain」掌管。

2. 運航部門（Operational Department）

負責船舶實際運轉的運航部（Operational Department）或稱甲板部（Deck Department），在「船務船長」下設大副（Chief Mate）、二副（Second Mate）、三副（Third Mate）、水手長（Boat-swain）、舵工（Quarter Master）、水手（Sailor）等職務。必須一提的是，基於安全與工時限制考量，現今大型郵輪大都配置有雙船副（Mates）編制，也就是船上各有兩位大、二、三副，唯有如此才能滿足郵輪上繁忙的業務需求。基本上，上述乙級船員的職責除了在駕駛台（Navigational Bridge）負責船舶的操縱外，爲確保船體的美觀，必須高頻度的利用各種機會油漆船身，清潔甲板。至於船舶的安全與保全（Safety and Security）管理亦屬甲板部的職責範圍，爲此船上設有「保

全官（Security Officer）」一職。

郵輪上配置的「保全官」，名義上雖冠以防恐性質的「保全（Security）」一詞，實則是增額或備位船長或大副，一方面可以襄贊駕駛台團隊業務，另方面可以熟悉全船的保安保全業務，為日後接掌職務做好準備。

毫無疑問地，運航部的成員必須由航海或商船科系畢業學生取得證照與相關專業訓練後始能適任，而且要具備優異的英文能力。

3. 輪機部（Engine Department）

以輪機長（Chief Engineer）為首，下設大管輪（1st Engineer）、二管輪（2nd Engineer）、三管輪（3rd Engineer）、機匠長（No.1 Oiler）、機匠（Fitter）、加油（Oiler）與負責清潔的下手（Wiper）等。

正如其名，凡是與機器有關的作業皆屬輪機部門的職責範圍，如一般電器品、空調與加熱降溫等設施都是。因此，從客房的斷電，乃至空調溫度不夠冷都可喚請電機員或輪機員前來修理處置。

本部門成員除了來自輪機科系的畢業生外，亦可來自機械或電機相關科系，因為時下郵輪的運轉與推進系統，已非往昔完全以蒸汽機與柴油機為技術核心的機械時代，而是傾向環保能源與電腦智慧操控的模式。故而具備電機與電腦的專業能力是投入此部門服務的最有利條件。（參閱圖 6.4）：

圖 6.4　郵輪駕駛職務重疊編制

4. 無線電通信部（Radio Department）

　　早期衛星通訊與 GMDSS 尚未開發運用之際，一般船上皆設有無線電通信部門，由通信長或報務主任（Chief Radio Officer）負責掌管船舶對外聯絡信文的收發與聯絡，以及船上通信系統的操作與維修保養，包括衛星信號的連線（Hookup）、海事衛星的聯絡（Marisat communications）、傳真與電報等業務。如今科技精進資通訊系統操作簡易，故而除了旅客的電信需求仍由無線通訊部門負責外，其餘與船舶本身運轉有關的對外聯絡大都由船上的駕駛員兼任。無線通訊部門的主要業務如下

‧發送電報

‧監測氣象報告與相關電文

‧與郵輪總公司保持聯繫

‧撥打電話至岸基目的地

‧與附近船舶保持聯繫

電信部門必須備有無線電日誌記錄信文的收發（log book of radio messages – to and from the ship）。

5. 聯絡部（Communications Department）

聯絡部門的主管為船舶聯絡官（Ship Communications Officer, SCO）。船舶聯絡官的職務如同損害管制官（Damage Control Officer）一樣，對船長負責所有關於運航操作、行政與保養功能的管控聯絡。也就是要讓船長隨時了解與掌握船上所有航儀機器、屬具設施的性能、限制與狀況是否符合國際公約的規定，以及公司政策的指示。而且能夠針對所有的設備缺失即時啟動矯正措施（Initiate actions to correct all equipment deficiencies）。

6. 飯店部（Hotel Department）

本部門由「飯店經理（Hotel Manager；ホテルマネージャー）」負責。在日本郵輪系統上，「飯店經理」又稱「総支配人（そうしはいにん）」，亦即具有代表郵輪公司主持船上一切旅客商務交易及客訴處理之權力，並經由一定法律程序所認定的雇員。

7. 事務部（Purser Department）

　　本部門由「事務長（Chief Purser；チーフ・パーサー）」領軍主管，其下設有第一、第二「助理事務長（Assistant Purser, AP）」。主要負責飯店的接待（Hotel Reception；レセプション）與後勤支援（Back-Office；バックオフィス）業務，以及船員與旅客出入國境的手續辦理、證照保管與身分查核業務。

8. 娛樂部（Entertainment Department）

　　本部門由「旅遊長（Cruise Director；クルーズ・ディレクター）」主管負責，其下設有「助理旅遊長（Assistant Cruise Director）」、「旅遊幹部（Cruise Staff）」。主要業務為籌劃與舉辦船上的娛樂相關業務。

　　旅遊幹部負有主持船上各種表演秀，以及推展各種活動進行的職責。故而時常要偽裝或穿戴卡通裝帶頭高歌跳舞，以帶動船上的歡樂氛圍。另為方便管理考量，表演秀的成員與樂隊亦多歸屬本部門管理。

9. 商店部（Shop Department）

　　商店部門的主管為「商店經理（Shop Manager）」。下設「助理商店經理（Assistant Shop Manager）」與「商店職員（Shop Clerk）」。專門負責船上禮品、紀念品店（Gift Shop；ギフトショップ）與郵輪品牌商品店（Brand Shop；ブランドショップ）的管理

與販賣。

10. 餐廚部（Kitchen Department）

本部門主管為「行政主廚（Executive Chef；エグゼクティブ・シェフ）」[註8]，其次下設有主廚（Chef）與廚師（Cook）。

行政主廚主要任務在依據船上餐飲食材庫存，以及旅客的消費檔次，適時調整與設計郵輪整個行程的菜單，並監督廚房的作業流程與餐飲品質。一般主廚又分中餐、西餐與日式和餐主廚，稱為部門主廚（Section Chef）。專做點心的廚師稱為「Pastry Cook」，負責麵包烘培的主廚稱為「Chief Baker」。

至於專門負責郵輪公司在廣告企劃中用來宣傳的吸睛招牌料理的主廚又稱為「貴賓主廚（Guest Chef；ゲスト・シェフ）」。

【註8】
　　一般吾人稱廚師為「Cook」，概指普通的廚師。至於「Chef」則專指以烹飪料理美食為職業者，比廚師更高級的主廚（大師傅），又「Chef」是可數名詞，表示私人廚師時可不加冠詞，首字母常大寫。

11. 餐廳部（Restaurant Department）

本部門由餐廳經理（Restaurant Manager）主管。其下設有「餐廳領班（（Maitre d'hotel）」，日本人稱為「給仕長（きゅうじちょう）」，義大利文稱為「Capo cameriere」。另有服務生領班（Head Waiter）、服務生（Waiter）、侍酒師（Wine Steward）等職員。

12. 酒吧飲料部（Bar/Beverage Department）

本部門由「飲料部經理（Beverage Manager）負責。其下設有「首席調酒師（Chief Bartender）、「調酒師（Bartender）」與女服務員（Waitress）。

13. 補給部（Provision Department）

本部門由「補給長（Provision Master；プロビジョン・マスター）負責，其下設有倉庫管理員（Store Keeper；ストア・キーパー）。主要在管理船上食材、消耗品的庫存、下訂單（Place an order）、採購與收納等業務。

14. 客房部（House Keeping Department）

本部門由「客房部經理（House Keeping Manager）主管。其下設有「助理客房部經理（Assistant House Keeping Manager）、客房女服務員（Cabin Stewardess）。

客房部一如陸上大飯店的客房部（客室係）一樣。專責客房與走廊的清潔，床單（Sheet；シーツ）的更換，以及冰箱內的飲料與零食補充等工作。

15. 系統部（System Department）

本部門由「系統長（System Officer）」負責，如同其名，主要職

責為維護船內各種系統的正常運作

16. 會計部（Accountant Department）

主要負責船上的會計與出納業務。夜晚通常會由事務部派遣「夜間稽核員（Night Auditor）」至此部門支援，並替代日間值班的會計人員。

17. 管家（司膳）部（Butler Department）

基本上，只有歐美的高檔郵輪才有配置「管家、司膳總管（Butler）」一職。反之，由於日本人的民族文化與特性，日本的郵輪通常不會配置「管家、司膳總管」，而是設置「社交官」（Social Officer），專門負責與旅客之間的社交事宜（Socializing）。有些較高等級的客房還會提供「門房（Concierge）」專責安排旅客各種社交性質的聚會。

18. 醫務室（Clinic / Dispensary / Medical Premises）

每一艘郵輪上必定配置有「船醫（Ship's Surgeon/Doctor）」與「護士（Nurse）」，以維護旅客的健康管理。由於受到船上空間與醫療器材不足的限制，船醫一般僅能進行如盲腸炎等較簡單的手術，對於病情較嚴重的患者恐就束手無策。一般遇有類似緊急情況，不是將船駛往最近的港口進港將旅客送岸就醫，就是選擇近岸航行再商請海巡

署救護艇、港勤拖輪（Tug Boat）甚或引水船（Pilot Boat）出港旁靠郵輪船邊將患者接下，當然此一病患接駁作業必須在天候海況允許的情況下始能進行。再者，如情況更為急迫，亦可商請直升機協助，實施吊掛作業後送病患。

令人擔憂的是，近年來郵輪愈造愈大，單船旅客人數每達五千人以上，也因而極易成為助長感染腸胃疾病的環境，因此郵輪業者必須預先籌劃因應類似大規模感染的情況，如郵輪縮短行程立即返航，抵港後為防範疾病擴大感染，應如何進行患者隔離與消毒等相關作業。

19. 旅遊部（Tour Department）

本部門由「旅遊經理（Tour Manager）」負責。受理旅客在郵輪灣靠港口「自選旅遊行程（Optional tour）」的登記、安排與進行等業務。必須一提的是，某些郵輪公司的「旅遊部」是直屬郵輪的陸上總公司或是包船的旅行社。若是如此，則這一部門的職員所穿著的服裝與船員的制服就會有所不同。

6.2 旅客用餐（Dining）

所謂民以食為天，吃飯用餐（Dining）在郵輪營運領域絕對是重中之重。既要讓旅客吃得飽吃得好，又要確保不會發生食物中毒或感染，更要精算提供餐飲的支出不會造成利潤中心的虧損。

大多數郵輪的船票都包含有用餐，除非是只提供最起碼必需的

（No-frills）餐飲的公司，諸如 Easy Cruise。傳統上，船上的餐廳每天只提供二餐正餐（Dinner），即午餐與晚餐（Early dining and Late dining），所有旅客都會被安排在排定的時間用餐。但時至今日，郵輪公司已順隨趨勢允許旅客在任何時間都可至大眾自助餐廳用餐。

分時段供餐是要讓船上的廚房與餐廳有充分時間與空間服務所有旅客。又船上若是只提供兩時段不同的用餐服務，可能造成享用晚餐（Late diners）的旅客會與某些船上排定的演秀節目時間相抵觸，使得旅客用餐時間急迫，遇有此種狀況船上通常會在用餐前先提供精裝版節目（Short version of the event）的權宜方法解決之。

當然不同郵輪公司有不同的做法，例如冠達郵輪公司仍保持傳統越洋定期班輪的等級，為不同等級旅客提供不同的餐廳。而 Celebrity 與 Princess 兩郵輪公司則只有提供一間標準的餐廳（Standard dining room），如果旅客想要「升等（Upgrade）」至特色餐廳用餐必須要預先訂位並付費。

某些郵輪在行程中會排定一晚或多晚的「正式餐會（Formal dining）」，賓客須著「正式服裝」（Dress formally），所謂「正式」服裝由船上定義，通常男士著西裝領帶甚至無尾禮服（Tuxedos），女士著禮服（Formal dress）。正式餐會的菜單通常較一般用餐高級。除了一般旅客用餐的大餐廳外，新式郵輪常會提供一個或多個非正式的自助餐式餐館（Casual buffet-style eateries），24 小時開放，包含早餐到消夜小吃（Late-night snacks）。

船上同時設有許多酒吧與俱樂部以供旅客愉樂。大多數郵輪的船票通常不包括酒精飲料（Alcoholic beverages），因此旅客如欲消費

酒精飲料必需付費。大多數郵輪亦禁止旅客攜帶飲料上船並飲用自備飲料，包括酒類。依據關稅法規定，旅客在免稅商店購買的免稅菸酒要交給船上封存（Sealed），下船時才交還旅客。

除了特色餐廳（Specialty restaurants）會備有自己獨立的廚房外，通常郵輪都有一個中央廚房（Central galley）負責船上所有主要餐廳的供餐。對任何船舶而言，足夠的伙食是很重要的，尤其郵輪要供應數千份餐膳。正常情況下，郵輪皆在其母港採買（Stock up）伙食，但遇有需要時亦會在掛靠港透過指定供應商（Designated suppliers）作特殊安排。

6.3 關於郵輪上的工作

每年春夏駐足基隆港邊，看到停在港區內閃耀著燦爛燈飾的流線型豪華郵輪，相信一定有許多年輕人非常嚮往到郵輪工作。姑不論待遇如何，在郵輪上工作正如同空服員一般，別看她們婀娜多姿的拖著行李箱穿過機場大廳多麼令人稱羨，其實無論是在機上服勤的空服員，或是郵輪上工作的船員與職員都是非常辛苦的，因爲服務的對象是不同人種與行爲舉止的消費者，而且無論職場環境多麼不和諧，都必須時常臉帶笑容提供滿足旅客的服務，尤其大型郵輪上搭載乘客動輒數千人，工作項目一如陸上的旅遊職場一樣繁雜，難度甚至更高。

另一方面，因爲郵輪上的紀律管理嚴謹，船員與旅客的活動界限明確，故而在一般情況下，船員是不可以涉足旅客活動空間的。記得

某次筆者引領某郵輪進港時，船長從駕駛台監視器螢幕上發現有位穿著工作服的船員進入旅客大廳，立即以對講機通知保全人員前往取締帶離，並登錄船員職工號碼。據船長告知，船員犯此大忌，最嚴重者可在次一港口立即遣返。因此郵輪船上的船員，除了娛樂與餐廳部門的職員每天可以接觸到光鮮亮麗的俊男美女與紳士名媛外，其他船員的日常作息是非常苦悶單調的。尤其基層船員與工作人員的住艙環境與福利待遇常與吾人想像的有很大的落差。（參閱圖 6.5、6.6、6.7）

圖 6.5　郵輪上的船員住艙

圖 6.6　某郵輪船員住艙區甲板積水

圖 6.7　堆積在船員住艙附近的備用地毯

基本上，除了船長等高級重要船員（Key Member）可以享受船上工作二個月休假二個月的特殊福利外，一般船員的雇傭契約大多為3～11月，在雙方同意下可以重新簽約。此主要依據旅客的服務評價（Service ratings from passengers）與郵輪公司營運的循環性質（cyclical nature of the cruise）而定。大多數客服人員在每週工作77小時10個月後，才有2個月假期。

一般船員休假沒有薪資與服務津貼（No paid vacations or pensions for service），非管理級船員（Non-management crew）的假期與薪資依職務級別與合約型式而定。反之，非服務及管理級船員（Non-service and management crew members）則享受有給假期（Paid vacation）、醫療、退休選項（Retirement options）、而且可以參加公司的團體保險計畫（Company's group insurance plan）等福利。一般非服務及管理級船員都來自歐美等已開發國家，而一般船員則來自開發中國家，可預見船員的職場歧視現象甚為嚴重。

若相對於北美的工人待遇，船員的薪水是偏低的，但客服人員可從旅客的小費得到可觀的收入。船員在船上不用支付任何費用，因為雇傭契約載明船方必須免費提供食物、住宿及交通等支出。此讓郵輪的船員生涯更具財政的吸引力（Financially attractive）足以補償職工福利（Employment benefits）的缺失。

船員在船上的生活安排依公司而異，但多依船員在船上的職務級別而訂。一般船員為二人共住一間有洗澡間、盥洗室、附有電視的書桌的房間，船副以上等級船員則分配有單人房。船員自有一套別於旅客的起居生活設施，諸如餐廳、酒吧、娛樂室、祈禱室／清真寺

（Prayer rooms/mosques）、健身房（Fitness center）等。某些大型郵輪船員可能配置有一層設有游泳池與蒸氣浴的甲板空間。

　　較大的郵輪公司為降低人事成本，其旅客部門的職員（Hotel staff）都僱自薪資水平較低的亞洲、東歐、加勒比海與中美洲等地區的非工業化國家。同樣的，幾家大型郵輪公司的總部雖設在美國，但船舶則在巴哈馬、巴拿馬及賴比瑞亞等販售權宜國籍的國家註冊，以便適用較寬鬆的勞工法規（Less-stringent labour regulations）雇用廉價船員，唯一的例外為環夏威夷航線的郵輪，因為經營該航線的運航者被要求要在美國註冊，並雇用加入美國海員工會的船員。高昂的人事成本造成這些郵輪的票價比加勒比海與地中海航線的郵輪高。

　　由於郵輪的船員組成有如聯合國，常有一、二十國不同國籍的船員共事的情形，而多國船員共事的多元文化背景使得集體行動（Collective action）較為困難。 故而除了高階管理級船員外，一般船員的福祉環境都不會太好，因此許多郵輪船員在船上工作幾年後，若有機會再回到郵輪，通常會選擇改變跑道轉職到自己喜歡的調酒師（Bartender），或是擔任跨洋探險旅程的領隊（Adventure Ocean staff），或是可以每天跟旅客聊天的貴賓服務員（Guest Services officer）等職務。究竟每天可以與不同的人接觸，還有傾聽不完的各國故事軼聞，才是令人嚮往的工作。至於一般人對於郵輪船員在船上工作所不知道的還有哪些呢？

1. 工作辛苦異常（Really do work hard）；人們都知道郵輪上的船員與工作人員都不是渡假客，而是要花費許多時間盡一切努力讓旅客能夠盡情地歡度假期。部分旅客常常忽略這一事實，誤以為船

上的工作人員類似「打工渡假（Working vacation）」性質。反之，曾在郵輪工作過的人員又有什麼感想？最典型的反應是：「船上工作有夠血汗（Damn hard），但我必須承認，有時候是令人懷念的」。究竟陸地上幾乎沒有不用支付生活費用又可賺錢的工作。

2. 船員渴望在休息時能夠玩得痛快（have a good time when not working）；「拼命賺、努力玩（Work hard, play hard）」的說法是在職場上常可聽到的，但對郵輪船員而言可能是難以實現的理想。每艘郵輪的狀況不同，雖不同的設施可以讓船員心情放鬆，但卻常常在興緻正高的當下被要求工作。事實上，郵輪船員的聚會通常只是鄰近房間各自打開房門互串門子，或在房外走道上閒逛打屁，有如早期鄉下街坊鄰居搬個板凳到門口坐著互相閒聊，因而被船員戲稱為「弄堂派對（Hall parties）」。

3. 長期雇傭契約猶如不問歸期（Long contracts means time away from home）；不似在陸上工作一樣，工作完成後可以回家與家人相聚。在郵輪上工作表示最少要六個月以後才能看到心愛的家人，這對某些新進船員是無法承受的。因而上船工作並不適合每一個人，究竟離鄉背井漂泊海上六個月甚至更長對多數人都是一大考驗。

4. 令郵輪船員感到最溫馨的是某些旅客會因人尋船（Some guests plan cruises around crew members）；在旅遊消費市場上我們常聽到「好的服務很難找到」，因此有少數旅客在購買船票之前，常會打聽某艘郵輪上的某位船員或工作人員是否還在船上，才會做出購票與相關行程的決定。這些郵輪常客有時候甚至在船員下船

時，還會前往其居住地造訪敍舊，最後從被服務的賓客成爲好
友，其中亦有很多會經由臉書成爲網友。

5. 船員眞的住在船上嗎？（They really do live onboard）；有很多旅客
對於聽到船員以船爲家表示驚訝。事實上，有些旅客以爲船員是
利用郵輪灣靠港口時才以各種不同方法上、下船。實務上，船員
常常會一再的向旅客解釋：「我們眞的住在船上（We actually live
onboard）」。如同前述，船員雇傭契約長達六個月，在合約期間
就必須住在船上隨船服務。

6. 船員的伙食與旅客不同（Crew do not eat the same food as guests）；
許多旅客以爲船員吃的伙食與其相同，事實上並非如此。船員
與旅客的餐廳是分開的，船員餐廳不僅空間較小，而且菜餚亦
較一般（Less glamorous cuisine）。但有些船員，諸如甲級船員
或演藝人員會被允許在下班後至旅客專屬餐廳（guest specialty
restaurants）用餐，可見差別待遇到處存在。（參閱圖 6.8）

圖 6.8　郵輪上的船員餐廳

7. 船員珍惜旅遊機會（They love the travel opportunities）；從訪查曾經在郵輪服務過的船員得知，若是詢問他（她）們在船上工作最喜好的是什麼？大部分都會回答有機會到世界各地看看，儘管停留或下地時間很有限，仍會一直懷念著，因為陸上的生活是無法與海上的浪漫生活比較的。而且船員不僅可以比在陸上工作賺得更多酬勞，更可以省去生活開銷，與造訪不同的國家與人們。一般船員雖然不會後悔離開船上工作，但多少會懷念，畢竟在船上服務期間有著許多無可預期的故事。

8. 船員通常難得休假一天（Crew members don't usually get full days off）；不像在陸上工作一樣，有一定的例休，船員工時相對較長，而且幾乎是連續性的工作。故而休息最多只是幾小時，就要依照船上既定的日常時程表（Daily schedule）忙著接班或輪值勤務。也因此養成船員忙裡偷閒的衝動，一旦抵港儘管只有幾小時休息時間，都要往岸上衝。

9. 船員禁止與旅客發展關係（Crew are forbidden from having relationships with guests）；事實上，由於船上空間的密閉性與難以避免的互動，船員多少會與某些旅客建立友誼，但絕對禁止與旅客發展超出友誼的任何互動關係。所有郵輪公司都會明文禁止船員與旅客建立任何模式的個人關係（Any kind of personal relationship）。船員一旦被發現有上述實情，就可成為立即終止合約的理由（Grounds for immediate termination），此規定看似不合理，但基於保全與避免任何種類的職場問題的考量，郵輪公司不得不採行嚴格規定。因此儘管船員隨時保持友善易於親近，但切

勿以為他們有任何想發展（兩性之間關係）純精神友誼（Platonic）以外情感的企圖。

10.船員也會暈船的（Even crew get seasick）；有人或許認為只有第一次登上郵輪的旅客才會暈船，事實上任何人都有可能暈船，包括船員在內。筆者在海上服務二十餘年，直至擔任船長時還會暈船。暈船不是病，卻常常比生病難受，渾身無力滴食難進，腸胃終日翻滾作嘔。一直以來，船上老前輩都流傳有許多治療暈船的偏方，如喝薑湯、啃綠蘋果等，甚至老船員還捉弄新進船員要到船頭抓一把錨鏈土吃就可鎮住翻滾的胃，事實證明所有偏方都是沒效的，因為暈船起自個人的敏感度、耳平衡與體質關係，長時間或可勉為適應，但卻永遠無法避免。筆者的個人經驗是，暈船時絕對要避免吃甜食，又因為暈船時毫無胃口，故而只有在嘔吐後才吃幾片蘇打餅乾。所幸海上不會每天都是壞天氣，只要天氣海況改善暈船症候自然消除，馬上又變回一條活龍，亟思抵港後要如何大吃一頓以慰多日痛不欲生的折磨。必須一提的是，當下的旅行社領隊每在旅客登船前就發給暈船藥，甚至要求每人先吞一顆暈船藥，此一作法實不可取，姑不論旅客是否有暈船體質，單是預先吞食暈船藥的建議就讓許多旅客產生暈船的恐懼心理，更壞了出遊的心情。

6.4 船員適任與人因管理

人員疏失（Human failure）絕對是海運社會近年來最為關切的議題，當我們看到每一艘大型新穎郵輪投入市場時，就意味著船東要招募（Recruit）與訓練數以百計的船員與幹部。至 2001 年為止，單是郵輪部分就需要 50,000 名船員，可見郵輪船員除了供給不足外，更要面對多達十幾個不同國籍甚至更多的船員混乘局面，而這些船員更有不同文化與語言的隔閡。而最為困擾的就是，船上幹部與船員可能被要求在極短的時間內融合為團隊，並完成駕駛台與機艙內各種繁雜的新式科技之操縱與保養的相關訓練。

另一方面，當前郵輪業者最嚴重的問題之一就是船員的高流動率（High turnover of seafarers.）。每年郵輪的船員流動率高達 25～35%，高流動率相當程度表示人事不穩定，這對強調以客為尊的郵輪是相當不利的。船員的高流動率除了與待遇有關外，更與國際安全規章的施行與船舶安全有相當牽連（Implementation of the ISM Code and the safety of the vessel.），因而要考慮採取讓郵輪業更具吸引力的措施，並降低此不能接受的高流動率，其中之一就是經由採用嚴謹的資格審定程序與發證讓某些職位與功能更加專業化。

從諸多涉及人因管理的文獻來看，評論船員的不是最為簡單（It is easy to criticise crews），但實際上船上的某些潛在的組織型缺失恐怕才是最根本的議題（Fundamental issue）。又從吾人的海上經驗來看，某些船員所犯的疏忽有時候幾乎等於完全的不適任（Crew negligence can amount to sheer incompetence）。然而如從每位郵輪船

員都持有適任證書的事實來看，顯然又回到倒果爲因的論辯，主管發證機關的立場勢必成爲探討的軸心。某些船員的適任水平很明顯的貶低了高科技航行、通訊與控制系統的功能，於此同時，某些船員亦因不當使用、不夠了解或過度仰賴此等高科技（Undue or ill-informed reliance on technology）而突顯出其專業弱勢。船員空持有適任證書卻又專業不足，當然無法勝任郵輪上的高標準要求，流動率當然居高不下。如同在航空母艦的飛行甲板上，自動化的程度愈高，需要的訓練水平亦愈高，而且保持警戒成爲更艱巨的任務。似此，又回到前述船東爲降低成本雇用廉價低素質船員的因果循環了。

　　郵輪船員的工作性質不似一般貨船，專業與否常維繫到數千人的生命安全，例如在緊急情況下，爲協助有特殊需求的旅客（To assist passengers with special needs in an emergency situation），要有足受過特殊訓練且持有書面證明的船員，以協助特殊需要的旅客撤退（Evacuation of passengers with special needs）。

6.5 職場霸凌與騷擾（Workplace bullying and harassment）

　　自從瑞典林奈大學卡爾馬海事學院（Kalmar Maritime Academy Linnaeus University）Cecilia Österman 與 Magnus Boström 兩位學者於1995 年首次發表有關船員遭受霸凌與性侵（Bullying and harassment）的論文〈Workplace bullying and harassment at sea〉以來，船員在船上遭遇霸凌與騷擾的問題依舊存在，而且未見改善。研究報告發現有

8% 的船員曾遭受霸凌，25% 遭受騷擾，其中有 50% 是女性船員，因此霸凌與騷擾問題值得重視。基本上，霸凌與騷擾可分成身體上與心理上的，身體上的霸凌大多發生在船員人數較少的貨船上，至於郵輪主要以性騷擾（Sexual harassment）為主。

騷擾（Harassment）通常分成身體的與心理的（Physical and psychological）兩類，性侵（Sexual harassment）與職場暴力屬於前者，後者則包括虐待（Mistreatment），例如霸凌或聚眾施暴（Mobbing）。

對任何人而言，職場霸凌與騷擾都是遺憾的事實（Unfortunate reality）。雖霸凌與騷擾並無標準定義，但霸凌通常指重複且經常的動作與行為（Repeated and regular activities, and behaviour），進而對受害者（Victimised person；victimisation）產生負面的影響。

基本上，職場霸凌與騷擾係指在較長一段時間內經常騷擾、侵犯攻擊（Offending）或社交孤立（Socially excluding）某人。因此，單一或單次事件通常不認為是霸凌。又霸凌常發生在雙方力量不平衡（Power imbalance）時，此不平衡常常反映在正規的權力架構（Formal power structure）下，也就是協同工作者（Co-worker）被其上級（Superior）霸凌，或是同僚間非正規權力架構（Informal power structures）的結果。

早期船員的死亡率（Mortality）與發病率（Morbidity）是沒有人關心的，直至近年來，人們才開始關切船員的心理健康（Mental health）與福祉（Wellbeing）問題。

研究顯示，船員之間對於沮喪（Depression）的感染（Prevalence）

情況比其他行業嚴重。其中尤以焦慮（Anxiety）與自殺觀念（Suicidal ideation）的感染最為顯著。最大的危險因子包括冷漠的工作環境（Uncaring work environment）、職場暴力（Workplace violence）、霸凌（Bullying）與騷擾（Harassment）。

眾所周知，海員（Seafaring）本就是具有標榜強烈專業文化（Strong professional culture）與實務經驗價值的陽剛職業（Masculine-coded occupation）。傳統上，新進或資淺船員上船必須要接受資深船員指導，並與之社交，也因而在生活上與工作上較易成為遭受欺凌的對象。

此外，船上易於發生職場霸凌與性侵的特質為船員必須在一段相當長的時間內留在船上工作，因此工作與私人生活（Private life）的界線常是模糊不清的（Fuzzy boundaries），造成工作與工作之間的間隔太短，導致無法真正休息。另一方面，還要持續不斷的解讀新同僚的想法，以及如何與其相處，以構成新的工作關係（Work relationships）。類此要持續的對作業進行再組織（Reorganisaton）並期以達致最適化（Optimisations）當然會導致船員工作負荷與懸念（Suspense）的增加，凡此都會導致船員身心的疲乏感無法調適恢復，加諸離鄉背井的社交疏離感，都是造成霸凌與騷擾的壓力源（Stressors）。研究亦顯示，除了上述職場環境對船員個人健康與作業產生影響外，組織的缺失與社交工作環境亦會增加職場霸凌與騷擾的風險。組織性危險因子包括船員遭受高工作負荷、角色衝突（Role conflicts）、莫名其妙的（行）話（Jargon）以及不適任或消極型的領導階層（Inappropriate or destructive leadership），此種風險當船員在

面對面接觸，或是涉及一方有使用酒精與藥物的情況下更形加劇。

而最令人擔憂的是，抑鬱與憂慮是會傳染的，尤其是自殺觀念（Suicidal ideation）。似此，更需要一個功能良好的（Well-functioning）領導階層，以及人際關係（Interpersonal relationships）與社交環境（Social environments）。

又從管理的角度來看，由於船上的工作職場處在第三方很難監督的海上，面對朝夕相處的主管階層，船員往往忍氣吞聲敢怒不敢言，故而常有違反雇用法（Employment law）規定的情事發生，因此船員的僱用條件常常近似無保障的雇用（Insecure employment），例如高工作負荷，甚至被要求在違反安全與效率的情況下（Contradictory requirements to work both efficiently and safely）工作，以及生活空間極度受限。儘管國際航運公會（International Chamber of Shipping, ICS）與國際運輸工人聯盟（International Transport Workers' Federation, ITF）聯合發行的工作指南亦有涉及霸凌與騷擾，並且明確表示世界上所有的船舶都無法接受霸凌與騷擾，但成效顯然有限。

除此之外，船上也是船員一起吃飯、睡覺與社交的生活起居與社交的環境（Living and social environment）。非管理級船員的合約通常要一年，合約期滿由船舶所有人付費遣送返國（MLC Regulation 2.1）。由於目前的船員大多透過第三國的仲介公司負責雇用與管理，因此船舶所有人與船員間的連結非常薄弱，進而影響到雙方對於工作與組織管理上的相互承諾（Mutual commitment）。

如同前述，貨輪與郵輪的職場環境不同，因而霸凌與騷擾的情況亦有差異，從郵輪的工作環境與組織成員來看，試想一艘大型郵輪同

時有七、八百位俊男美女處於一個職場，且互動密切，加諸在工作苦悶的情形下，發生正面的男歡女愛在所難免。反之，一念之差或是始亂終棄造成的負面困擾，甚至演變成兩造對簿公堂的惡意性侵都是常見的，而此就是船上管理幹部與公司管理階層的最痛。長期以來，郵輪公司顧及形象常隱瞞事故真相低調處理，結果常是息事不寧人。吾人從往昔的研究得知，有太多的證據（Well documented）顯示職場的霸凌與騷擾常被匿報或漏報（Underreporting），特別是在事故常被輕視（Trivialised）的職場文化環境。

　　另從營運面來看，由於郵輪屬勞力密集產業，加諸近年來的蓬勃發展使得人力需求面變深變廣，也就是人力供需失衡，因而郵輪業者在招募新人時常面對技術勞力（Skilled labour）不足的窘況。因此考慮未來適任人員的不足，郵輪業者不僅要改善新進人員的招募（Recruitment of new personnel）更要留住既有人員（Existing staff），而此種情形卻加劇新進船員必須仰賴資深船員技術指導的需求，也因而產生前述雙方權力不平衡的情況，進而成為霸凌與騷擾的溫床。因此船上管理幹部與公司管理階層除了必須深入了解船上的工作環境、改善工作條件（Work conditions）與船上的文化外，更要保護船員免受霸凌與性侵的威脅，並保護（Safeguarding）所有人員的福祉，無論其年齡、性別（Gender）、種族（Ethnicity）、性傾向（Sexual orientation）為何。

　　2016 年海事勞工公約的修正案（2016 amendments of the Maritime Labour Convention, MLC）已將霸凌與騷擾列入第 4.3 條：「健康、安全保護與事故防範的指南（Guidelines of health and safety protection and accident prevention）」。船旗國政府與船東必須依照消除船上霸凌與騷擾指南（Guidance on eliminating shipboard harassment and bullying）的規定採取保護船員的措施（4.3 條），包括慣常的報告程序與投訴程序（Grievance procedure）。

第七章　郵輪港口與基礎建設

7.1 郵輪港口

如同前述，郵輪港口（Cruise Ports）與旅遊景點（Tourist attractions；Destinations）的經營管理者從郵輪抵港灣靠衍生的各種相關活動獲取可觀利益，相對地郵輪港口與碼頭旅客中心（Terminal）亦必須不斷轉型（Transformation）以滿足船方與旅客的需求，進而保持港口與郵輪旅遊業務的成長。因此，隨著郵輪業務的蓬勃發展，郵輪港口與其基礎建設所扮演的角色愈發顯得重要。尤其港口的功能與效率在確保郵輪的船期穩定性（Schedule reliability）與旅客順暢登、離船（Embarkation/Disembarkation），或接駁轉運至下一段航程（Transfer to onward journeys），以及順利銜接後續行程都有著極大的關聯性與重要性。

另一方面，郵輪產業的高度倚賴關係也突顯出郵輪的灣靠對港口所在地城市，以及其附近旅遊景點具有可觀的財務貢獻（Considerable financial contribution）。相對地，郵輪公司在考量經濟與地理政治條件（Economic and geopolitical conditions）後，一旦認為目的地是有利可圖的，則其業務發展勢必要依賴港口與其陸岸特質（Shore characteristics）的優勢。

　　毫無疑問地，郵輪產業對港口倚賴關係的強弱有很大程度受港口「基礎建設（Infrastructure）」良窳的影響。「基礎建設」一詞的字首「Infra」意指「在下（Under）」、「在下部（Beneath）」，整體字義則為「下部構造」、「基礎下部組織」，亦稱公共設施或公共建設，乃指為社會生產和居民生活提供公共服務的物質工程設施，它是社會賴以生存發展的一般物質條件。故而基礎建設泛指支撐城市、社會乃至港口正常運作所必須，且不易彰顯的相關建設與配置，包括交通（如公路、鐵路，機場、港口）、通訊（電話、網路）、電力（電網配置）、環保（汙水處理、下水道系統）、供水等公共設施，乃至包括教育、科技、醫療衛生、體育及文化等「社會性基礎設施」。也因為基礎建設需長期規劃，預算龐大且施工期長，短期不易彰顯表面建設成果的特質，故而多不為急功好利的政客所喜。

　　基礎建設或公共建設完成後若使用率不高或長期閒置，致有違其原規劃功能，常被民眾謔稱為「蚊子館」、「蚊子市場」、「蚊子停車場」等。閒置的公共設施不但是都市發展的問題，更是政治問題。之所以會產生前述「蚊子空間」，常是因為規劃不善，或原始需求與大環境改變所致，當然也有因政治人物為騙取選票的政治承諾逼迫地方政府妥協的結果。

　　相同的，一個港口即使配置充分的相關港口基礎設施（Sufficient port-related infrastructures），但卻未能有效使用，仍會造成港口擁塞及（動線）阻斷（Congestion and disruption），因此必須將港口基礎建設現代化（Modernization of infrastructures），進而將提供有效服務視為整個郵輪旅程環節的一個重要參數（Crucial parameters）。其

次，港口方亦必須體認到，對郵輪產業提供服務所創造的商機，其在港口所在地所產生的連帶經濟貢獻常常遠比港口本身的收益高。然由於港口與城市的觀點不同，現實上港口區域以外的收益多寡常不是欠缺宏觀理念的港口方所關切的議題。當然具深厚民意基礎的地方政府若未能充分配合港口方的規劃亦是兩者無法互助互利原因之一。

　　基本上，郵輪相關活動（Cruise-related activities），都會與港口及其所在地產生直接與間接的影響（Direct and indirect impacts）。包括旅客與船員在港口與周邊旅遊景點產生的消費活動，而且隨著旅客人數的增加影響範圍更廣。

　　不可否認地，旅客與船員的花費大多貢獻在郵輪相關產業的經濟（Cruise hosting economies）領域。顯然郵輪公司採購食物或支付港口方提供其作業的服務，以及其他支撐郵輪活動的間接花費，對於港口所在地的城市愈來愈重要，連帶地相互依賴度亦愈來愈高，因此郵輪相關活動應被視為港口營運機關與相關業者積極配合與協助的優先議題。

　　回顧二十世紀，郵輪產業一直被視為具有區域性高度集中（High level of regional concentration）以及灣靠港口群聚（Clustering of port visits）的特質。及至 21 世紀，由於環球航線的花費高昂，加諸現代化郵輪港口所提供的許多新創活動的獲利可觀，連帶的吸引更多港口競相倣仿的推出各種高檔的郵輪活動，因而前述的區域性的集中度快速降低，造成眼前全球郵輪港口驟增競爭激烈的現象。

　　如同上述，無論沿岸或內河港口都是提供海運業、渡輪與私人船艇廣泛服務的基礎建設的重要區塊。而港口的重要功能之一就是能夠

有效的大規模處理國內與跨國間運輸的客貨流。因此港口與其所提供的服務的有效競爭（Effective competition in ports and port services）在世界經濟的功能性，以及對許多貿易商品的最後定價（Final price）扮演極為重要的角色，也因此港口與其所提供的服務的競爭成為國家不容忽視的貿易發展核心議題。基本上，港口與其所提供的服務的競爭包括：

（一）港口面臨的競爭限制（Competitive constraints that ports face）；港口面臨的競爭主要分為兩類：

1. 「聯外模式的競爭（Inter-modal competition）」（駁運、內河、公路、鐵路或空運）；在評估這些限制因素（Constraints）時，最重要的是要考慮各種聯外運輸模式彼此間的可替代度（Degree of substitutability），例如某一船舶從原本欲靠泊 A 港改靠 B 港，再由（不塞車的）陸路替代這段水路是否可行？除了替代可能性外，最主要的考慮應是船舶改靠 B 港所衍生的交通時間與交通成本。此外，如果一項或多項港口服務的價格上漲，郵輪公司就可能會轉而使用不同的聯外運輸模式。當然這要考慮不同運輸模式間的可替代性（Substitutability），例如在威尼斯，郵輪公司就考慮用遊河渡輪替代觀光巴士，只不過還是要考量改變運輸模式的成本變化是否在可承受的範圍內。

2. 「港口間的競爭（Inter-port competition）」；依據歐盟的競爭法（EU competition law），一個港口如果能夠在其顧客與競爭者之間獨立自主的運作就稱該港口具有市場力（Market power）。此等情況最常發生在區域內的港口都未具有顯著的成本優勢。這些港

口在同一地理市場運營，資源同質性又高，因而勢必存在競爭。毫無疑問的，港口間之競爭愈是激烈愈有利於航商。

（二）促進港口市場力的因素（Factors that facilitate market power at ports）：如同上述，如果一個港口能相當程度上獨立於其客戶和競爭對手行事，則該港口將被視爲具有市場影響力，而「既有競爭的程度」、「潛在競爭的威脅」以及「買方力量」都是判斷港口是否具有港口市場力的因素。「既有競爭的程度」取決於港口的市場占比，占比愈高則影響力愈高，原則上短期不會發生顯著變化，因爲郵輪業的（長約）契約性質使得部分設施被綁定使用，無法在短期內轉換脫身。至於「潛在競爭的威脅」，則包括周邊地區有新的設施或新港口的進入，但其對港口市場力的影響通常較低，主要是既有的港口已經有相對完整的多層供應鏈，而此正是新設施與新港口的市場進入壁壘（Market entry barrier）。至於可能削弱港口市場力的另一個主要因素是「買方力量」，當買方（郵輪公司）相對於其供應商（港務公司）的規模較大時，亦即當郵輪公司的購買力大到可以影響港口的業務時，就會產生「買方力量」，因此較大的港口客戶比規模較小的客戶更有可能擁有購買力。

其次，影響買方（郵輪公司）約束供應商（港口）能力的其他因素包括買方在供應商（港口）之間切換的能力，買方可以要求建立自己的供應安排，以及買方可以設定在多大程度上容忍供應商的成本調整。

（三）市場力的潛在濫用（Potential abuses of market power）：由於港口或港口服務的提供者擁有市場權力，因此常存有濫用這

一權力，進而產生損害客戶利益的風險。一般濫用支配（Abuse of dominance）市場力量的主要形式有「過度定價（Excessive pricing：收取過高的價格）」或「拒絕供應（Refusal to supply）」。所謂「過度定價」的定義就是港口方所提供的商品與經濟價值並無合理相關（reasonable relation to the economic value）。過度定價當然會導致客戶支出的增加，進而因「配置無效率（Allocative inefficiency）」致無法獲利，甚至危害到整體社會福利（detriment to social welfare）。在郵輪營運領域，過度定價項目包括一般港口費用（General port charges），如泊位、電力、旅客服務費等。

毫無疑問的，過高的定價使得郵輪公司將成本轉嫁到消費大眾，因此旅客勢必需要支付更高的價格。另一方面，如果具主導優勢的港口（Dominant port）拒絕向航商提供某種服務，這可能構成主導地位的濫用（Abuse of a dominant position），因為它可能會造成人為的限制下游市場的競爭，例如與港務公司簽訂長期合約的郵輪公司，為自身業務需要租用特定碼頭或添購現代化的專用旅客設施，期以提高旅客流通效率。然而即使投資者屬輪不在港口時，該郵輪公司卻寧願閒置也不允許其他對手公司使用，包括付費使用，因為如果這種新設備供其競爭對手分享，它可能不再是原投資者打敗對手的「贏」的投資。似此，亦是市場潛在力的濫用，實有違港口全民共享的公益性本質，究竟港口屬國家的稀有公共財，怎可讓特定航商為所欲為。

其實，上述的競爭理論都是本於供需平衡的基礎。一旦供需嚴重失衡，競爭者眾，港口方卻又供給不足時，港口方的處理態度怎會不強硬？此時郵輪業者若無特殊關係，又該如何據理力爭？

7.2 郵輪港口（與旅客中心）場站化（Terminalization of cruise ports）

「Terminal」一詞指「航運公司在其經營航線上選定設有處理貨物及旅客設施的二個端點（Either end of a carrier line having facilities for the handling of freight and passengers），或是「作爲與其他航運公司（航線）相銜接的貨運或旅客站（A freight or passenger station that serves as a junction with other lines）。因此，「Terminal」一詞含有強烈的「終點（站）」、「終端」、「轉運」、「樞紐」、「（貨物）裝卸存放」、「旅客上下與接駁」意涵，更因爲其需要相對較大的空間以利前述作業的施行，故而更有「場站」的意義。當前海運貨櫃實務上，常將各航運公司在各港口的貨櫃碼頭與碼頭上的貨櫃處理、儲存場地合稱爲「Terminal」，因此常稱其爲「碼頭貨櫃場」或「碼頭貨櫃站」，進而簡稱「貨櫃場站」。本書既以郵輪旅遊爲主題，所以本書所指的「場站」，乃是指專供郵輪停靠的碼頭及設在碼頭上的旅客中心或大樓。

而爲達到上述功能，郵輪港口的碼頭與旅客中心必須朝「場站（樞紐）化（Terminalization）」方向推展，此意味著碼頭與旅客中心應具有旅客轉運與聚散（Hub-and-spoke）的樞紐功能，故而需要設置規模較大的先進化、自動化郵輪營運碼頭場站，以及能夠管理營運此等碼頭與旅客中心的管理團隊，包括負責建造與開發的專業人士，如邁阿密、巴塞隆納港的郵輪碼頭即是。

毫無疑問地，郵輪產業的連續成長爲許多公司廠商打開了機會之

窗（Window of opportunity），包括郵輪公司與專業郵輪碼頭場站營運人（Specialized cruise terminal operators），無不企圖在郵輪業務上從事新的或額外的投資，而且常常遵循國際化的行動計畫延伸發展，並整合相關業務。

另一方面，將郵輪碼頭租借給第三方（Leasing of cruise terminals to third parties），進而開發新的郵輪碼頭場站亦是近年來常見的市場趨勢。在某些港口，為有效掌握港口的可用資源，郵輪公司甚至直接介入碼頭的財務、建造與營運。另有些港口則是由當地既有的碼頭營運業者結盟其他具有投資或營運郵輪經驗的國內外公司，合資經營郵輪碼頭與旅客中心，也因此導致許多跨國（郵輪港口經營或碼頭營運管理）公司的出現。

又在港口與碼頭出租的情況下，當租賃方取得港口郵輪活動的作業自主權時（Operational autonomy），通常公有港口主管機關都會尋求與入股承租的第三方進行投資，以遂行改善港口財務與成長策略。事實上，近年來郵輪港口的管理（Cruise port governance）模式一再被各方討論與關注，也因此引進更多非原本港口管理實體（Managing entity of the port）的相關業者投入郵輪生態圈。

7.3 郵輪港口的類型（Typologies of Cruise Ports）

由於郵輪的營運目的不同於一般貨船，因而港口方對其所提供的服務在許多面向上是與一般商港不同的。如從服務對象的角度來看，一般港口可分成二大類型，第一類型的港口建構標準就如同一般

以貨物裝卸為主的港口一樣，第二類型則是必須充分反映郵輪市場的需求與特質（Peculiarities of the cruise market），包括如何激發旅遊元素（Tourism element）的影響力。再者，因為郵輪公司的營運核心聚焦在為旅客提供遊樂設施，進而提高獲利，而非單純的「運輸」服務，也因為要兼顧「遊樂」與「運輸」，因而促成了各種建構標準（Criteria）與優勢訴求不同的港口。

依據港口在郵輪整個航程中所扮演的角色（Role in cruise itineraries），郵輪港口可分成下列種類（Categories）：

1. 母港（Home ports；Turnaround ports；Hub ports）

為郵輪行程出發與返回的港口。基本上，就是規劃行程的起始點與終點（Commencing and the ending point of a designed itinerary）。基本上有 80% 的郵輪最終都會返回其原出發港（Port of origin），此意味著郵輪的航程安排通常是呈閉環（Loops）狀的。由於郵輪業務的獲利可觀，因此有愈來愈多的港口企圖爭取成為旅客航程起始與終點的母港。

2. 掛靠港（Port of call；Transit ports）

為郵輪在其規劃行程中抵達最終目的港前的中間灣靠港口（Intermediate stop）。一般郵輪在掛靠港都只停留數個小時，故而旅客只能參訪港口城市與周邊的旅遊景點。

3. 混合港（Hybrid ports）

指一個港口可以同時作爲某些郵輪的母港，又可做爲其他郵輪的掛靠港。基隆港就是最典型的混合港。以歐洲最大的西班牙郵輪市場爲例，巴塞隆納就完全扮演郵輪母港的角色，至於瓦倫西亞（Valencia）、塞維利亞（Seville）、大加納利群島（Gran Canarias）就兼具母港與掛靠港的混合港功能。

其次，某些港的分類則是依據郵輪港口的發展狀況（The state of cruise port development）而定的。郵輪港口的選址（Siting）與港口設施的裝置所面對的要求水平通常比一般專供貨物裝卸港口的標準嚴格。例如，郵輪公司要求每位旅客必須具有超過十平方呎的空間以便讓登船旅客可以在十五分鐘內完成報到登記（Check-in）手續，而離船旅客必須在二十分鐘內完成離船手續與提領行李。因此建築師與營造商在講究場站審美觀特質的前提下，更要設計出符合此等基本服務要求的碼頭與旅客中心。反之，除了上述三大類港口之外，當前的大郵輪公司亦常自行投資開發專供其屬輪灣靠的專用碼頭，最常見的就散布在加勒比海的私人島嶼。（參閱圖 7.1）

再者，在港口分級上，亦有以港口每年輪運或處理的旅客人數作爲港口的分級，也就是依據郵輪港口服務能量的大小（Size）分類。有些郵輪港口已發展至可以每年運送超過一百萬人旅客的超大實體（Very large entity），因此如一定要依旅客人數分類應可分成超大型、大型、中型與小型郵輪港口。

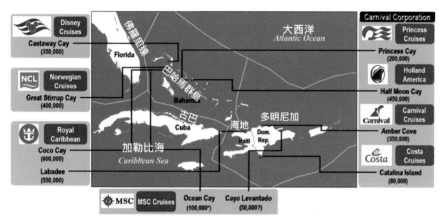

圖 7.1　各大郵輪公司擁有的加勒比海私人郵輪島嶼分布

　　另外一個分級標準就是以郵輪在各港口活動受限制的季節性（Seasonality of cruise activities）為依據，也就是依據特定港口在一年內的幾個月份裡郵輪的灣靠次數，分成低、平均、高、非常高等級。例如台中港在冬季東北季風季節，根本不會有郵輪到港灣靠，就是屬於「低」的一級。

　　其次，郵輪既然以觀光旅遊元素（The tourism element）為核心考量，亦可依據郵輪港口其在區域內觀光旅遊產業鏈所扮演的角色分成下列三類：

1. 目的地（終點）港（Destination port）：由於是郵輪行程的終點，因此少有旅客參與港區外的旅遊活動，以及參訪與港口城市相連結的觀光景點。

2. 門戶港（Gateway port）：鄰近大都會或著名景點的港口，此等港口大多作為旅客登、離船點（Point of embarkation/

disembarkation）。

3. 平衡（協調）港（Balanced port）：提供港區（城市）活動（Port area amenities）與陸上旅遊（Inland excursions）的結合功能。

　　上述所有港口分類意味著港口方服務郵輪市場的不同發展策略。而不同分類（Classification）則是起因於每一個郵輪港口與其相連結的港口城市與景點對觀光客的吸引力水平（Level of tourist attractiveness）不同所致。

　　某些港口由於與著名的旅遊景點距離相近，如希臘的 Piraeus 港距離雅典衛城（Acropolis of Athens），或是基隆港距離台北故宮車程僅需 30～40 分鐘，因而亦被稱為這些著名景點的「門面（招牌）港（Marquee ports）」，亦即慕名而來的觀光客是要參訪景點而不得不來此港口城市。此外，亦有由特定郵輪公司開發具有吸引潛力的「探索港（Discovery ports）」，如金門、馬祖或南、北極的冰川景點港口就是。

　　再者，郵輪港口的易接近性（Accessibility）亦常被拿來做為郵輪港口的分類標準，也就是依據旅客前往港口的主要方法（Dominant means of reaching the port）分類，諸如旅客搭乘飛機轉接郵輪（Fly-Cruise）、自行開車前往郵輪碼頭，或是搭乘火車前往郵輪碼頭（Train-cruise）的方便性而定。凡此都會影響港口方與郵輪公司的作業模式，以及港口必須提供的基礎建設。

7.4 港口船務代理（Ship agent on the spot）

　　眾所周知，航運經營具跨國性質，除非營運規模較大的航運公司，一般航運公司基於經濟考量，大都不會在世界各個港口設立分公司或派駐代表，因此只有在當地尋求代理人代辦港埠相關業務。依據我國航業法第三條（三）：「船務代理業：指受船舶運送業或其他有權委託人之委託，在約定授權範圍內，以委託人名義代為處理船舶客貨運送及其有關業務而受報酬為營業之事業。」。

　　實務上，船務代理業就是受船東委託，以其熟悉當地事務的專業，代表船東在各港處理船舶與船員的權義相關事宜之人。因此「船務代理（Ship agent）」可以視為船東的耳目，更是港口作業鏈中最具價值的一環（Invaluable link）。可以理解的，所有靠港船舶都想要縮短滯港時間，而為達此目的常常需要借助某些非常規運作，而「船務代理」的職能就是知道當地港口的一切該如何運作，以及在必要時可以找到對的人協助，正是船、代雙方各取所需。因此處於當前航商急於提升港口週轉率（Turnaround）的情況下，「船務代理」的優劣常是船舶整個靠港運作成功與否的關鍵，因此「船務代理」對郵輪業務再重要也不過了。

　　如同前述，郵輪猶如海上浮動飯店，因而其也需要一如正常飯店所需要的各種服務，尤其郵輪還要不停的川航各港，更提高了「船務代理」運作的複雜性（Complication）。例如從供應乾淨床單（Clean linen）、伙食（Catering）、郵遞業務（Postal service）、安排當地醫療協助（Local medical assistance）、到廢棄物處理（Waste disposal）

都是「船務代理」的業務，同時還要確保所有應該裝船，或應該卸船的補給品必須在開船前完成作業，以免延誤船期。

處理旅客非處理貨物所能比擬，因為我們永遠無法確定或預測旅客在不同狀況下會做出什麼反應或作為（React or behave），但無論如何「船務代理」總是必須快速有效地協助船方滿足旅客的需求。

又由於郵輪停港的時間有限，此意味著「船務代理」提供的服務必須在緊湊的時段（Time slots）內完成，因而每一項作業或動作都必須與時間賽跑，加諸郵輪承運的「貨載（人）」的易受傷害特質（Sensitive nature），根本不容許我們有犯下任何錯誤的空間，所幸郵輪的船期準確，因而許多作業都是可以盡早預先規劃的。顯然，如果「船務代理」想要預先規劃提供的服務，則船、岸之間的持續連絡（Constant liaison）是最重要的，因此必須引用最新式的通訊系統與程序，以爭取時效與訊息的準確性。理想上，業界所認定的優良「船務代理」就是能夠常在一天之中最不方便的時間，最不容易抵達的地方（the most inconvenient time of the day, at the most inaccessible location），在事故或缺失即將發生前制止它，也就是能夠防止事情往錯誤的方向發展。

另一方面，由於郵輪業務具有季節性，因此除了類似邁阿密與巴塞隆納等郵輪大港外，許多港口的「船務代理」承接郵輪業務大都是兼營副業性質，究竟其主要業務在其他船種。其次，由於郵輪旅客船員數多，「船務代理」相對較具潛在獲利機會，例如帶領船員就醫、遣送船員回國、代訂遊覽車，或是臨時添購補給品等都有一定的回扣可賺。也因為有利可圖，加上代理郵輪多少可增添「船務代理」的商

譽，因而業者之間的競爭激烈，甚至相互殺價，結果導致服務品質低落。處此情況下，促使郵輪公司不是在當地直接成立子公司，就是在當地「船務代理」的內部安插本公司直屬職員進行直接監督查核，以減少不當作為。可見「船務代理」的忠誠度與人際關係（Personal relationships）是郵輪公司選擇合作夥伴的最優先考量。

令人擔憂的是，COVID-19 疫情造成許多「船務代理」因業務量減縮致破產（Bust over）停業，此將導致疫情後許多港口難覓適任的「船務代理」可以代為處理大型郵輪的各種港埠相關業務的窘況。因為郵輪公司也偏好尋找諳熟郵輪業務的「船務代理」作為其港口代理人。

7.5 郵輪港口間的競爭（The Competitiveness of Cruise Ports）

面對市場的激烈競爭，郵輪港口必須創造各種衍生需求（Derived demand）[註9]，諸如吸引旅客到鄰近特定景點旅遊才能圖存與發展。毫無疑問地，郵輪港口本身提供的基礎建設與服務的競爭力絕對會影響郵輪公司灣靠港口與否，以及灣靠次數的決定

【註9】

　　衍生（引致）需求（Derived demand）：是由阿弗里德‧馬歇爾在其《經濟學原理》一書中首次提出的經濟概念，指由於生產某種產品的需求而引起的對其中某種生產要素的需求。例如麵包商為什麼需要麵粉？顯然，他並不期望從麵粉中得到直接的效用，他盤算的是，用麵粉來生產消費者需要的麵包以獲取收益。

可以理解的，爲開發新的旅遊商品，郵輪公司勢必要在郵輪行程中加入新的郵輪港口，以吸引原本只喜好在陸上旅遊的度假者（Land-based holidaymakers），以及回頭客（Returning customers；Repeater）。而對此一新加入港口的調查必須延伸到旅遊景點的特色，諸如旅客的吸引力（Tourist attractions）、陸上旅遊潛力（Shore excursion potential），以及安全與保全系統的可靠性等。毫無疑問的，港口及其設施，諸如進出港航道、陸岸基礎建設、後勤補給，以及諸如引水人與拖船等海上服務，與包括保安保全、通關作業、行李處理等陸上作業等，都會影響特定港口的郵輪業務成長。

當然某些港口爲降低整體營運成本，亦有以港內其他設施權宜作爲郵輪碼頭，諸如早期基隆港都以貨櫃碼頭權充郵輪碼頭一樣。當然在相關設施與服務品質上就不如專用郵輪碼頭所提供者。其次，港口基礎建設與設施的品質、服務與作業的效能、港口稅與相關成本等亦常被視爲評估郵輪港口吸引力的要項。

眾所周知，由於郵輪旅客的滿意度爲郵輪產業的基礎（Foundation of cruise shipping），因此港口主管與營運機關若想讓當港成爲郵輪灣靠港，並接待郵輪旅客，就必須依賴許多附加要素。

首先，該港所在必須爲郵輪整段行程中較佳的地理位置（Geographically well-positioned），也就是距離其他郵輪港口的距離遠近。當然旅遊景點與港口的相關位置仍是最重要的，因爲港口距離「必看景點（Must-see destinations）」的遠近常是郵輪公司決定取捨灣靠港口的考慮要項。

其次，旅遊目的地的吸引力主要由當地許多特質而定，諸如氣

候、社會文化、市民友善度、自然景觀等。至於第三個要素就是景點的易接近度（Accessibility of the destination），諸如港口是否與機場相近？有無鐵路連結？是否與高速公路連結？凡此都是影響一個港口能否成為郵輪母港的原因。最後，如果港口能夠提供高水平的保安與保全措施，剩下的應只是港口所提供的服務與港口稅，而一般旅客對於後者常較前述其他要素容易接受。

可以理解的，位置欠佳、不具觀光吸引力而且不易趨近的港口，通常也不會藉由改變設施、提升服務、降低港口稅等措施來提高港口競爭力。

另從港埠管理的角度來看，不論採 BOT 模式，即興建（Build）、營運（Operate）以致移轉（Transfer），或是 TOT 模式，即移交（Transfer）、營運（Operate）以致移轉（Transfer），郵輪港口與碼頭的最佳設計與（使用）計畫（Optimal design and planning），必須在港口方與郵輪公司之間簽訂的長期合約（Long-term arrangements）上明確載明雙方的權義關係，以符各自的合理需求，因而長期合約通常是港口方與郵輪公司經過協商而簽定的。當郵輪港口就特定碼頭或船席與一家或多家郵輪公司簽訂租約後，就必須承擔起調節各家郵輪公司之間的順暢作業的責任。

可以預期的，不同郵輪港口之間，乃至母港與掛靠港之間有關郵輪業務的競爭勢必愈演愈烈。在此競爭激烈背景下，港口方必須針對最合宜的業務機會做努力，亦即港口管理與營運機關必須評估每一業務選項的效益（Benefits）以強化競爭力與提升獲利。理想上，郵輪港口在探索競爭力的過程中必須在各種挑戰下：

1. 以爭取簽訂長期合約爲目的，進而與郵輪公司發展成穩定夥伴關係。

2. 以服務港口所能容納（Accommodation）最大船型（噸位）的郵輪爲招商目標。

3. 發展與港口所在地周邊能夠提供與改善服務郵輪旅客品質的居民暨業者間的關係。

4. 利用各種潛力克服季節性天候因素，以便促成郵輪可以終年運航不停。

　　所有這些努力的共同特性就是要藉由郵輪旅客活動提升經濟、社會與環境永續的目標。

7.6 港口選擇與行程（Port choice and itineraries）

　　相對於港口方想方設法想成爲郵輪行程中的灣靠港，但因爲郵輪公司販售的是行程（Itineraries）而非景點，因此郵輪公司對於選擇灣靠港口較具彈性（Flexibility in selecting ports of call）。

　　基本上，郵輪公司選擇行程乃是經過下列商業考量的結果：

1. 潛在的創造營收與成本（Potential revenue generation and costs）

　　諸如陸上旅遊收入、船上營收、港口成本與燃油成本（包括遵守防止燃油汙染相關規則的相關作業規範）等。

2. 運航上的考量（Operational considerations）

諸如地理位置（Geographic location），究竟該港在郵輪行程上要充當競爭港（Competing ports），還是互補港（Complementary ports）？兩個港口之間的距離（郵輪一個晚上通常可以航行 280 浬 = 518.6 公里）？基礎設施的狀況？考量其他郵輪的固定到港船期，本船應在每個星期的哪一天（Days of the week）到港較為適宜？清晨或傍晚抵港？是否要停留過夜（Overnight call）？

3. 品牌配置（Brand positioning）

為不同消費水平的旅客族群刻意安排的異國港口。

4. 旅客的利益與滿意度（Guest interest and satisfaction）

將行程定位為旅客導向（Customer-oriented）的產業。

5. 市場（銷售）能力（Marketability）

考量運輸業運能的不可儲存性，堅守大小市場通吃原則，即使在業務相對較弱的港口亦要保持一定業績。

6. 經濟趨勢與市場調查（Economic trends and market research）

包括評估區域性消費者的可支配收入（Disposable incomes）的變

化，以及旅客群居地的人口統計資料（如年齡、性別、收入等）。

又從港口與碼頭的有效性與功能性來看，一旦完成以上調查即可作成供最後挑選灣靠港口的選項單，包括停靠各港必須注意的事項。一般郵輪公司對於下列港口較有興趣：

1. 港口與碼頭不會擁擠（Are not congested）；亦即發生船等碼頭的機率極低。

2. 可以提供優質港口設施（Provide quality port facilities）；郵輪進出港過程順暢，以及旅客可迅速上、下船。

3. 港口的船席（碼頭）指派程序與設施使用權的透明化（Apply transparent berthing policies and other facilities）；為郵輪公司營造公平競爭的經商環境。

4. 有無吸引多元旅客市場源的潛力（Have the potential to attract cruisers from diversified passenger source markets）；避免以單一或特定族群旅客為招商對象。

必須強調的是，如純從郵輪行程規劃的角度來看，港口間地理上的鄰近度（Geographical proximity），以及郵輪港口與其他港口的貫通與連結性（Connectivity）才是最重要的。尤其郵輪港口的位置必須與郵輪公司在時間上，以及郵輪偏好的航行速度同步化（Synchronizing），至於一個行程內可以含括數個港口也是重要的考量要素。

另考量郵輪「早到晚離」的靠港行程特質，理想上的營運準則是以 18 節（「節」：船速單位，表示一小時航行一浬）的速度航行 14 小時，此表示一個晚上的最遠航行距離為 252 浬。又如果以 20 節船

速航行，則表示一個晚上的最遠航行距離爲 280 浬，此表示兩個港口間的距離不要超過 280 浬，才能符合郵輪「傍晚開船清晨到港」的行程安排潛規則。必須強調的是，郵輪公司通常都以商業潛力最大化（Maximizing the commercial potential），以及船上資產有效利用的觀點審愼評估各郵輪港口的優劣。

郵輪通常固定在幾個港口之間川航，旅客上岸旅遊的時間不長，以加勒比海地區爲例，每艘郵輪平均每個港口約只停留 4.3 小時，當然也有停留 10～12 小時的。如前所述，標準的郵輪行程都是以某一母港（Home port）或樞紐港（Hub port），亦稱「轉運港（Turn port）」或「登船港（port of embarkation）」爲起始與終點作閉環狀（Loop）運航。歐美地區郵輪的典型行程通常爲七天，再依據行程中所灣靠的各港口間的距離遠近決定灣靠三至五個港口。當然亦有行程長達 10～21 天的郵輪，但此類郵輪的獲利邊際（Profit margins）較低，因爲隨著郵輪行程的延長，旅客在船上花錢的意願也會隨之降低。

另吾人從郵輪公司依據行程的天數配置郵輪，多少可以看出郵輪行程的特質。其中以七天行程爲主流占 47%，餘者多爲三到五天的行程。此說明了郵輪公司如同餐廳一樣，企圖藉由安排連續週轉（率）（Continuous turn）的行程，期以讓郵輪資產的有效利用達到最大化。

一般郵輪通常會在清晨返港完成其爲期一週的行程，並在同一天的傍晚開始啓航另一新的行程。而在進港作業結束到出港作業開始這一段八至十二小時的時間內，入境旅客（Inbound cruise passengers）必須結帳離船（Check out and disembark），船上人員則必須迅速進

行設施與房間的清潔、廢棄物清理（Waste discarded,）、備品與食物的補給（Stores replenished）、加油（Refuel）、船機的例行保養等作業。另一方面，出境旅客（Outbound cruise passengers）則必須完成報到登記、出境通關等手續並登船（Check-in and embark）。

　　為配合郵輪在有限的時間窗（Time window）內完成上述船務與客務作業，郵輪行程面對的最主要設計變數（Design variables of itineraries）就是郵輪灣靠的港口數與灣靠各港口的順序（Order of port calls），以及旅客在轉運港的機場轉機所需時間、船速的快慢與船舶的大小等要素。（參閱圖 7.2）

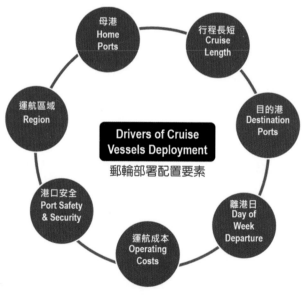

圖 7.2　郵輪部署配置的相互連接要素

　　由於郵輪產業的運作本質上就是依靠供給來驅動，因此直至

COVID-19 疫情爆發前，相對於供給飽和（Supply saturation）的需求飽和（Demand saturation），一直都是限縮郵輪未來發展，以及對郵輪產業持續快速成長加以限制的主要變數。

再者，在郵輪行程安排上，大型樞紐（母）港可以搭配小型較具特色的（Exotic）「門面港」，因為郵輪旅客都喜好造訪具有挑戰性的景點。另外，郵輪船席的可利用性（Berth availability），以及小型城市能否在短時間內為大量突然造訪的旅客提供服務亦都是必須預為評估的議題。

然而，郵輪的大眾化（Massification）正在為許多陷入大型郵輪可以提高觀光旅遊收入，卻又會對環境與社會造成衝擊兩難的郵輪港口帶來究竟要繼續創造規模擴大生產量能，還是自我規範以避免外界挑戰的困擾。

此趨勢演變導致更進一步的將市場區隔分成超大型郵輪（Mega-ship）灣靠的大港，以及為較小型郵輪提供特殊郵輪經驗的小型港口。例如 2018 年 3 月 21 日英國卡麗多莉郵輪（Noble Caledonia）載運約 100 名歐美旅客灣靠台東大武漁港就是典型先例。此種以往沒有人嘗試過灣靠地方型漁港的經驗，將是郵輪營運的新趨勢。究竟灣靠地方型漁港才能體驗真正台灣基層人民的生活起居實況與文化特質。

另一方面，新一代郵輪碼頭的發展趨勢就是郵輪公司與在地的服務、娛樂設施相結合（Co-located with service amenities），諸如藝品店、飯店、景點（Attractions）、大型購物中心（Shopping malls）等。進而提供所謂「一條龍式」的經營與服務，以壟斷整個市場鏈。事實上，相同的趨勢亦一樣發生在近數十年來的貨櫃船領域，因為許

多大貨櫃船公司經由垂直整合或購併，使得貨櫃航運公司不再僅是航運公司，更是兼營船務代理與拖車公司的碼頭場站營運商（Terminal operators）。可以確定的是，若不考慮船東的結構，則跨國郵輪碼頭與旅客中心營運人的出現，可能會促使郵輪的經營模式作進一步改變。此種趨勢將促使郵輪港口與郵輪公司作更緊密地結合。

實務上，若從安全與技術層面來看，郵輪港口的水文條件（Hydrographic condition）乃是郵輪港口在競爭環境下從事招商首要面對航商的課題，因為一旦郵輪無法安全進港，則後續相關業務的規劃與開發都屬空談。

近年來，相對於郵輪噸位愈造愈大，傳統港口的地形地貌仍保持數十年不變，以號稱百年大港的基隆港為例，最令所有外籍船長，乃至相關業者感到不安的就屬港區水域的幅員不夠廣闊，大型郵輪在港內運轉猶如水溝行船，所幸當前新式郵輪都配置先進的 360° 全方位吊艙式推進系統（AZIPOD Propulsion System），因此水域狹窄已不再是不可克服的因素，倒是港區水深是否足夠才是郵輪業者與船長決定碼頭安全與否的最重要考量，此包括進出港航道（Port Access）、港區與碼頭船席的水深是否足夠。由於港區內的水深分布值基本上是固定的，故而屬特定船舶抵港當下吃水狀況的相對性問題，每家郵輪公司與不同船長對於「安全」的容忍度不同，所以常會因立場的不同與港口方產生齟齬。

另一方面，由於影響特定時間、特定地點的「水深（Water depth）」的變動因素頗多，加諸船舶的載重狀況亦非固定，故而國際公約對於特定船舶所需的「足夠水深（Sufficient Water Depth）」

亦無明確規定。安全上，所謂「足夠水深」就是要確保郵輪在進出港區的水道或航道（Fairway/Waterway），以及在港區內的運動過程中不會發生觸底（Touch Bottom）或擱淺（Aground）的風險，乃至必須不會因水深不足產生負面的流體效應（Fluid effect）致影響船舶的固有操縱性能（Inherent maneuverability）。

針對上述航行風險，航海界長久以來皆以「龍骨下水深間隙（Under keel Clearance, UKC）」值作為衡量「安全」與否的標準，所謂「龍骨下水深間隙」係指位於船舶船底的龍骨底部距離海底之間隙。然而儘管海底的地形地勢固定，但特定時間的水面距離海底的高度則受潮汐與風力等作用影響時有高低差異，因此即使船舶載重不變，同時保持其船位不動，則不同時間的「龍骨下水深間隙」皆不相同，因為實際水面會受前述天文引力作用做垂直運動，以及風力吹襲的堆積作用等，造成不同水域之間的水體產生水平流動，進而產生水面高度的差異變化。（參閱圖 7.3）

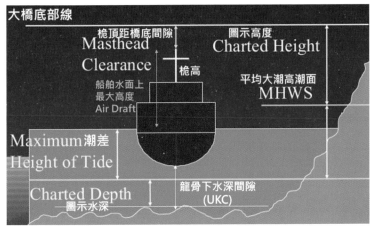

圖 7.3　船舶龍骨下水深間隙示意圖

　　本於安全考量，郵輪公司在決定屬輪彎靠港口前，公司的海務或船務管理階層都會派遣資深船長前往港口做實地訪查。訪查中勢必會討論到「龍骨下水深間隙」的議題。國際間關於「龍骨下水深間隙」的安全標準值主要以下列歐洲海事引水人協會（EMPA）與日本港埠作業安全標準值做為參考依據，即：港區內航行（Navigation within harbours）：船舶最大吃水讀數的 10%；港區外航行（Navigation outside harbours）：船舶最大吃水讀數的 15%；大洋航行（Ocean navigation）：船舶最大吃水讀數的 20%。

　　必須一提的是，在商業壓力下，實務上亦有少數郵輪公司不採上述標準值，而是直接提出「龍骨下水深間隙」只要一公尺就可接受的觀點。船底下間隙僅保持一公尺並不等同於不安全，只不過航行速度不能太快，否則即有觸底之虞。而且只要郵輪一經使用倒俥，螺旋槳的排出流就會將海底的積沙與汙泥沖激至水面上。（參閱圖 7.4）

圖 7.4　郵輪倒俥將積砂沖激至水面上

　　再者，前述與水深有關的因子包括潮汐作用，對於部分有大橋橫跨郵輪進出港航道的港口，船長不只要考慮「龍骨下水深間隙」，抵港前更要審慎計算高潮（High Water）時船舶桅杆最高點距離水面上的高度，是否可以不觸及橋體安全通過大橋進港。例如，某艘大型郵輪即因在高潮時抵達日本橫濱港，因為船舶桅杆距水面高度超過大橋下的垂直間距而無法進港，只能等候潮汐降落時才能進港，此嚴重影響到郵輪後續船期與旅客在港口的預定旅遊行程。（參閱圖7.5、7.6）

圖 7.5　郵輪桅杆與橋體高度示意圖

圖 7.6 郵輪桅杆接近橋體底部高度示意圖

7.7 郵輪港口設施與服務

郵輪港口所應具備的設施,以及提供給郵輪公司的服務,主要依據該港口在郵輪整個船期行程(Itinerary)中所應扮演的角色功能而定。基本上,掛靠港所提供的服務通常不如母港所提供的一樣完善。

所有郵輪港口應具備的最基本設施(Facilities)就屬與舶進、出港(Entrance)、離、靠碼頭(Berthing)、證照查驗、國境通關與聯外交通等相關軟硬體的配套措施與建構。其次就是提供郵輪與郵輪公司,以及旅客的服務。而在郵輪母港更要提供可以協助郵輪旅客後續延伸旅遊活動的附加服務。(參閱圖 7.7)

圖 7.7　郵輪港口應具備的服務與設施

　　足夠的港口基礎建設的可利用性，能夠有效提供郵輪作業的組織網，乃是郵輪公司，以及港口有幸成為郵輪行程中的灣靠港，進而創造利益的基本條件。因此，郵輪港口需要具備能夠有效率的提供新一代郵輪泊靠的碼頭，以及旅客作業相關的服務機制與設施。

　　以早期基隆港為例，因為欠缺郵輪港口應具備的客運碼頭設施，常常迫使豪華郵輪僅能屈就地停泊於貨櫃碼頭，如果郵輪抵港當天是風和日麗還好，否則所有外籍旅客就得承受基隆港冬季強風勁雨之苦。試想郵輪旅客，除了部分抵港前已由旅行社安排搭乘遊覽車前往台北遊玩者外，其餘旅客只有在基隆市區閒逛，然而從貨櫃碼頭至市區仍有一段距離，而且沿途除了欠缺明確英文路招標示外，更是地無三尺平的高低騎樓，此對多數語言溝通不易的外籍高齡旅客真是情何以堪。

毫無疑問的，具備新的基礎建設本就是一種挑戰，特別是對於某些腹地狹小或需要定期濬深（Regular dredging）的港口，基隆港就是最典型的腹地狹窄與水深不足的郵輪港口。尤其濬深與填海造地（Land reclamation）作業的過程中必須確保海底動植物（Sea flora and fauna）所受的衝擊最小化的環保要求，都是港埠工程單位最為頭痛的。

其次，談及郵輪灣靠港口的規模（Scale of cruise port calls）。眾所周知，早在郵輪產業將鎖定的目標聚焦於開發大眾市場（Mass market）之前，搭乘郵輪旅遊一直是王公貴族與社會菁英的專屬活動。但如今搭乘郵輪已不再專屬富裕階層的活動，而開發大眾市場必須透過規模經濟的方法，因為建造愈大的郵輪才能載運更多的旅客，進而創造船上營收源的附加機會。

回顧第一艘專用載客的郵輪出現在 1970 年代，約可載運 1,000 名旅客。至 1980 年代，規模經濟理論讓郵輪的旅客人數拓展至 2,000 人以上。時至今日，大型郵輪的載客量超過 6,600 人。以 2018 年號稱全球最大郵輪的「海洋綠洲級（Oasis-class ships）」郵輪為例，吃水 9.4 公尺，可載運 6,600 名旅客，以及 2,200 名船員，而且大型郵輪新船訂單仍呈穩定成長的趨勢。相較於一艘運能 2,500 TEU 的貨櫃船吃水 10.1 公尺，8,800TEU 的貨櫃船吃水達 14.0 公尺，可見單是確保港口與船席的水深足夠，就讓貨櫃船港口困擾不斷。反之，郵輪港口在這方面的受限較小。

由於跳過（Skipping）郵輪既定行程中的某一個灣靠港口屬營運上的大忌，故而除了重大天災或事故，郵輪都會依照行程表的表定時

間進出港。實務上，郵輪到港除了進港泊靠碼頭外，亦可選擇在港外錨地拋錨，再以接駁（Tendering）方式將旅客載運入港上岸旅遊。因此如何在有限時間內為大量旅客提供服務絕對是最重要的。

再者，郵輪因為不用載貨，因此吃水也相對較淺。所以當港口水深值不變的情況下，吾人評估郵輪能否進港的重點在於容積而非載重。此給予郵輪得以進入許多水深較淺的傳統港口的優勢，進而增加行程設計的選項。郵輪港口通常位於市區（文化與商業活動）、歷史古蹟或自然娛樂設施（受保護的沙灘）附近，也因為如此，這些港口所在位置通常不會有太深的水深。相對的，如同前述，由於濬深作業帶來的負面環境影響難讓社會與環保人士難以接受，因而成為傳統郵輪港口發展的潛在限制。

另一方面，當前郵輪容積與噸位毫無節制地的一再增加，終將給郵輪港口帶來物理上的限制（Physical restrictions）。從需求面來看，港口管理機關必須確保郵輪碼頭有足夠的水深（Sufficient draft）與足夠的船席長度（Berthing lengths），以及可以有效處理大量旅客（Large volumes of passengers）的旅客中心。而為迎接超大型郵輪（Mega cruise ship），在天候與航海條件良好情況下，從港口外至郵輪碼頭的航道寬度至少要有 132 公尺，碼頭附近水域至少要具備 10 公尺的水深，以及 425 公尺長的（碼頭）船席。再者，大型郵輪在陸岸端的相關作業亦常受到限制，諸如岸肩區（Apron area）的寬度、陸上運輸區範圍狹小，道路交通不暢，以及大量旅客湧至市民居住區衍生的困擾致社會接受度不高等。

可以確定的，船席長度與水深不足的物理限制一直是港口方的困

擾，也是影響郵輪業務發展的最痛。因而許多不合乎此等要求的港口與碼頭紛紛改建或拓建期以容納超級郵輪的到來。基隆港於 2018 年將東、西岸客運碼頭改建與周邊水域濬深就是一例

此一趨勢轉變，使得許多原本只供貨船停靠的港口設施必須拆除、遷移或重新改建，特別是那些距離市中心或景點較近的碼頭，如基隆港東、西岸一至四號碼頭就是典型貨船碼頭改建成郵輪碼頭的案例。但也不是所有港口都會將多用途碼頭（Multi-purpose terminals）或臨時泊靠設施（Temporary docking facilities）改建成郵輪專用碼頭。此乃因為港口土地資源有限，若孤注一擲在郵輪業務上是有營運風險的，而且對其他船種的經營者更不公平。以 2018 年基隆港興建的東岸旅客中心為例，多數港口船務代理業者強烈反對港務公司將旅客中心從東一號碼頭延伸至東四號碼頭，希望保留東四號碼頭作為機動散雜貨船碼頭。但港務公司仍排除眾議堅決延伸興建旅客中心至東四號碼頭，導致東岸內港碼頭再也無法停靠散雜貨船。然任誰也沒想到就在 2019 年旅客中心完工後，即遭逢 COVID-19 疫情肆虐，其後連續三年都沒有郵輪進港，又因碼頭上的郵輪專用設計建築物不能轉作他用而閒置，偏偏期間恰逢基隆港鋼材進口高峰期，導致許多散雜貨船面對碼頭一位難求商機盡失的窘況，可見郵輪碼頭規劃與闢建的過猶不及都非港口相關業界所樂見的。

一旦港口基礎建設適當無缺，港口通常可以正常運作。此時郵輪港口的管理實體（Managing entity）就必須發展出一套「母港化活動（Homeporting activities）」的營運策略，並依據不同旅客族群的需求、渴望、行為或需要界定期望的郵輪市場區隔（Desired cruise market segments）。

1. 港口與郵輪公司的關係（Relationships with cruise lines）

　　由於雙方都負有獲利最大化的商業使命，因此與郵輪公司建立關係乃是郵輪港口的最大挑戰。再從郵輪的特質來看，除了港口基礎設施外，港口方最重要且必須強調的議題就是提供具吸引力的陸上旅遊（Shore excursions）行程。本於共存共榮理念，港口方與郵輪公司必須密切合作確認一致的優先目標。其次，港口方必須努力協助整合服務提供者、主管機關與利益關係業者，進而安排運輸系統的基礎設施與陸上的觀光旅遊服務，以增加郵輪旅客的旅遊選項。遺憾的是，往昔港務公司常常認為介紹景點或推銷旅遊是港口所在地政府、旅行社與郵輪公司的業務，港務公司只負責招來郵輪灣靠提升港埠營收業績就好。其實，無論港口或當地政府必須認清的事實是，一個港口若具有多景點陸上旅遊的潛力，常會激勵郵輪行程的企劃人（Itinerary planners）將港口一併列入郵輪的旅遊活動計畫，也唯有如此才能為港口與當地帶來商機與經濟繁榮。

　　而為拓展港口在郵輪市場的存在實力，港口方必須調整組織架構（Organizational structures）、作業程序（Operational procedures）、管理制度或策略（Governance regimes or strategies）。

　　毫無疑問的，與郵輪公司簽訂長期合約，從做為旅遊目的地的角度來看，就是郵輪港口創造佳績的最強保證象徵（Indication）。反之，對於灣靠次數較少或多年才來一次的郵輪公司而言，遭遇各種困

難是常見的。其中尤以陸上交通運輸的不順暢最容易引發港口方與郵輪公司之間的爭議。因此無論港務公司、旅行社與景點管理人,甚至港口所在地政府都需通力合作以消除任何交通瓶頸。因為旅客的交通需求並不能完全依賴港口方提供的作業系統。事實上,現今的郵輪旅客大都傾向倚賴便捷的運輸工具(Agile transportation)往返港口與景點或港口與城市之間。

不容否認的,在郵輪營運領域的各利害關係人,最不願意面對的就是郵輪公司無預警的取消灣靠(Unexpected call cancelations)。由於臨時取消灣靠與所有利害關係人的期望相違,因此任何善後的補救安排都將是挑戰。關於此項,港務公司與郵輪公司所面對最嚴重的共同挑戰就屬郵輪的船期行程變動與「船席指派(Berth allocation)」該如何善後的問題。

船席指派對港口而言乃屬一個長程性的計畫項目,具有重大的社會意含(Social implications)。所謂船席指派係指計畫某一郵輪將在某一天的某一時段(On a specific day for a particular time span)預定泊靠在特定港口的某一船席的實務。通常港口方必須在一或二年前就要為特定郵輪的到來預留船席。原因在於郵輪公司必須明確制定郵輪的行程,並知會旅行社,以便旅行社可以提早預售郵輪船票給潛在的客戶群(Potential customers)。

然由於海上天候與港口作業的變數較多,致計畫常常趕不上變化。因為即使不同郵輪的前一港口不同,而且行程中各港口之間的地理距離也有差異,卻常常發生多艘原本已計畫先後依序泊靠於同一碼頭的郵輪同時抵港(Several operators berthing for the same hours)的

狀況。值得一提的是，多艘郵輪同時抵港的情況，某些時候也是商場上利用郵輪服務差異性爭搶客源的戰術運用，例如早年同時經營台日定期航線的公主郵輪與麗星郵輪就常發生船長技術上刻意調整同時抵港，進而互不相讓進港順序的情況。因此船席指派在船席數較少的小型郵輪港口更加困難。例如在一個小而美的港口（Small and picturesque port），多艘郵輪的同時到來意味著該港將有數天或數小時港區擁塞的相對不愉快情況，甚至會影響到其他觀光客的旅遊活動，乃至港區內其他業者的利益，例如早期基隆港在「郵輪優先」的指泊原則下，一旦多艘郵輪同時抵港，則常發生某艘郵輪被迫停靠貨櫃船碼頭，而原來預定泊靠該碼頭的貨櫃船則要在港外等候，直至郵輪出港後貨櫃船才能進港泊靠或改靠其他碼頭。似此，勢必會造成貨櫃船營運人的損失，也因此常常產生爭議。[註10]

【註10】

　　有關郵輪船席指泊之適法性解釋，全世界商港都有條文明令港埠管理機關具有船舶船席指泊的權限。類似規定旨在避免船舶船期的延遲，以及將郵輪在港的總服務時間降至最低。因此港埠管理機關或經營者通常會評估其服務水平，進而對不同船舶施予不同的排序，例如某船的貨載（旅客人數）多於另一船舶，則通常該船的排序會優於後者。故而船席指泊的評估標準通常要考慮該等船舶之特性，諸如順位（長度、吃水等）。例如：

1. 日本港則法第五條第二項：

　　依照國土交通省的規定，在特定港內停泊的船舶，除了在繫船浮筒、棧橋或碼頭繫泊外，必需接受港務長指定的泊位。

第十條：

　　港務長認為具有特殊需要時，可命令在特定港內停泊的船舶移泊。

2. 法國馬賽／福斯港船席指泊特定規則：

如果港務管理機關在同一天遇有多艘船舶申請（同一船席）時，優先權應該
給予當年度在本港灣靠次數較多的港口。必須強調的是，在天候惡劣或任何
特殊原因的情況下，港務長辦公室可以撤銷前述泊位優先權。船公司對於前
述泊位指泊的變化不得提出要求的權利，因為在該情況下，港務長辦公室為
唯一決定者。

　　類似情形如果發生在較大港口，當載運數千名旅客的大型郵輪
抵港時同樣會造成堵塞（Congestion）。例如若有兩艘中型郵輪同時
抵港，表示會有近 6,000 名旅客要同時下船（Disembarking at the same
time）。事實上，小型港口只要多灣靠一艘小型郵輪，即使增加極少
量的旅客亦會因港口的服務能量不足而產生擁擠堵塞現象。

　　如果欠缺有效的計畫（Effective planning），這些郵輪港口可能
遭受來自各方的壓力，以及產生無法針對旅客量提供足夠設施與服務
的負面效應。如同前述，即使再周全的船席指派仍會造成各主要利益
關係人（Key stakeholders）間的爭議，但是總比多艘郵輪同時抵港造
成港口資源不足的窘況，進而在各種面向所衍生的爭議要單純的多。

　　有關船席申請的技術問題（Technical issues），包括郵輪預計
靠泊時段（Time scale）與靠泊細節，以及不同航商的不同需求，
更有航商為搶占郵輪船席而重複預約與取消（Double bookings and
cancellations）的處理，而此等問題常隨著航商家數的增多轉趨複雜
化，增加處理難度。

2. 郵輪活動的季節性（Seasonality of cruise activities）

姑不論郵輪產業整體的顯著成長，郵輪行程的季節性需求常造成許多港口的尖峰期，但港口的服務能量終究有限，因此某些郵輪被迫選擇在非尖峰季節抵港。

一般郵輪港口每年的郵輪季長約 40 週，但事實上並沒如此長。此意味著郵輪碼頭在一年當中有相當時間要閒置，因此負責郵輪港口開發的管理階層常會自我質疑是否要不斷的從港區有限的土地資源撥地專供郵輪使用？

如前所述，郵輪本質上屬季節性商業活動，加諸港區土地的稀有性，以及一般商船的貨物裝卸作業都需要足夠地空間，進而增添要求設置郵輪專用碼頭的壓力。因此吾人可以理解港口方必須承擔允許郵輪終年無限制地使用港口有限資源的社會壓力。

反之，港口城市與其他分享郵輪旅遊利益的相關業者，都會施加壓力給港口方，甚至動用中央級民意代表介入關切，要求拓展郵輪季與港區使用範圍。

不容否認的，郵輪的部署配置不僅要著眼於運能的利用最大化（Maximum capacity utilization），更要顧及人（旅客）均獲利最大化（Maximization of earnings per passengers），並要將運航成本降至最低，其中最主要的就是減少燃油的消耗。而惡劣天候與海況的季節就是燃油消耗相對較高的季節，因此儘管郵輪公司設定行程的規劃主要在博取旅客的最大滿意度，以及創造營收，但亦須考慮季節性需求（Seasonality of the demand），何況惡劣的天候與海況一定會降低旅

客的滿意度。

　　也因爲郵輪產業有季節性，使得郵輪碼頭與旅客中心等港埠資產具有未能充分使用（Underutilized）的風險。因此某些港口就將郵輪碼頭規劃成郵輪淡季不來灣靠時，可供其他船種泊靠使用，以創造非郵輪季節的港埠營收。

3. 郵輪港口的競爭與競合（Competition and co-opetition）

　　郵輪產業的蓬勃發展導致各郵輪港口間複雜關係的演進。主要關鍵在於郵輪發展的核心要素（central element）是其行程的規劃設計而非目的地（港）。因此在特定市場內的各競爭對手港口（Rival port）間，在既要競爭又要合作的背景下，勢必存有不同程度的相互依賴關係（Interdependent relationship）。

　　同一區域內港口的競爭主在聚焦郵輪公司是否將其列入行程中。但這並不表示只要市場相同就會有競爭，因爲郵輪公司還是可以透過市場區隔（Distinctive cruise market segment）的方式推出訴求不同的商品。

　　不容否認的，某些港口是透過篩選，或因港口能量與旅遊景點設限而鎖定特定的市場區塊與顧客。當然豪華級或頂級郵輪是各港最想爭取的區塊，因爲這類郵輪不僅能爲港口帶來可觀營收，更有提升港口形象的正面意義。

　　反之，郵輪公司對於行程中包括大、小型港口的安排最有興趣，因爲每一個港口可以提供特有的不同經驗，也允許旅客可以隨時

選擇離船的港口。當然競爭亦會發生在較小的港口間，部分港口更以旅客可以開車到船邊登船作爲競爭訴求。

　　毫無疑問的，功能近似的港口之間的競爭一定較爲激烈。例如幾個相鄰近且各具特殊景點的港口，郵輪公司的取捨就是港口努力爭取的。而隨著進入郵輪市場的港口的增加，競爭變爲更激烈，因此勢必要擴大市場規模始能支撐廣泛的郵輪活動。

　　再者，港口間的競爭在母港比掛靠港更爲激烈，處此情形下，競爭港口的地理位置變得不是最重要的（the geographical location of the competing ports turns out to be of limited importance）。特別當幾個港口都是著名景點的門面港（Marquee port）的情況下，就要愼防其他競爭港口有可能被排入郵輪行程。處此情況下，母港的既有供應鏈的品質，如加油、加水與補給的品質、郵輪港口與旅遊景點的特色與設施，就顯得更爲重要。

　　值得一提的是，在港口競爭的情況下，郵輪港口亦可發展成合作的方法，作爲建立港口在市場地位的重要策略。在郵輪領域，這種關係通常會被視爲完美的合作（Perfect case of co-opetition），此就是競爭實體（Competing entities）會藉由積極的組織內關係（Active Inter-organizational relationship）產生許多利益與商機。最重要的概念是經由網路促進郵輪產業的發展，進而謀取全體參與者利益，並且提升港口成爲區域內郵輪旅遊選項的地位。

　　回顧過去二十餘年來，郵輪市場規模的快速擴充與變化，分享有關郵輪港口的發展與管理的經驗已成爲郵輪港口間合作不可或缺的一環。而港口間合作的前提是要了解郵輪公司是聚焦於整體行程的選

擇，而非單一景點或港口。從改善行程的吸引力與提升港口間的連結
性角度來看，合作可促使港口間形成各種商業合作的夥伴模式。因此
各主要景點的門面港口或其鄰近港口間的合作，可以吸引郵輪的部
署，並提供各種可供選擇的替代行程。

4. 母港的財政功能

原則上，一個完善的郵輪港口無不想成為一家或多家郵輪公司的
母港。因為這將影響到港口與其所在地城市的整體財政，其影響範圍
包括：

(1)郵輪公司從港口供應商採購伙食與服務的傾向。

(2)旅客是否喜歡在港口城市多做停留，甚至在港口所在地的飯店過
夜。

(3)船員在港口的花費。

基本上，一般郵輪旅客在母港的花費常是在掛靠港花費的六至七
倍。不容否認的，由於郵輪的現代化與升級導致每一名旅客在陸上的
消費大幅減少，反而在船上的花費卻是增加了。

無論如何，母港的認定依舊對被選定的港口、鄰近城市與景點有
重大影響。以 2020 年代對西班牙巴塞隆納所做的研究調查發現，在
該城市入住飯店過夜的旅客每人平均消費 202 歐元，而只選擇陸上旅
遊未在飯店過夜的旅客平均消費只有 53 歐元。相對於此，陸上的度
假旅者選擇在旅遊城市的飯店過夜平均消費只有 156 歐元。另依據國
際郵輪協會（CLIA）估計，每位搭乘郵輪的旅客上船前在該港口城

市的花費介於 101 美元至 376 美元之間。

　　必須一提的是，上述這些統計數值恐不適用在台灣，原因在於歐美地區幅員廣闊，旅客搭乘郵輪常要長途跋涉始能抵達港口，因此提早到登船港旅遊或休息是可以預期的。反觀台灣的大多數民眾只要在郵輪抵達當天出門就可趕上船期，因而選擇提早一天在港口城市過夜等候隔天登船的旅客應該不多。

　　其次，談及郵輪公司選擇母港的標準（Criteria for selecting a home port）。基本上，郵輪母港的選擇取決於每個港口的特質，以及郵輪公司對「潛在母港（Potential home port）」所做的鑑定與評估（Identify and assess）。儘管每一個決定母港的案例不同，但是還是有許多港口方必須履行的必備條件。通常郵輪公司會採用高度發展的選擇標準（Sophisticated selection criteria）選擇母港。於此同時，郵輪港口與其相關決策者必須評估自身的潛力，並應以符合郵輪公司的期望爲目標發展出管理與營運策略。

　　對大部分歐美旅客而言，郵輪營運涉及二個旅遊區塊，首先就是從居住的搭乘飛機至母港機場（Fly-Cruise 模式），接著就是從機場到港口搭乘郵輪旅遊。因此，採用此模式最重要的是港口當地的機場是否有充分的航線與航班聯結，以及轉機的方便性。最具代表性的就屬美國佛羅里達州的邁阿密與勞德代爾堡，這兩城市不僅航班多，而且航線遍布全美，因此才成爲加勒比海行程的郵輪母港首選。至於西班牙的巴塞隆與義大利的奇維塔韋基亞（Civitavecchia；羅馬的門面港口）之所以成爲地中海地區的郵輪母港首選，也是因爲其完善的空中運輸網所促成的。因爲空中運輸網不夠完善，就意味著旅客要付出

較昂貴的機票錢（Airfares），單是此點就足以削弱大眾旅遊城市的競爭力。

　　為降低旅客出遊的支出，某些郵輪公司積極探詢可以讓旅客自行開車直接到郵輪港口的登船點（Embarkation points）。試想在北美洲自行隨興開車究竟比在機場登機必須通過重重檢查關卡的麻煩少。也因為如此，美國東岸許多公路交通發達的傳統港口，如紐約、巴爾的摩、加爾維斯敦與紐奧良等，依舊是郵輪公司的最愛。

　　值得港口方警惕的是，即使已經建立有年，而且具有相對穩定的郵輪市場，但郵輪公司改變既有母港的選擇也是常見的。此乃由於新一代郵輪愈造愈大，傳統港口的基礎建設與相關設施恐不足以服務更多同時抵港的旅客，因而迫使郵輪公司不得不重新計畫新的行程，進而讓屬輪改灣靠其他港口。

　　此外，港口所在地的社會與經濟狀況亦是影響行程變更的因素，最典型的例子就屬作為許多郵輪公司母港的威尼斯在環保團體與市民的壓力下，實施新環保規定，造成所有亞得里亞海（Adriatic Sea）郵輪航線的大變動。

　　可以確定的是，沒有一個港口會因本身的基礎建設不足或經驗不足而放棄成為特定區域內的母港的機會。因此，無論是既有的，或是有強烈意願想被選母港的港口，務必體認到被選為母港應具備的標準（Criteria）。特別是有幾個必須視為理所當然的參數（Parameters），例如郵輪被部署到某區域運航，區域內一定有許多可以做為出發港的選擇，因此港口地理位置的重要性相對較弱，亦即港口方不能僅以地理位置良好作為招商的強項訴求。

　　郵輪公司或許會將旅遊景點吸引力、進出港口是否有良好的基礎建設、後勤供應補給，以及方便郵輪泊靠與旅客上下船的設施服務列為優先考量項目。另一方面，郵輪公司部署愈大的郵輪對於想成為母港的港口方與旅遊景點經營者會產生更大的誘因。面對港口間的激烈競爭，一個具有潛力的母港應做出合理投資的決策，以增加郵輪灣靠次數與相關的附加價值供應鏈（Added-value supply chains）。

　　如同前述，由於想成為母港就必須利用港區有限的土地，然而港口方如過度偏袒郵輪業者，恐會傷害到港口的傳統貨物作業。也因為港口的泊靠與錨地設施通常有限，結果常造成郵輪業與其他航運業者因各自需求不同而生衝突。

　　另一方面，由於郵輪的運航人（Cruise operators）需要較佳的設施始能妥善處理日趨增大的郵輪與愈來愈多的旅客，因此郵輪業的發展策略需要可觀的投資始能改善並健全其財務架構，但同時也對資本調整與策略產生壓力。

　　市場上嘲諷郵輪業是沒有固定營業位置的流動性生意，因此郵輪有很大程度要倚賴具吸引力的當地熱門景點（Local attractions）作為招商誘因。而考量郵輪公司、港口與郵輪具有高度關聯性，因此需要像合資企業（Joint ventures）一樣的合作，也就是郵輪公司投資郵輪，目的地則需投資港口設施與旅遊景點。再者，為消除日趨增多的郵輪旅客使用港口城市的公共空間與旅遊活動所引發的挑戰，港口方與所在地政府都必須預為研擬因應策略。例如運輸系統的發展與旅遊觀光容量（Tourism capacities）對愈來愈大的郵輪單航次載來的大量旅客，是否能夠容納與配合？（參閱圖 7.8）

圖 7.8　郵輪公司選擇母港的十大重要指標

又從旅客滿意度調查得知，旅客在不同地區登船的喜好度選項存有差異，在美國開車前往港口的距離、停車與機場檢驗被視為最重要選項。除了方便進入港口城市的空運系統外，郵輪碼頭設施，登船前後在岸上停留時間，以及港區周邊的有趣性也都是旅客在意的。例如在美國開車四小時是可被接受的，但在歐洲最多二小時才是可被接受的。另一方面，歐洲地區通常有火車可直達港口，諸如英國與德國這兩大市場，都可利用不會超過三小時的鐵路轉接郵輪（Train-to-cruise）模式，例如英國的南安普敦（Southampton）與德國的基爾（Kiel）就是。

基本上，郵輪母港傾向於聯結特定的客源市場（Specific source markets），此主要是考量郵輪旅客前往特定港口的鄰近度與交通選擇。從容量來看，世界最大的郵輪母港邁阿密就是位於郵輪旅客主要客源市場的美國。該港每年郵輪旅客進、出港占全美總旅客人數移動

量的 50%。主要原因乃是從南佛羅里達州的邁阿密到鄰近的加勒比海港口的距離甚近。另外 50% 的旅客移動量則分散至埃弗格萊茲港（羅德岱堡）（Port Everglades）與卡納維拉爾港（Port Canaveral）二個港口。

在地中海地區，前五大母港有三個位於義大利，即威尼斯、奇維塔韋基亞（Civitavecchia）與薩沃納（Savona），其中最主要的母港威尼斯最高曾經有 87% 的郵輪以其作為母港。西班牙的巴利亞利群島（Balearic Islands）與巴塞隆納次之。

這兩個國家位處地中海中部的戰略位置，故而有利於發展地中海東、西岸的郵輪行程。而且其主要客源市場與其他主要客源市場，如德國與法國來往密切。至於其他北歐的主要母港為英國的南安普敦（Southampton）與德國的漢堡港（Hamburg），因為英國是歐洲最大的客源市場，德國次之。顯然鄰近郵輪客源市場在決定一個港口是否能成為母港的過程中扮演重要的角色。（參閱圖 7.9）

Source: adapted from Port Economic Management and Policy

圖 7.9　地中海地區郵輪母港相對位置

5. 郵輪供應鏈地方化（Localization of Cruise Supply Chains）

郵輪的物流（後勤）補給（Logistic and Supplying）是郵輪經濟（布局）足跡（Economic footprint）的另一個重要元素。由於郵輪大型化，旅客人數相對增加，設計上也產生很大變化，因此無論是經由當地供應商直接將食物與服務送到船上，或是由郵輪公司直接購自國外的供應商，並利用貨櫃自原產地裝船運送到郵輪船邊，再利用港口的基礎建設協助將拆櫃後的補給品送上船，都對郵輪的供應鏈與物流補給（Supply chains and logistics）模式產生很大的變化。必須一提的是，直至 2019 年，灣靠我國港口郵輪的補給有近 80% 是採購自國外，再以貨櫃運送至基隆船邊裝船的補給模式。也意味著國際線郵輪在我國港口，除了加油加水外，其他採購補給的量是非常小的。

另一方面，單一郵輪旅客量大增的新趨勢為供應補給的整合與全球化（Consolidation and globalization of supplies）創造了新的商機。然而，由於裝卸速度的改善與物流作業的流暢性（Fluidity of logistics operations）需要整合各方的供應商，因此連帶的對當地的供應商造成很大的衝擊。

於此同時，各大郵輪公司為降低營運成本紛紛發展自己的供應鏈基礎設施與支援系統，並在幾個主要郵輪港口成立策略控制點（Strategic control points）專責後勤補給的儲備與調度。其中威尼斯與巴塞隆納就是地中海地區最著名的郵輪物流轉運港。

然而，在降低郵輪整體營運成本的壓力下，也有愈來愈多的郵輪公司訴求採購在地化，順便提供更多當地或區域性的特殊產品以

增添船上旅客的體驗。因此當地的採購（Procurement）形成既有郵輪標準採購模式的制衡力（Countervailing force），當然前提是當地供應商所提供商品的品質須符合郵輪公司幾近苛求的標準。令人擔憂的是，由於採購量龐大因而提高人們對供應到船上食物的實際成本（Real cost）的注意，反而不再聚焦於商品本身的價格與品質的關聯性。此外，由於環保意識的抬頭，以及環保團體降低碳排放的訴求，有愈來愈多的人們開始注意到有關郵輪補給作業衍生的環境成本（Environmental cost），此勢必在不同程度上影響到郵輪的採購決策。（參閱圖 7.10）

Source: porteconomicsmanagement.org

圖 7.10　郵輪補給與連接岸上電源（Cold ironing）

7.8 郵輪碼頭與旅客中心（Cruise terminals）

我國港口的郵輪業務發展得較晚，早期一年只有數艘不定期國際郵輪灣靠基隆港，但近年來由於郵輪業與航港各界的努力，基隆港一度成為僅次於上海港，躍居區域內第二大郵輪母港與掛靠港，然如同貨櫃船跟著貨源跑一樣，郵輪市場乃依據客源移動，港口管理與營運機關如不積極精進穩住客源，勢必被區域內其他港口取代。毫無疑問地，在鄰近港口競爭激烈的情勢下，港埠管理與營運機關首先要投入的就是硬體設施，此從港埠河海工程及至港口聯外交通都是，但其中最為核心的就屬「郵輪碼頭與旅客中心（Cruise terminals）」。「Terminals」一詞廣義上係指「終端站」、「集散地」之意，但在海事領域上應指「位於海運航線的始、終與中途點，具有處理貨物與旅客等設施的場所」，故而在郵輪領域上應指專供郵輪停靠的碼頭[註11]、船席，以及在碼頭上設置的旅客中心建築物與相關設施。

【註11】

　　碼頭（Wharf）指港區內專供船舶停靠、裝卸貨物和上下旅客的河海工程建築物；船席（Berth）則指供船舶停靠的一部分碼頭，一座碼頭常常含括數座船席，但亦有一座碼頭只有一座船席者，此端視船舶長度相對於碼頭長度而定。

　　因為需要處理大量旅客與郵輪的補給，郵輪碼頭與旅客中心都必須具備整套能夠快速處理客運相關需求的特質與作業考量。

　　如同上述，郵輪碼頭與旅客中心是被設計用來服務郵輪與其旅客的。因此，郵輪碼頭與旅客中心必須整合運輸、觀光與港口城市暨

鄰近著名景點的都市規劃策略（Integrated with transport, tourism, and urban planning strategies of the port-city and nearby destinations）。從航行安全的角度來看，郵輪碼頭必須具備包括符合最大抵港郵輪的吃水（Draft）、船席（排列）走向（Berthing lines）以及適航航道的最基本需求。至於旅客中心則需具備包括岸肩區（Apron area）、旅客中心主建築，以及地面運輸（陸運；Ground transportation）系統等各種空間。考量郵輪運作與其旅客的特性，因此旅客中心與城市的連結性（Connectivity to the city）、停車（Car parking）以及大眾運輸設施（Public transport facilities）亦顯得特別重要。

　　至於郵輪「作業上考量（Operational considerations）」則是在執行特定港口的碼頭與旅客中心設計時最重要的因素（Critical factor）。因為如從郵輪港口的功能來看，無論母港、掛靠港或混合港都有其不同的需求與設計考量（Different needs and design considerations）。

　　基本上，郵輪母港乃是郵輪行程的起始點與終點，郵輪通常都在每天的清晨抵港，以便旅客辦理海關與移民局等國境管制機關施行的入境通關手續、行李提領、轉機接駁等事務。相對的，郵輪次一行程開始前所需的航前作業，包括登船旅客行李的掃描與裝船（Scanned and loaded）、船票查驗、以及船舶燃油、水與補給品裝船等。當然許多船上較小的維修工程也必須在開船前完成並測試。部分登陸遊玩的船員必須在開船前返船。所有這些活動都必須在 12～24 小時內完成。在此有限時間內要處理大量旅客當然需要旅客中心、停車場與連結方便的當地運輸系統，特別是連接機場的交通系

統。最重要的是，郵輪港口的碼頭與旅客中心的條件與功能必須與郵輪公司選擇母港的需求標準具有強烈連結性。

其次，一般郵輪停靠在掛靠港通常只有在一天內或是在港過夜的幾個小時，因而需要旅客能夠快速有效往返景點（Points of interest）與休閒娛樂區（Recreational areas）的運輸系統。至於混合港因兼具母港與掛港性質，碼頭與旅客中心的設計必須具備在時間上與母港處理旅客流（Visitor flows）相似的功能。

一旦完成設計與建造，郵輪碼頭與旅客中心的運作成本（Operating costs）通常會比港區內其他碼頭與場站低。因為郵輪碼頭與旅客中心不需要重機具（Heavy equipment），故而不需要消耗太多能源。最主要的營運成本項目（Operating cost items）就是旅客中心與碼頭的管理、保全（Security）與行李處理等人員的薪資支出。由於郵輪產業的經營具季節性特質，因此上述人員常採用外包（Outsourced）雇用模式。另一方面，因為上下船過程中，常有大量旅客集中於旅客中心有限區域內等候，以致具有一定程度的潛在風險（Potential risk），故為確保郵輪與旅客在港期間免於遭受破壞或傷害，旅客中心的保全設施與作為是最重要的項目。

由於郵輪同時具有高度象徵性與經濟價值（High symbolic and economic value），因此郵輪港口的設計與運作必須遵守許多常態與防恐的保全規定（Anti – terrorism security regulations）。相對的，郵輪公司與港口的相關管理機關（Regulatory agencies）亦須對港口的保全相關項目與設施進行定期稽核（Audit）。

7.9 海事基礎建設（Maritime Infrastructure）

　　郵輪碼頭與旅客中心設計的核心考量（Core consideration）乃是郵輪預期的技術性特質（Technical characteristics）。基本指標（Basic indicators）包括新一代郵輪的噸位、全長（LOA; Overall length）、船寬（Beam）與吃水（Draft）、載客量（Passenger capacity）、船員人數（Number of crew on board）等。由於不同等級郵輪的型式、尺寸與容積相差範圍頗大，因此郵輪碼頭與旅客中心相關的海事基礎建設必須考量下列因素：

1. 欲使用碼頭與旅客中心的郵輪的艘數、大小與等級（Class）：因為自 2000 年代起，郵輪的平均容積尺寸、與載客量都呈大幅的成長。平均載客量從 1,300 人增至 3,500 人，平均長度則從 200 公尺增至 300 公尺。（參閱圖 7.11、7.12）

船名 Name	年份 Year	公司名稱 Cruise Line	旅客人數 # Passengers	總噸 Tonnage (GT)	長度 Length (m)	寬度 Beam (m)	吃水 Draft (m)
Queen Elizabeth II	1968	Cunard Line	1,778	70,327	294	32.0	6.0
Carnival Destiny	1996	Carnival Cruises	2,642	101,353	272	35.4	8.2
Navigator of the Seas	2002	Royal Caribbean	3,386	138,000	311	48.0	8.8
Queen Mary II	2004	Cunard Line	3,056	151,400	345	41.1	9.8
Freedom of the Seas	2006	Royal Caribbean	3,782	160,000	339	56.1	8.5
Allure of the Seas	2010	Royal Caribbean	6,780	225,282	361	47.0	9.1
Harmony of the Seas	2016	Royal Caribbean	6,780	227,700	362	47.4	9.3

Source: adapted from Port Economic Management and Policy

圖 7.11　年份代表性郵輪的演進

總噸 Tonnage (GT)	長度 Length (m)	寬度 Beam (m)	吃水 Draft (m)	旅客人數 # Passengers	船員人數 # Crew	船隊占比 % of fleet (2019)
7,500 – 12,500	142	20.0	5.2	<489	<160	7.3%
12,500 – 27,500	183	25.4	7.2	489 – 922	160 – 318	7.7%
27,500 – 45,000	206	28.1	7.2	923 – 1,581	319 – 424	12.3%
45,000 – 65,000	251	32.2	8.1	1582 – 2,153	425 – 696	22.7%
65,000 – 85,000	281	32.2	8.1	2,154 – 2,683	697 – 943	30.5%
85,000 – 125,000	294	36.0	8.5	2,684 – 3,596	944 – 1,191	17.3%
125,000 – 175,000	339	39.7	8.8	3,597 – 4,371	1,192 – 1591	1.8%
> 175,000	362	47.0	9.3	>4,371	>1591	0.5%

Source: adapted from Port Economic Management and Policy

圖 7.12　2019 年郵輪船型容量分布統計

2. 泊靠郵輪的型式與特質：由於設計與技術的演變，郵輪的質量、維度與甲板的設計都不同於以往。這些特徵連帶的促成岸上基礎建設，如岸上電源接頭的位置（Shore-power location）、旅客橋（Shore gangway）的配置、旅客中心相關設施的處理能量等元素亦必須做充分配合。

3. 特定天候條件下的作業條件（Operational conditions）：某些郵輪港口可能位處季節性天候影響，諸如東亞颱風（Typhoon）與加勒比海颶風（Hurricane）的風險區內，故而相關設施的強度必須提升。

4. 專事郵輪繫泊（Mooring）、燃油添加與補給品等作業所需的高素質碼頭工人。

5. 期望郵輪可能泊靠的模式（Desired potential berthing patterns），以及預期停靠（Expected to be docked）的郵輪平均艘數。

6. 如定位為母港，則單一郵輪的船員人數亦是重要指標。因為依據

郵輪市場區塊與大小不同，頂級豪華郵輪與平價郵輪的「旅客船員人數比」常有大差異。

7. 趨近郵輪船席的航道（Entrance channels to berths）與船舶操縱水域（Maneuvering areas）須具備足夠的寬闊度與水深始能確保船舶運轉與作業的安全。尤其在決定最低水深（Minimum depth）時，必須考量船舶的最大吃水（Maximum draft），以及在航程途中因船舶操縱與波浪作用可能產生吃水增加的預留量（Allowances）。此乃因為船舶在行進中，船身周邊的水體分布會產生變化，進而形成不同壓力區，致使部分船體更趨下沉，連帶地增加了船舶的最大吃水。

8. 郵輪碼頭的船席數與相關設施：由於郵輪的行程緊迫，而且幾乎所有郵輪的船期安排都是清晨到港晚上開船，因此其抵港的最基本要求就是「隨到隨靠」碼頭，以免耽誤旅客的旅遊行程安排，以及配合後續後勤補給作業的要求。通常港口管理單位都會事先與船務代理公司依據船舶長度與吃水深淺或其他特殊要求，敲定郵輪預定泊靠位置、哪一舷泊靠、艏艉纜繩預定繫帶的纜樁號碼、後勤補給品項與出入口位置、旅客出入與碼頭遊覽車等候區等相關位置與應注意配合要項。（參閱圖 7.13、7.14）

然而，對於不是郵輪專屬港口的一般商港而言，若不巧遇上不同公司郵輪撞期同時抵達就會產生難以處理的場面。因為在商言商，相互競爭搶奪市場都來不及了，根本不可能有誰願意讓誰的優雅念頭。此一現象猶以夏季的郵輪旅遊旺季最常發生，例如先前基隆港郵輪碼頭尚未拓建之前，就常發生數艘郵輪「撞期」的

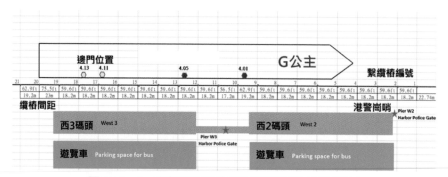

圖 7.13　D 公主號預定靠泊基隆西岸碼頭示意圖

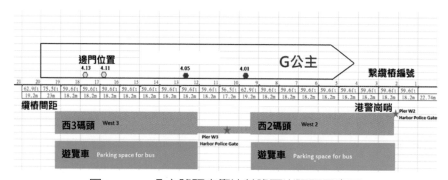

圖 7.14　G 公主號預定靠泊基隆西岸碼頭示意圖

情況，所謂「撞期」包括多艘郵輪同時抵港致碼頭不足，以及碼頭數雖夠但多艘郵輪同一時間抵港，致生爭先搶快進港互不相讓的情況。儘管兩種狀況都是郵輪業者與旅行業者所不願遭遇者，但實務上大都可透過協商解決，究竟每家郵輪業者都會遇上不得不央求對手協助與體諒的時候，當然此時握有船席指泊（Berth Assignment）權的港務管理機關就必須扮演關鍵的仲裁人角色介入協商。

一般碼頭數不足的情況，港口方通常會協商某艘郵輪泊靠非郵

輪碼頭，如 2015 年 12 月 23 日「海洋量子號（Quantum of the Seas）」抵達基隆港就被指泊在西16號貨櫃船專用碼頭，以及「世界夢號」、「雲頂夢號」靠泊在越南胡志明港的貨櫃碼頭即是。（參閱圖 7.15、7.16、7.17）

圖 7.15　海洋量子號靠泊在基隆港西岸貨櫃碼頭

圖 7.16　靠泊在越南胡志明港的世界夢號

圖 7.17　靠泊在越南胡志明港的雲頂夢號

同樣的，在碼頭數足夠但有多艘郵輪同時抵達的情況下，恐會遭遇港埠與港勤資源所能提供的有限性問題，例如引水人、拖船、帶纜工人等，因此通常不是要求某輪加速調整抵港時間提早到港，就是要求他船減速晚到，以錯開同時抵港造成港勤資源排擠的窘況。類似情況若果長久發生一次，郵輪公司與旅行社或會體諒，惟若屬常態性現象，則郵輪公司肯定會審慎考慮取捨灣靠該港的可能性。

為避免上述情況發生，或欲將相關各造受到的商業損失降至最低，郵輪公司、旅行社（Travel agent）與船務代理行（Local ship's agent）都應事先向港埠管理機關查詢相關郵輪的長程船期（Long term schedule），及早規劃避免與他船同天或同時抵達港口。筆者猶記得某年日本郵船公司所屬的豪華郵輪「水晶諧和（M.V. Crystal Harmony）」抵達基隆港，由於吃水較深且旅客數較多，

使得原本固定泊靠於基隆東岸客運大樓的定期客船麗星郵輪不得不讓出東岸碼頭，但因港務公司在麗星郵輪抵達港口前才臨時通知改靠西二號碼頭，雖西二號碼頭當時亦屬國內線客運碼頭，但仍因該旅客中心的設施不夠完善致船長提出嚴重抗議。所以船期分流岔開抵港時間也是一種提高與活用港埠服務能量的權宜方法。此外，郵輪所靠泊的船席長度需要符合安全繫泊（Safe mooring）的條件，也就是與本船船席前、後船舶之間最少應保持相當於本船「船舶全長（Overall length, LOA）」十分之一的安全距離。（參閱圖 7.18）

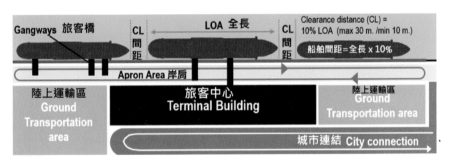

Source: adapted from porteconomicsmanagement.org

圖 7.18　郵輪碼頭、船席與旅客中心的基本配置

其次，如果船舶在趨近或離開船席的過程中需要利用到「迴船區（Turning basins）」，則須規劃一個直徑等於兩倍「船舶全長」，加上些許預防因惡劣天候（Adverse weather）影響所產生船舶操縱誤差預留量的圓形水域，供船舶進行調頭迴轉作業。

作為母港，尚應準備緊急應變計畫（Contingency plans），以便在

極端惡劣天候（Extreme weather）條件或其他緊急情況下能夠安全自旅客中心以各種運輸模式疏散旅客。至於掛靠港，通常較不需要極端天候的應急計畫，因為在預知港口所在海域有嚴酷天候（Inclement weather）情況時，船長基於安全考量通常會做出放棄（Skipping）進港的決定。

為提升郵輪補給物品的裝卸效率，郵輪繫泊（Mooring of cruise vessels）位置的決定原則就是要讓「碼頭前沿區（Maximum wharf frontage area）」最大化，以利後續補給作業的進行。所謂「碼頭前沿區」就是指「岸肩（Apron）」。我國港口的岸肩幅度大都狹窄，短時間也無法改善，因此部分郵輪靠泊碼頭時，如發現前後船席都沒有他船停靠，常會要求稍稍移動船位，讓重要補給邊門儘量接近岸肩相對較寬處，如兩座倉庫之間的間距處，以便作業車輛運轉順暢。

另在某些掛靠港，因需求度不高而疏於基礎建設，難得來港的大郵輪常常被安排靠泊在船席長度比郵輪全長要短的碼頭上（Vessels are moored to piers shorter than the vessel），也就是船身一部分會突出碼頭外，如早期澎湖馬公港就是一例。此種情形常需在碼頭兩端或一端的外海側設置繫纜樁（Dolphins）以供郵輪繫泊使用。（參閱圖 7.19）

此外，郵輪碼頭船席外緣通常要設置碰墊系統（Fender systems）以便吸收郵輪在靠泊碼頭過程中不當衝擊碼頭時所產生的能量，也就是在船舶泊靠時在船身與碼頭之間提供一個柔性緩衝器（Soft buffer）。

繫纜樁

Source: www.cruise-ship-industry.com

圖 7.19　郵輪船艉繫泊在位於海上的繫纜樁上

9. 郵輪碼頭的岸肩區（Apron Area of the Cruise Terminal）：所謂
   岸肩區（Apron Area）乃指自郵輪船邊的作業邊門（Side ports；
   Luggage doors）起量到旅客中心主體建築外緣之間，利用欄杆或
   圍籬等阻隔設施所圍起的區域。（參閱圖 7.20）
   各港口的岸肩區寬度依碼頭的腹地深淺而定，但為方便郵輪裝卸
   貨物與行李，岸肩區的規劃原則是愈寬、愈無障礙物愈好。基本
   上，岸肩區的功用乃是提供下列作業所需的空間：

岸肩區(寬度)

Source: www.cruisemapper

圖 7.20　郵輪碼頭的岸肩區

①碼頭工人作業（Stevedoring services）：包括郵輪離、靠碼頭時的帶解纜作業、旅客行李裝船與卸船、管線連接以及船上廢棄物回收作業等。傳統郵輪港口的行李裝卸作業船通常是採用堆高機（Forklift）進行，因此岸肩寬度應足夠讓堆高機運轉順暢。

②補給作業（Supplying operation）：提供船舶有關旅客、船員、系統與設備所需相關物資與食物上下船的服務。一般船用食物供應（Provisions）都會在郵輪靠好碼頭後立即利用卡車送到船邊，而且供應大型郵輪的送貨車輛多使用大型卡車，因此需要足夠空間讓其裝卸與迴轉以利作業的順暢。除此之外，尚須規劃旅客通往陸上接駁交通工具的通行區，以及部分生鮮食物（Perishable provisions）裝船前的儲存區，以避免食物腐壞。

③供交通載具（遊覽車為主）與裝卸設備進出、迴轉與停車的空間。

④緊急狀況下的車輛進出通道（Emergency vehicle access）。

⑤其他特定用途，如當地商品展示攤位與旅客服務等。

另由於上述作業都需在鄰近郵輪各個邊門（Side opening/ports）的岸肩上進行，而且都是倚賴各種重型車輛與機具作業，因此需與旅客通行區隔開。

10. 岸上旅客舷梯或旅客登船橋（Shore gangway；Passenger boarding bridge）

旅客舷梯的主要功能是作為旅客上、下船的銜接通道，以便讓下船旅客自船上進入旅客中心建築物內，或讓旅客從旅客中心上船，如同機場的空橋（Jetway）一樣，旅客橋是影響郵輪週轉率與旅客上下船效率的重要因素。

旅客登船橋通常裝設在碼頭上的地面軌道上，以便配合郵輪船位移動調整，方便旅客上下船，而非動輒要求十餘萬噸的郵輪配合旅客橋的銜接位置。因為大型郵輪馬力很大，只要主機稍一啟動就會產生很大的位移量，因此要其調整一、二公尺來配合旅客橋位置是很難的。

對大型郵輪而言，每座船席通常需要準備二部岸上全自動化旅客舷梯（Fully automated mobile gangways）讓旅客分流登、離船，以滿足每小時超過 1,000 名旅客通過的需求。當然旅客橋的規格型式並無一定規定，通常由港口方自行設計決定，只要符合提供旅客在所有狀況下都能迅速安全上、下船就可以。

事實上，自從 2001 年 9 月 11 日紐約發生恐怖攻擊事件後，全世界港口的防恐意識與措施大幅提升，尤其涉及旅客人身安全議題，連帶地也讓郵輪旅客橋的設計與規格產生很大的轉變。例如

　　早期的旅客橋多屬封閉性、機動性差乃至欠缺美感的機械結構物。（參閱圖 7.21、7.22、7.23）

圖 7.21　基隆港早期旅客橋（一）

圖 7.22　基隆港早期旅客橋（二）

圖 7.23　　基隆港西岸碼頭於 2018 年啓用的旅客橋（三）

　　時至今日，爲確保旅客上下船，以及在通過旅客橋通道的整個過程都能在保全與工作人員的善意監督下安全通過，一旦發生任何非預期事故就可立即介入採取行動盡速化解，故而新式旅客橋的建構都必須符合強度化、機動化、明亮化、透明化、簡捷化、美感化等基本條件。也唯有如此才能達致郵輪港口防恐、保安、確保旅客安全與福祉的目標。（參閱圖 7.24、7.25、7.26）

Source: www.fmt.se

圖 7.24 簡易透明化旅客橋

圖 7.25 透明化旅客橋

Source: www.cruisecritic.com.au

圖 7.26　簡易透明的旅客橋通道

其次，作為母港可能更需要規劃下列基礎建設與設施，以便應付短時間內同時有多艘大型郵輪同時抵港的服務需求：

①燃油添加（Bunkering for ship refueling）：必須準備多艘容量適當的高效能加油駁船（Bunkering barge）。

②廢棄物回收設施（Waste reception facilities）：諸如含油廢棄物（Oily wastes）、船上產生的垃圾（Garbage from ships）與含油汙水（Sewage）等回收作業。

③飲用水（Potable water）：一艘載客量 3,500 人的郵輪七天行程的平均淡水消耗量約一百四十萬加侖。此等淡水通常是經由船

上的脫鹽淡化系統（desalination systems）所產出的，但因此淡化系統所產生的淡水只能供日常生活所用，而非飲用水，故而郵輪在港口仍會添加少量岸上淡水充當飲食用水。至於「少量」添加岸上淡水的原因就是誘導旅客使用或購買船上販售的瓶裝水。

④陸上電源（Shore energy）：隨著節能減碳的環保意識抬頭，船舶在港期間改接岸電（Shore power），或是添加液化天然瓦斯（Liquefied Natural Gas, LNG）已是無可改變的趨勢，因此設置岸上電源插座與添氣系統是新式郵輪碼頭不可或缺的。必須強調的是，基於前述環保考量，當前新式郵輪紛紛改用液態天然瓦斯作為推進燃料的趨勢，因此做為郵輪的母港應嚴肅評估港口是否要積極設置 LNG 添氣設施以符船方需求，否則終將被郵輪公司捨棄。

7.10 郵輪旅客中心（大樓）（Cruise Terminal Building）

郵輪旅客中心主建築乃是隨著郵輪業務演進所衍生的產物。隨著郵輪市場的成熟，郵輪港口勢必要開始推展建造專以郵輪為使用目的之碼頭建築物，以服務與接待來往的旅客。對於仍處於郵輪發展初始期的港口而言，碼頭的旅客中心通常是臨時搭建的簡易建築物。一般郵輪旅客中心可依結構體分成下列：

1. 臨時郵輪旅客中心（Temporary cruise terminal buildings）：通常適

用於郵輪灣靠艘數較少的港口，亦即只有當郵輪灣靠時才運作。臨時旅客中心的管理業務包括港口一般船舶的航行、泊靠、食物補給、上下旅客以及船舶調度等。因此不能說是專供郵輪使用的，故而常需在同一碼頭依業務類型在可變更的區域現場內設置臨時具備區隔功能（Segregating functions）的簡易設施，諸如紅龍帶（Tape line）、反光交通錐（Traffic cone）等，規劃出郵輪各相關作業區。

2. 可轉換用途的郵輪旅客中心（Convertible cruise terminal buildings）：此類旅客中心建築的主要功能聚焦在觀光接待（Hospitality）、公民市政（Civic）、商業應用（Commercial）、發貨零售（Retail）與倉儲（Warehousing）等。由於此等設施並不是專門供郵輪碼頭、旅客、行李搬運與補給使用的設施，因此在郵輪靠泊前必須備妥諸如標誌（Signage）、（桌椅）家具（Furniture）、隔間材料（Space-dividing material）以及其他旅客通關所需設備，以利郵輪旅客順利上下船，並在船舶離港後拆除之。也因為碼頭上的空間與設施不夠完善，因此包括移民署的證照查驗等通關程序可能要在船上施行。

3. 郵輪專用旅客中心（Purpose-built cruise terminal buildings）：主要強調能夠提供滿足郵輪旅客上船與下船（Disembarkation and embarkation）的所有需求與功能（Entire needs and functionality）。必要時，建築物的部份空間被設計成具備能夠同時分流登船與離船的功能，但最常見的就是，建築物的每一個空間都被設計成具有特定使用功能。當然建築物空間夠大，亦常設置有購物區

（Shopping areas）、自助餐廳（Cafeterias）與餐廳（Restaurants）等輔助用途空間，以增添港口收益。

毫無疑問的，旅客中心的主要設計與作業導向還是以郵輪運作為主要考量，因此旅客上下船空間、休息設施、導引標示與出入境通關流程都要被設計成動線流暢化（Optimize flow），提高旅客的滿意度，人員配置最少化（Minimize staffing levels），以及做好保全措施。結構上，郵輪旅客中心有一層建築或是多層建築（single-story or multi-story）。一層建築的好處是可以與建築物外的開放空間（Open site）相通，特別有利於地面運輸的需求，而且可以免去如樓梯（Stairs）、自動手扶梯（Escalators）、電梯（Elevators）等垂直的核心結構物（Vertical core elements）。反之，一層建築的作業距離（operational distances）常較多層建築長。因此現代的郵輪旅客中心多採多層建築的模式，特別是港區腹地狹窄的大型郵輪母港。因為多層建築正如同機場一樣，可同時分層處理入出境旅客的通關作業。一般入境空間多設置在地面樓層（Ground floor），而出境則設在較高樓層（Upper level）。至於其他多餘樓層尚可規劃成停車場或觀景休憩區。此一設計規劃的好處是出境旅客可被引導至高樓層報到登記並等候登船，至於入境旅客流則可被引導至移民署證照查驗（Immigration check）、提領行李（Baggage pickup）、海關查驗（Customs inspection），進而出關登上地面運輸系統。

值得一提的是，由於旅客中心通常屬於港口主管機關所轄的一部分，並且鄰近港區海邊，因此這些矗立於港邊的孤立建築物，即使沒有郵輪停靠亦不提供做為其他用途使用。此從市港合一資源共享與稀

有公共財充分使用的角度來看，不能不謂是資源閒置乃至浪費公帑。

1. 旅客登、離船過程（Embarkation and Disembarkation Processes）

　　旅客的登船過程（Embarkation process）始於旅客抵達旅客中心時。在母港的情況下，必須提供下列不同空間與服務以利此一過程得以順利進行（to facilitate the process）：

(1) 大門（進場通道）空間（Entrance space）：為旅客抵達旅客中心大樓的集合空間（Gathering space），必須提供足以遮風擋雨、資訊查詢，以及旅客排隊等候辦理登船手續的空間。

(2) 行李辦理空間（Bag/Luggage drop space）：此一空間主要用作旅客行李裝船前的保全檢查（Security check）與安排整理。基本上，旅客行李上船前都要經過 X 光掃描（X-ray scan）偵測，以防止旅客將違禁物品攜帶上船。

(3) 排隊等候區（Queuing space）：包括旅客上船前進行各種檢查關卡所需排隊等候的空間。

(4) 旅客保全管制區（Passenger security controls）：最常見的就屬旅客人身 X 光檢查通道（Passenger X-ray lanes），此一空間的大小依郵輪的艘數、旅客流、尖離峰時刻與航線等因素而定。

(5) 票務空間（Ticketing space）：供旅客在報到登記（Check-in）前辦理並領取船票的空間，因此需要提供等候辦理手續旅客的列隊空間。實務上，常有很多旅客早已經由船公司或旅行社的安排預

先領到船票。

(6) 報到登記區（Check-in area）：郵輪公司或旅行社人員為旅客辦理搭乘指定郵輪行程（Designated cruise trip）的櫃台。由於現代科技的發展，此一作業早已改用掃描旅客腕帶上的電腦條碼（Bar-coded wristbands）進行，因此這一作業空間實際上已被縮減。

(7) 等候區（Waiting areas）：供已完成報到登記手續，但仍需等候開始登船的旅客所需的空間。此一空間應提供足夠的座椅、走動區，以及郵輪公司為旅客提供的行前資訊與業務相關活動的空間。

(8) 登船廊道（Boarding corridors）：旅客完成登船手續自旅客中心前往郵輪的通道。

(9) 員工辦公室（Staff offices）：供港口方的郵輪作業團隊、郵輪公司職員與港口查驗人員處理業管業務的空間。

(10) 貴賓室（VIP lounges）：供貴賓或提供旅客特殊體驗用，如新人舉行婚禮。必須一提的是，由於旅客中心的結構配置（Configuration）是為提供所有郵輪利害關係人的需求而設，因此並不是每個港口都設有完善的貴賓室。

上述每一空間的大小與位置排列（Location orientation），以及服務範圍每一港口不同，亦即不是在每個港口都能找到所有類似安排的空間。例如保全檢查站有時候設在旅客中心大門，亦有設在完成報到登記後。毫無疑問的是，郵輪旅客中心必須提供旅客正向的體驗（Positive experience），故而能夠給登船的旅客留下美好的第一印象（First impression），進而大幅提高郵輪公司的價值，以及日後灣靠本港的意願。

　　至於在母港的旅客離船過程（Disembarkation process）則是始於旅客離船到進入旅客中心建築物之前。為要讓旅客在行程的最後階段留下美好體驗，因此整個流程的設計要以通關時間最小化與流量最大化為首要考量。基本上，在母港為旅客離船過程所提供的各種空間與服務如下：

(1)離船廊道（Disembarking corridors）：旅客自船上前往旅客中心的通道。

(2)海關（Customs）、移民署（Immigration）、檢疫（Quarantine）與港務警察關卡。前三者在實務上以「CIQ」簡稱之，為各國施行國境檢查的最重要機制。

(3)行李擺放（Baggage lay down）：通常位於旅客中心的某一單一大空間。行李（Luggage）通常在旅客離船前會依據甲板的層次分類直接送入行李擺放空間，再依不同旅客團體置於不同區塊。較先進的旅客中心亦會裝設如同機場的行李旋轉盤（Luggage carousels）供旅客方便領取行李。

(4)海關檢查區（Customs areas）：旅客領取行李後前往受檢的空間，通過此關卡就結束整個離船通關過程。

(5)旅客集合空間（Meeting space）：供團體旅客集合或等候陸運交通工具的空間。

(6)免稅店（Duty-free shops）：僅限郵輪旅客消費的免稅店。掛靠港通常亦會建立本身的免稅商品業務，以迎合到港郵輪的需求。

　　至於在掛靠港，登、離船的過程通常較為單純，因為旅客勿須像在母港一樣攜帶行李。而且因為旅客在港停留時間只有幾個小時，

所以常常沒有設置專爲接待旅客使用的建築物。在沒有旅客中心的情況下，最常見的就是港口方會在碼頭旁的開放空間提供旅客集合等候用，而旅客經由船上舷梯（Gangway）下船後就可直接搭車或步行往返景點或市區。（參閱圖 7.27）

Source: adapted from cruisewow.blogspot.com

圖 7.27　旅客經由船上舷梯下船

2. 陸運（接駁）交通區（Ground Transportation area）

郵輪旅客中心的陸運交通區乃是指郵輪旅客搭乘的所有各種交通工具抵達旅客中心的區域。當然也是離船旅客搭乘所有交通工具（通常是經由公路與鐵路系統）返家的聚集或等候區域。

　　由於單一郵輪的大量旅客會帶來數量龐大的陸運需求，因此陸運交通是旅客中心最重要的功能之一。又由於交通運輸須符合快速、安全與有效的來往旅客中心與市區或景點之間，因此陸運交通區必須設置於鄰近旅客中心主建築處。通常陸運交通區應包括下列空間：

(1) 遊覽車停車場（Coach parking）：專供由港口公司或郵輪公司提供的接駁車，或是由船方或旅行社安排的觀光遊覽車停車的場地。

(2) 計程車排班區（Taxi queuing area）：須具備有利於旅客從容上下車的舒適空間。

(3) 車輛臨停區（Drop-off spaces）：供自行駕車旅客上下的短暫臨停區。

(4) 停車場（Parking spaces）：供自行開車前往碼頭登船的旅客停車使用。

　　至於旅客中心指定給陸運交通使用的空間大小的主要考量依據為：

(1) 抵港郵輪的型式（Type of cruise vessel）；大型郵輪在掛靠港所採用的陸運交通模式主要為巴士與接駁車（Buses and shuttles）。如在母港，則是以計程車與私人車輛為主。必須一提的是，國內郵輪團客盛行的模式還是以旅行社提供的遊覽車為主。

(2) 港口城市的距離（Port-city distance）：當郵輪碼頭或旅客中心坐落於大都會區（Metropolitan district）的情況下，大部分的旅客可能步行進入市區，但這要看人行步道（Pedestrian corridors）的規劃完善與否而定。當然如市區距離較遠則要搭乘接駁車。

(3) 可利用的運輸系統（Transport systems available）：因為鄰近旅客

中心有多種運輸模式與服務，諸如停車場、機場與火車站的銜接等，凡此都須列入考慮。

(4)其他：當地的環保規定與要求恐會影響設計標準。由於旅客中心通常都接近高溫與高排放反覆循環（Recurrent）區，因此多會在陸運交通區設置空調系統。相對於此，由於旅客中心屬保全風險傾向（prone to security risks）區，因而必須確保此區域的安全與保全措施完備無虞。

很顯然的，除了上述有助於改善旅客流與動線的基礎設施必須不斷精進外，現代版的郵輪旅客中心更要顧及周邊正在建設，以及未來將施行的岸際都市工程計畫，以免日後陷入與整體美感格格不入的窘況。

在許多港口，岸際景觀改造（Land reclamation）、零售商、餐廳與飯店同屬重要，故而才會有不同類型的多用途旅客中心的出現。也因為旅客中心服務對象是旅客，故而旅客中心的設計必須是以「人際友善（People-friendly）」而非「貨物友善（Cargo friendly）為最高原則，因此亦須考慮可對大眾開放從事有助於港市繁榮活動的選項，特別是受季節性影響的港口，每年只有幾個月才有郵輪進港泊靠，更應設計讓港口所在地居民能夠在郵輪淡季期間充分使用旅客中心。

必須強調的是，郵輪港口與旅客中心基礎建設的開發過程常較建造一艘新型郵輪還要長，這意味著港口的建設永遠趕不上郵輪容量與設計不斷創新的建造趨勢。因此港口方對於旅客中心的投資務必審慎評估更要有些許保留，以免時移勢轉商機不再後，徒讓富麗堂皇的旅客中心淪為閒置的蚊子館。

7.11 借鏡

　　談到郵輪港口或客船碼頭，乃至郵輪旅客中心的設計與建構，就不得提到全球最大的郵輪港口──邁阿密。我們知道自 1966 年起，商貿發達人文薈萃的紐約港一直被尊為美國第一大客運港，但卻在 1974 年被邁阿密港取代，並一直保持至今。可見「第一大港」的尊稱是會時移勢轉的，故而港口營運機關無不戰戰兢兢想方設法以維持既有地位與排名於不墜。而此兩港口排名更迭的演變更是所有郵輪港口營運或管理者的最佳參考與警惕借鏡。（參閱圖 7.28、7.29）

Source: sc4devotion.com

圖 7.28　紐約港客船碼頭

圖 7.29　邁阿密港郵輪碼頭

　　邁阿密港位於佛羅里達半島的比斯坎灣（Biscayne Bay），在航線規劃上具有地理優勢，因為其周邊溫暖天氣之目的地都位於約二至三天的航程距離圈內，此點和基隆港與周邊港口都位於一天航程距離圈內類似。此外，因為自邁阿密港向南航行前往加勒比海的航程途中，郵輪都在巴哈馬群島的下風側（Leeward/Downwind）航行，這些呈西北至東南走向的群島恰可為郵輪遮掩來自北大西洋的洶湧波濤。（參閱圖 7.30）

　　事實上，邁阿密港在取代紐約港的過程中亦曾遭遇過瓶頸，因為來自美國東北部的旅客欲前往邁阿密必須搭乘飛機，但這不是紐約人的習慣，紐約客總希望帥氣地開車直接去碼頭登船，因此總部設於邁阿密的郵輪公司很難打入紐約郵輪市場。此一旅客習慣迫使邁阿密的郵輪公司不再鎖定傳統的紐約郵輪客群，改而轉向追逐喜愛「機加船

（Fly cruise）」模式的度假者，進而突破困局。

圖 7.30　巴哈馬群島為郵輪產生遮風擋浪的功能

　　直到 2004 年，紐約、美國東北部與加拿大的少數港口仍然是航行百慕達、加勒比海郵輪的季節性灣靠港口。但在同年，挪威郵輪公司（NCL）首次從紐約開始全年無休地運航，這意味著在冬季出發時，甲板上偶爾會有幾英寸厚的積雪，以及出港就要面對狂風巨浪。這正如同麗星郵輪寶瓶星號於 2015～2018 年間全無休的開闢以基隆港為母港的台日航線一樣，冬季東北季風波濤洶湧常迫使船長因旅客不達百人或不適航行而臨時取消航程。顯然開闢惡劣天候季節的航程是有營運風險的。

　　然而經過具指標性的冠達郵輪（Cunard）在布魯克林為「瑪麗皇后二世」建造了一個小型停靠點，皇家加勒比也在新澤西州投資郵輪碼頭設施，加諸 2001 年 911 恐攻事件後，許多紐約客對搭乘飛機心存疑慮，這給了紐約港復興的機會，究竟從紐約乘船旅行很方便，而且費用比航空旅行便宜。但紐約作為跨大西洋旅遊中心和世界郵輪之都的日子卻因多數旅客的旅遊習慣改變，以及無可改變的季節性限制早已一去不復返。

　　可以確認的，至少目前佛羅里達州仍然是世界郵輪之都，並將在可預見的未來繼續保有其不可取代的地位，只不過現實市場沒有什麼是永恆的。須知郵輪與陸上飯店不同，可以隨著新港口的發展、船舶的重新部署以及新闢母港的基礎設施的發展而移動。事實上，自 911 事件以來，因應郵輪公司的需求，美國已開闢更多郵輪母港，以滿足人們對更多離家不遠的港口的需求。

　　毫無疑問地，欲作為國際郵輪母港的最基本條件就是要有完善的基礎設施與硬體設施，環顧晚近世界各國建造的郵輪碼頭與旅客中心，不乏求大求高標新立異者，但效能與實用性卻一再面臨挑戰，顯然郵輪碼頭與旅客中心的問題在於港口方究竟要具備什麼樣的硬體設施才能滿足郵輪方的滿意，而非由港口方主觀的憑空推定。以 2022 年建造中的邁阿密第四座郵輪旅客中心為例，就是一座設計成極有特色的建築（Distinctive architecture），企圖讓邁阿密的天際線與港口更為顯著。（參閱圖 7.31）

圖 7.31　　邁阿密新建郵輪旅客中心

　　新郵輪碼頭是由 MSC 郵輪公司與邁阿密港口公司合資約三億八千萬美元興建，2023 年完工後成為北美最大的郵輪碼頭。港口公司選擇與大型郵輪公司合作的開發案，旨在確保碼頭的基本使用率，降低閒置風險。負責建造的芬坎蒂尼基礎設施（Fincantieri Infrastructure）公司與位於第里雅斯特的義大利造船公司，同屬一家跨國公司，後者為世界第四大的造船公司。此計畫在 2019 年 4 月經邁阿密戴德縣委員會（Miami-Dade commission）核准，MSC 公司同意租賃這一塊位於道奇島（Dodge Island）東端遠離先前郵輪專用碼頭的土地五十年。（參閱圖 7.32、7.33）

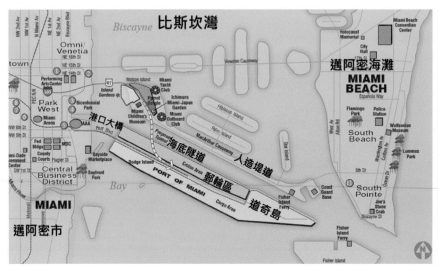

圖 7.32 邁阿密新建郵輪碼頭位置

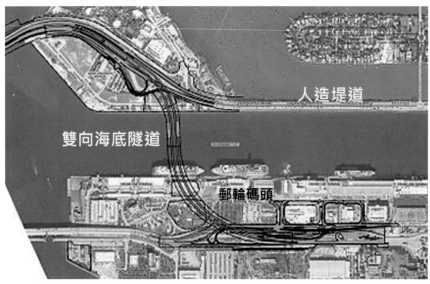

圖 7.33 邁阿密郵輪碼頭與邁阿密港大橋鳥瞰

　　本開發案由邁阿密戴德縣政府承擔 800 萬美元的選址基礎設施改善工程以支持郵輪碼頭的發展，而 MSC 則負責航道與碼頭周邊水域的濬深作業（Dredging operation）。此外，MSC 公司在合約生效的第一年免付租金（Pay no rent），第二年的租金自 1,520 萬美元起跳，之後 30 年每年租金增加 3%。另一方面，如果單一年度 MSC 的旅客超過 250 萬人，則 MSC 僅需支付每名旅客 6 美元的港口稅。

　　新郵輪碼頭有四層樓高，總面積 490,000 平方呎，每天可容納 36,000 名旅客。碼頭設有三座船席（Berth），其中兩座為 MSC 專為其船長 2,460 呎的新造郵輪量身打造的專用碼頭。第三座船席則由邁阿密戴德縣政府負責建造，日後可供其他公司的郵輪泊靠。

　　新郵輪碼頭由 Arquitectonica 建築公司設計【註 12】，設計主軸聚焦於 MSC 郵輪公司在法國建造，總噸位達 208,000，並以液態天然瓦斯為燃料的最大型新船。因此碼頭設計不僅訴求獨特外觀（Unique external appearance），並採用最新的環保科技（Environmental technologies）理念。

【註 12】
　　ARQUITECTONICA 是西班牙文，意思為「建築」的意思。ARQUITECTONICA 事務所是由兩位建築師也是一對夫妻所聯合組成的事務所，分別為祕魯裔美國籍的福特・柏瑞西亞，（Barnardo，FORT-BRESCIA）和美國籍的史畢兒。

　　郵輪碼頭除保留辦公室空間外，更設計有多層的停車場（Parking garage），可以容納 2,400 輛汽車。碼頭設計有專供裝、卸補給

品與行李的空間（Dedicated loading and unloading areas），以及為旅客保留方便進出的通道與空間。其他基礎建設的改善包括道路（Roadways），以及設置專供停泊郵輪使用的岸電插座（Shoreside electrical power plug）。因為船舶進港泊靠碼頭後依規定必須將船上主機與輔機（發電機）停止運轉（Main and auxiliary engines are turned off），並改用岸電（Shore power）已是必然的環保規範趨勢。此一將船電改為岸電的過程稱為「冷燙（Cold ironing）」或岸接（Shore connection）。岸電所提供的電力除必須滿足船舶裝，卸貨作業負荷外，尚須確保船舶的緊急設備、冷（藏）凍、船機冷卻、加熱與照明設備能夠正常運轉。

MSC 新造的郵輪碼頭稱為 AA 碼頭（Terminal AA），緊鄰著皇家加勒比集團（Royal Caribbean Group）先前建造的新式郵輪碼頭，而挪威郵輪公司（Norwegian Cruise Line）新造的郵輪碼頭已在 2021 年投入營運。至於道奇島最西端靠近邁阿密大橋的碼頭則是由維京郵輪公司（Virgin Cruises）建造。面對各大郵輪公司紛紛投資建造新式郵輪碼頭，嘉年華郵輪公司（Carnival Cruise Line）為保持競爭力亦在 2022 年重新改建其專用碼頭 Terminal F。

從邁阿密港的經驗，我們可以看出要成功打造國際郵輪港口的先決條件就是港口管理機關或公司應先營造「集市」的氛圍與條件，才能吸引郵輪公司將屬輪配置並灣靠。其次，除了基於風險分攤與資金考量外，郵輪公司對於郵輪碼頭與旅客中心的投資與建造都有很深的介入，究竟只有郵輪公司最知道它本身的需求是什麼？

又從上述建築趨勢來看，郵輪碼頭與旅客中心的建築除了講求具

地方特色外觀或藝術創作外，最主要的還是在強調其功能性，而非在碼頭上胡建亂蓋的堆疊一座座整體景觀不搭配的摩天大樓。

　　值得一提的是，近代以來，引領全球郵輪碼頭重建風騷者當屬日本橫濱港於 2002 完工使用的「大棧橋國際客船碼頭（橫濱港大さん橋国際客船ターミナル；Osanbashi Yokohama international passenger terminal）」，該座客船碼頭獨特的造型設計與嶄新的美術結構空間，成爲最足以代表日本文化與內涵的港口。（參閱圖 7.34、7.35）

　　大棧橋國際客船碼頭可以同時靠泊四艘三萬總噸級與二艘七萬總噸級的郵輪。因此除了以橫濱港爲母港的日本籍郵輪「飛鳥II」外，也吸引世界各國的郵輪前來灣靠。碼頭的一樓設有可以容納 400 輛汽車的停車場，二樓則是海關、移民局、檢疫局聯合辦公室與旅客出入

圖 7.34　日本橫濱港大棧橋國際客船碼頭（一）

圖 7.35　日本橫濱港大棧橋國際客船碼頭（二）

境大廳。頂樓則是廣場與接送旅客的露台。碼頭距離市中心甚近且交通方便，著名景點如山下公園、中華街、紅磚倉庫都在徒步區內，有利於停泊時間短暫的郵輪觀光客就近旅遊。

　　值得同為亞熱帶國家台灣參考的是，大棧橋郵輪碼頭的設計考慮到八月份是日本最熱的季節，加諸熱島效應（Heat-island effect）更讓都市變得酷熱難耐（Relentless），位於西日本的城市夏天每有超過 40℃的高溫紀錄，因此人們寧願整天待在空調室內。為防止中暑，許多民眾都利用傍晚時分來到海邊享受夏季微風，而大棧橋郵輪碼頭就是首選。因為大棧橋郵輪碼頭的屋頂採用木材地板，而且大部分地板都覆蓋以草坪（Lawn）。旅客中心屋頂的波浪造型（Wavy shape）又被橫濱市民稱為「座頭鯨的背脊（The back of a humpback whale）」，市民大都選在曙光時段攜家帶眷或男女情侶坐在屋頂較

高的草坪上觀賞「港口奇蹟（Minato Mirai）」的完美景觀，尤其是週末或假期常常人潮擁擠。屋頂同時也設有速簡餐廳（Snack bar），旅客常常購買簡單餐飲在附近的座椅上享受美景與美食。這與國內港口市民要親海近海觀看郵輪困難重重對照，誠令同為海島國家子民的我們汗顏。（參閱圖 7.36）

圖 7.36　日本橫濱港大棧橋國際客船碼頭屋頂觀景台

自從 2003 年起大棧橋碼頭就成為日本最繁忙的客船碼頭，目前每年約有 140 艘大型郵輪灣靠大棧橋郵輪碼頭。

回顧台灣各大商港長期以來一直欠缺功能性的旅客中心，直至 2019 年基隆港東岸旅客中心完工後，總算擁有一座多功能郵輪專用碼頭與旅客中心，而且新建旅客中心多少可以看到師承橫濱港大棧橋

郵輪碼頭波浪造型屋頂與綠化植栽的影子。可惜客運碼頭周邊連續到擴建後的海洋廣場盡是水泥、不鏽鋼與塑化構物的混合搭配，植栽綠化嚴重不足，殊為可惜。（參閱圖 7.37、7.38）

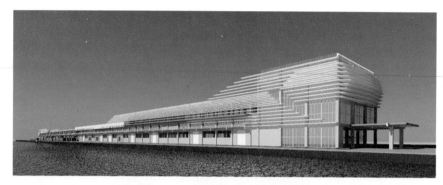

圖 7.37　基隆港東岸旅客碼頭

圖 7.38　基隆港東岸郵輪旅客中心

※ 溫馨提醒（Friendly Reminders）

1. 由於各郵輪公司間的激烈競爭，東亞國家面臨的問題之一就是有太多郵輪於同一天抵港。

   With competition rife between the cruise lines, one of the problems facing some east Asian countries is having too many vessels in port on the same day.

2. 由於郵輪所載運「貨載（人）」的敏感性，因而不容許有任何錯誤發生。

   Given the sensitive nature of the cargo（passengers）that these vessels carry, we cannot afford any mistakes.

3. 郵輪噸位與旅客數的成長，使得郵輪公司在需求端更需要船務代理業的協助。但此同時也給予船務代理業扮演海運鏈中最具價值的一環的機會。

   Growing in size and passenger volume, the cruise business represents one of the most demanding sectors for a ship agent to work in. But it also gives agents a chance to show off why they are an invaluable link in the shipping chain.

第八章 郵輪的操縱運轉

8.1 郵輪操縱運轉的特質

郵輪營運之主要目的在於為旅客提供舒適的海上旅遊與娛樂環境，為達此目的，郵輪在航行運轉，乃至錨泊時所產生的噪音、震動以及搖晃的程度應盡可能減至最低，始能達致旅客沒有感覺置身海上漂泊的理想境界。

因此，除了整體船體設計要力求安全無虞與高穩定性（High stability）外，操船者更要牢記以客為尊的操船（Ship-handling）守則。然而海上環境多變，且常非人力所能掌握者，因此欲完全消除外在因素的影響似乎也不可能，只能盡力而為。毫無疑問地，若排除外力因素，則欲讓船舶平穩航行還是要倚賴經驗豐富的資深船長與駕駛員的專業技術。

從維護旅客安全與舒適感的角度來看，要安全（Safely）且精準的（Precisely）操縱當前的大型郵輪最大的挑戰之一就是欲如何以最適當且切實可行的速度（Best practical speed），讓郵輪在航行或轉向時產生的傾斜角度（Angle of heel）降至最低。因為如果無法達致此基本要求，可能導致船艙內的物品移動，進而造成損壞與人員的受傷，甚至引發旅客對船方提出法律求償訴訟。例如郵輪採取無預警大

幅度轉向動作，因水線下船體阻力分布生變致船身傾斜或搖晃，造成正在取餐或爬梯的銀髮族旅客摔傷就是最常發生的案例。基本上，儘管每艘郵輪的船型與操縱特性不同，但只要傾斜角度（Degrees of heel）超過 2 或 3 度都是無法接受的（Unacceptable）。這也是郵輪不同於一般貨船的操縱習慣，因此除了緊急或偶發狀況以外，郵輪轉向時務必以較小的舵角（Rudder angle）分次為之，以免船體傾斜過度造成旅客的有感不適。

為防範上述航行中船體過度傾斜，新式郵輪都會在船體兩舷裝置「鰭狀穩定器（Fin stabilizer）」，其功能猶如飛機的翼板（Wing flap），藉由自水下兩舷伸出穩定器翼片，產生水阻效用，使船體搖擺幅度降至最低，以確保船上旅客作息活動正常，並減少旅客的不舒適感或暈船。因此穩定器只有在船舶遭遇風浪時才會使用，而在郵輪進入港口前就要回收，以免形成航行阻礙。（參閱圖 8.1、8.2、8.3）

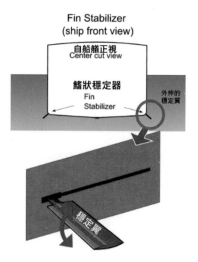

圖 8.1　鰭狀穩定器動作示意圖

圖 8.2　鰭狀穩定器構造示意圖

圖 8.3　從甲板上觀看水下外伸的鰭狀穩定器

　　目前新式郵輪都使用「陀螺儀式穩定器」（Gyroscopic stabilizer），可由船上控制系統針對當下的風力與海況自動調整。並可藉由油壓系統（Hydraulic systems）將穩定器收回船殼內，以便精確的泊靠碼頭位置。常見穩定器的種類如下：

1. 傳統式穩定器（Traditional ship stabilizer）：也就是「舭龍骨（Bilge Keel）」。位於船底船殼彎曲處，主要靠其物理阻力（Physical resistance）降低橫搖壓力。

2. 固定式穩定器（Fixed stabilizer type）：位於兩舷艏、艉處，外伸程度較傳統式穩定器大。不利於船舶的操縱性，泊靠碼頭需要與碼頭保持較大間隔。

3. 陀螺儀式穩定器（Gyroscopic stabilizer）：目前郵輪普遍使用者。

　　一般裝有鰭狀穩定器的郵輪會在穩定器所在位置水線上方的船殼上標示如下標誌，以提醒附近的船舶注意並保持距離通過。（參閱圖8.4）

圖 8.4　船舷標示的鰭狀穩定器標誌

　　另一方面，隨著資通訊科技的精進，多數航海儀器的顯示功能已從類比進化到數位，加諸附有警示功能，因此駕駛員從早期主動的（Proactive）定時依據實境變化採取航行作為，演進至當前駕駛員只能被動的（Passive）等候儀器的警報蜂鳴器示警才會有反應作為，結果造成大部分的郵輪駕駛員寧願坐在舒適的人體工學座椅上採取自動模式（Hand-off mode）讓船舶依據預先設定在慣性航行系統（Inertia navigation system, INS）的航路航行，而不願憑藉自身固有的航海技能行事。

　　最常見的郵輪操縱實務情境就是由經過職前航行操縱訓練的郵輪駕駛員，在船長監督與引水人建議的情況下，使用船上的軌跡控制（自動引航）系統的「軌跡模式（Track Mode）」操控船舶進港，及至抵達船席位置將船停止下來，然後再利用扳動「小舵輪（Mini wheel）」，配合側推器／操縱桿（Lateral thrusters/pods）的操作將船靠泊碼頭。

　　所謂「軌跡模式」就是利用郵輪駕駛台的雷達螢幕，或是電子海圖顯示與資訊系統（ECDIS）上的設定計畫軌跡線（Track line），以及每一個轉向點的迴轉半徑（Radius of turn）作為船舶操縱依據。例如船舶欲轉向時，雷達幕上的軌跡線顯示出一段代表預先演算的軌跡弧線（Arc in the Projected path），當船舶抵達弧線的起始點時即可開始用舵轉向，如果發現轉向後的推算軌跡不如預期，就可立即修正用舵的角度，以便與預期的軌跡吻合。這一方法是利用預先設定的船速（Pre-determined speed），以及迴轉半徑與迴轉率（Rate of turn）等參數計算完成的，也就是船舶的轉向幅度與速度快慢要完全依賴雷達

或電子海圖顯示系統的預算功能（Fully depend upon predictor function Of ECDIS）。筆者認為此法是操船者透過對本船操縱性能的熟悉度所採行的「經驗值增減法（Experience point depends upon increase and decrease method）」，猶如電動遊戲一樣的純靠手感闖關。（參閱圖8.5、8.6、8.7）

　　此種操作模式完全略過了傳統上操船指揮者對舵工（Quarter master）的操舵需求，以及引水人扮演的引航與顧問的角色。郵輪公司樂於採行此一航行模式的原因不外：

1. 船舶只要遵循預先計畫的電子軌跡控制（Electronic track control of pre-planned），並行駛於經徹底查察與核准的航路就可安全航行。

2. 駕駛台團隊成員在操船過程中，從傳統航海上奔走於各種航儀與

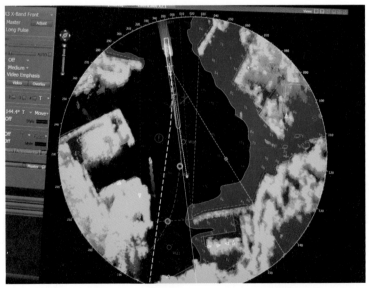

圖 8.5　駕駛員依賴雷達系統的預算功能轉向（一）

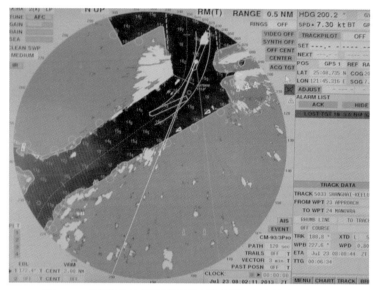

圖 8.6　駕駛員依賴雷達系統的預算功能轉向（二）

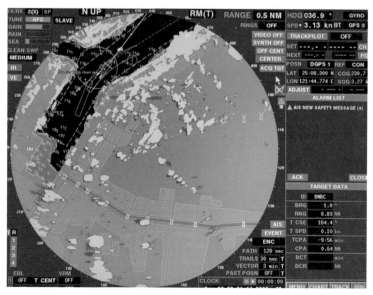

圖 8.7　駕駛員依賴雷達系統的預算功能轉向（三）

海圖桌間的積極定位者，轉換成被動的航儀顯示器監督者（航行軌跡）角色，因而允許其有更多時間聚焦於各種電子航儀所顯示的當下船位所在與相關運動資訊。更重要的是，駕駛員可以預期（預設的時間單位）船舶運動軌跡與船位所在。

3. 讓駕駛台成為更安靜的處所，故而團隊可以專心於船舶運動的實際回應，直到改採手操（泊靠）模式（Hand mode）的最後階段為止。

　　很顯然地，當下的郵輪船長與駕駛台團隊成員幾乎完全跳脫傳統航海實務運作，質變成僅靠航儀顯像與數據行事的「航儀航海家（Instrument navigators）」，此從目前郵輪進出港口，駕駛台團隊人人緊盯各種航儀的螢幕顯示器即可印證。（參閱圖 8.8、8.9）

圖 8.8　郵輪駕駛員成為被動的航儀顯示器監督者

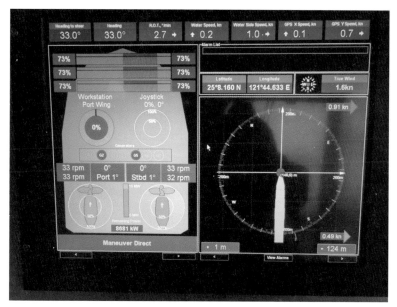

圖 8.9　郵輪駕駛員高度倚賴航儀的顯像與數據操縱船舶

　　對時下年輕一代的駕駛員而言，大都對電子航儀抱持肯定態度，但從郵輪不容稍有疏失的角度來看，以電子航儀資訊做為操船參考雖頗具價值，但還是有些許限制性（Restrictive），因為電子訊號的傳輸或有延遲，例如利用航儀操縱船舶轉向的前置條件是轉向前船位必須保持或接近於預先設定的軌跡上，而且是以預先設定的船速航行，但實務上在轉向前，此兩航行要件常常都不存在。所以為求謹慎起見，仍應以目視操船為主，航儀參考為輔，尤其在需要採取連續操船動作的狹窄水域或港區內更應如此。

8.2 船型的設計

早期的郵輪設計，阻力與推進專家都致力於船殼形狀最佳化（Hull form optimisation）的研究，並提供速度／馬力績效預測（Speed-power performance prediction），期以在降低油耗的前提下，又能提升船舶速度。因為對郵輪公司或運航人而言，在大洋中的波浪狀態下仍能保有持續穩定的速度（Sustained speed），以及保持船期準班（On schedule）的能力，都是營運上最重要的。因此當吾人在評判郵輪的操縱特性時，不僅要確認符合主關機關所規定的基本要求外，同時要聚焦於船舶的用途特性（Characteristics associated with the mission of the ship），例如郵輪在操縱時不能產生較大的傾斜角（Large heeling angles），而且在港內運轉時可以無需外力協助即可自力操縱就是。

至於船舶的穩定性（Stability）方面，在過去數十年郵輪的設計產生變化最大的就是將客房從船艙內部移往上層建築物，並應旅客的需求與商業觀點為客房加建露台（Balcony），因為此等客房的房價比位於艙內的客房高，因而可以讓郵輪公司增加收益。然而愈建愈高的船艙與客房，勢必提升船舶的整體重心（Center of gravity）高度，結果可能造成整體重量分布呈現上重下輕的狀態，因而降低了船舶的穩定性。

如前所述，為增添旅客在船期間的舒適感與樂趣，新式郵輪主甲板上的各層客房都設有具備露台的客房，然而露台的設置卻在船舶操縱上產生負面的影響，吾人稱其為「露台效應（Balcony effect）」。

此乃因爲顧及旅客的隱私，船方會在相鄰客房之陽台間都設有隔板，但是此等陽台的內凹設計與單舷數百片隔板，都會產生風阻效應，如果風向自正船艏或正船艉方向吹來影響不會太大，反之，如果風從相對於船體縱向中央線的某一角度吹來，勢必會產生駛帆（伯努利效應）作用，亦即風力無法隨傳統船體的流線快速消散，因此增加風壓效力，致使船速不易減緩，或生無預期偏轉（Unpredictable sheer）而更難操縱。（參閱圖 8.10）

圖 8.10　郵輪客房露台的隔板產生露台效應

從實務經驗得知，大型郵輪最怕風從船舶的縱向中央線左右約 30° 方向來風，因爲自單舷吹入各上層客房露台隔板的風，會嚴重影

響操船。在港外遇此狀況的對應之道只有調整航向以改變船舶受風角度或加速克服；反之，如在港內只有及早減速多留操船餘裕，並借由拖船與橫向推進器（Lateral thruster）的協助克服之。

　　另一方面，由於郵輪的上層建築（Superstructure）成連續性構造，因此駕駛台被迫設於近船艏處以利航行瞭望。（參閱圖 8.11、8.12）

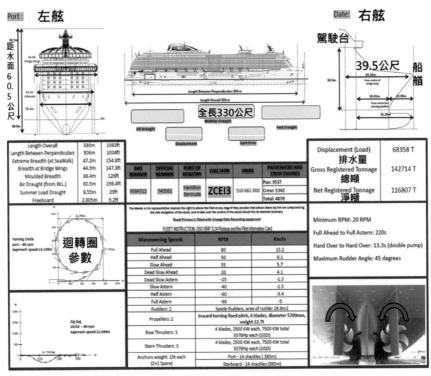

圖 8.11　郵輪引航卡顯示駕駛台位於近船艏處（一）

圖 8.12　　郵輪駕駛台位於近船艏處（二）

也因為郵輪駕駛台位於近船艏處，因此操縱郵輪進出港口或避讓他船時最需注意者就是郵輪的「甩艉」幅度特別大。此乃因為船舶在前進行駛中，船舶的迴旋支點（Pivoting Point）會隨著船速的增加由靜止中約位於船舯處，往前移至距離船艏約三分之一船長處。因此只要郵輪採取轉向操作，或遭遇橫向水流與風壓，則駕駛台後段的船身就會大幅度偏離既定的航跡線，亦即整體船身成斜向前進。

俗語常說：「頭過身就過！」，但對郵輪而言則是「頭過身不一定過！」。（參閱圖 8.13、8.14）

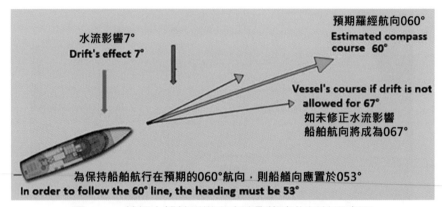

圖 8.13　航行中船舶受橫向水流影響產生偏航示意圖

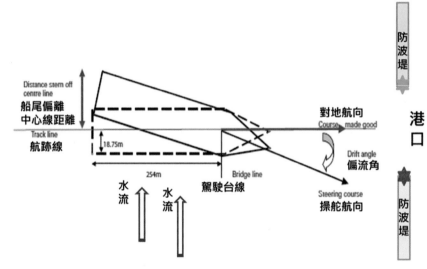

圖 8.14　郵輪進港受橫向水流影響產生「甩艉」現象

　　因此當郵輪進出港口通過港口防波堤或是在航道、河道內作大幅度轉向時，一定要指派專人在駕駛台翼側觀察欲轉向的反向側船艉

「甩艉」的態勢，以確保船艉可以安全通過障礙物。觀測者如發現「甩艉」幅度或趨勢太大，就應及時告知「航行員」降低迴轉速率（Rate of turn）。（參閱圖 8.15、8.16、8.17）

圖 8.15　郵輪在港區內轉向操作

圖 8.16　郵輪船艉朝轉向的反側甩出（一）

圖 8.17　郵輪船艉朝轉向的反側甩出（二）

8.3 穩定性（Ship Stability）

在過去數十年間，郵輪的設計產生巨大的變化，而變化最大的就是將客房從船艙內部移往上層建築，並應旅客的需求與商業觀點加建陽台。但此舉卻讓船舶的總高度（Overall height）大幅增加，並使船舶較易遭受橫風與橫浪（Side wind and waves）的影響。此促使人們必須更為關切新式郵輪在惡劣天候下的「穩定性（Stability）」。因為現代的郵輪在水面上的船體較水面下大，故而可能產生「頭重腳輕（Top-heavy）」的負面後果。

船舶穩定性，又稱「復原性」，係指船舶受外力作用而偏離其正浮平衡（Upright）位置而生傾斜，而當外力消失後即能恢復到原來平衡位置的能力。具有此種能力的船舶稱為「穩定的（Stable）」，否則就是「不穩定的（Unstable）」。

儘管現代大型郵輪存有大面積的上層建築物（Superstructure），但其質量中心（Center of mass）是相對的低。此乃因為造船廠設計了大量的開放空間（Open spaces）與廣泛使用鋁質材料使然，也就是在郵輪的上層船體部分使用高張力鋼（High-strength steel）與其他輕質材料（Lightweight materials）。而實際上船體最重的單元，如主機、螺旋槳推進器、燃油櫃等，都位於船體的較低層。因此，即使現代郵輪都呈現頭重腳輕的外貌，但經由適當的重量配置，皆可確保其不會發生重心過高致穩定性不足的現象。再者，大型郵輪大多船型較寬，其可因此促使穩心高度（Metacentric height）的增加而大幅增加其起

始穩定度（Initial stability），尤其增加船寬對增加大角度傾斜時的恢復力臂產生很大的作用。因此除非有船體嚴重破損或其他重大破壞性事故發生，否則旅客勿庸擔心現代大型郵輪有重心不穩的問題。

必須一提的是，儘管大多數郵輪都裝置有穩定翼期以降低惡劣天候下的船體橫搖幅度，顯然穩定翼的主要目的是要讓旅客舒服些，但並無助於改善船舶的完整穩定性（Overall intact stability）。故而即使郵輪裝設有穩定翼，仍須遵守所有的穩定性要求。（參閱圖 8.18）

Source: www.pinterest.com

圖 8.18　相對於鐵達尼號的現代大型郵輪

8.4 郵輪推進系統革命

　　由於郵輪具有季節性移航特質，因此必須能夠在各種差異極大的船舶操作環境（Widely varying operational conditions）下獨立自主地操作（Operate independently），使得郵輪迫切需要提升其在港口內的操縱能力（Harbour manoeuvring capability），此乃因為港區內操縱船舶不同於開放大洋，大洋中水域廣闊，船長可使用全功率輸出破浪前行，反之在港區內則因水域受限，必須緩輪慢行。而緩輪慢行的結果就是船舶的俥、舵效能降低，連帶的降低船舶的操縱性能，因為傳統船舶的舵效與推進器（螺旋槳）排出流的速度平方成正比，也就是排出流愈強方向控制性愈好。另一方面，由於船速放緩時，船舶更易遭受外力（風、流）的影響，尤其現代化大型郵輪的水線上受風（側）面積極大，遭受風壓的影響更大，因此提升郵輪在港區內的操縱能力已成為現代郵輪設計上的核心課題。

　　猶記得 2012 年 8 月 31 日貴為當時亞洲最大型郵輪，皇家加勒比郵輪公司所屬「海洋航行者（Voyager of the Seas）」首航基隆港，筆者登船執行進港引航業務。該輪總噸 137,276，船長 311 公尺，吃水 9.1 公尺，筆者在港外登船後，船長將船速降至 8 節，經研判風力與該船的受風面積，加上鄰近港口處的強勁橫向落潮流影響，筆者建議船長將船速加至 11 節，始可安全通過防波堤進港。但筆者同時表達擔心船速太快，進港後恐因慣性太大無法將船停住。因為即使使用循環用舵法（Rudder cycling），一般船舶的停止距（Stopping distance），至少也要 6～7 倍船長。而基隆港港口防坡堤堤口至東岸貨櫃碼頭的縱向距離也只有 1,350 公尺，就是只有「海洋航行者」船長的 4.3 倍長度，顯然來不及停船，而且可能會撞到東岸貨櫃碼頭，何況本船要採用 11 節的船速進港。（參閱圖 8.19、8.20）

　　船長針對我的質疑回應：「沒有問題。本船推進系統採用「Azi-Pod electric propulsion system（全方位電力推進系統）」，又稱「吊艙型全方位（螺旋梭體）推進系統」，簡稱「AZIPODS」。至此，筆者才理解船長為何老神在在，毫無懸念的接受筆者加俥的建議並立即執行，因為該船裝置了不同於傳統船舶的推進系統，這也是第一艘配

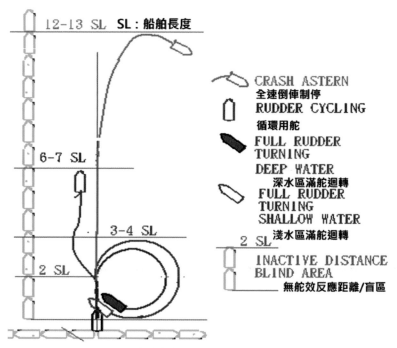

圖 8.19　行進中船舶使用不同方法的停止距離

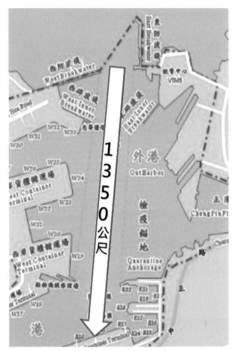

圖 8.20　基隆港堤口至東岸貨櫃碼頭距離

置「AZIPODS」的郵輪抵達基隆港，算是開啓國內郵輪操縱史上的新紀元，其後隨之來港的大型郵輪亦皆配置類似推進系統。

　　我們知道船舶並非如同汽車具有刹車系統，如要使船舶停止下來，除了拋錨以外，就是要利用主機倒俥反轉螺旋槳，產生逆向俥葉排出流（Reverse propeller discharge current），以逐漸減低船舶的前進慣性，及至完全停止。然而傳統船舶柴油內燃機（Diesel engine）推進系統，一旦藉由螺旋槳轉速（Revolution Per Minute, RPM）的增加將船速建立起來之後，即使採取停俥動作，船舶也無法立即停止。因爲當操船者下達停俥指令後，螺旋槳不會立即停止旋轉，而是漸次

降低轉數直到完全停止。在此之前，操船者即使下達倒俥指令亦是徒然，因問螺旋槳正旋轉數未歸零前，主機很難啟動螺旋槳逆轉倒俥。而螺旋槳從進俥正轉變為倒俥逆轉的時間間隔各船不同，甚至同一艘船舶因輪機長的不同亦有差異，而間隔愈長則船舶滑行距離亦相對增長，這也是筆者擔心「海洋航行者」以高速衝進港後無法停止下來的原因。（參閱圖 8.21、8.22）

　　然而因為「海洋航行者」裝置有「AZIPODS」，因此沒有類似傳統柴油內燃機主機使用倒俥的條件限制，故而可以在極短的距離內即將船停住。可見對新式郵輪而言，港區水域的大小對船舶操縱的影響的程度遠不如港區的水深與遮掩度（Sheltering）重要。目前新式

圖 8.21　傳統船舶的螺旋槳推進與操舵系統

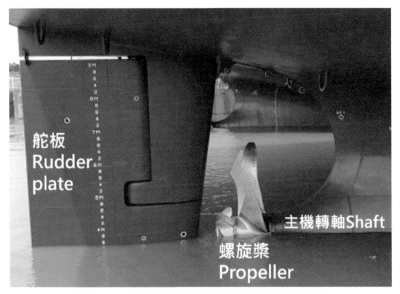

圖 8.22　傳統船舶的螺旋槳推進與操舵系統

郵輪採用的「AZIPODS」，是一套沒有齒輪傳動裝置的全方位操縱推進系統（a gearless steerable propulsion system），全靠操縱可以做360° 轉向的螺旋梭體（以下簡稱「Pods」）排出水流來運作。

　　「AZIPODS」系統揚棄傳統商船的柴油內燃機，並將船舶的推進與操舵系統合而為一，亦即將螺旋槳裝置於附著在船殼外部，內含電力驅動馬達作動的流線型「Pods」的前端，再藉由轉動「Pods」以調整螺旋槳排出流的方向，進而控制船舶的運動方向。亦即以轉動「Pods」相對於船體的方向取代傳統商船的舵板導引水流的功能。（參閱圖 8.23～8.28）

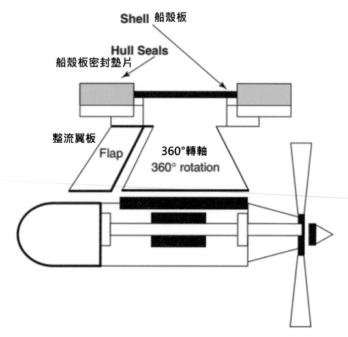

圖 8.23 「AZIPODS」推進系統簡圖

Source: www.wartsila.com

圖 8.24 「AZIPODS」推進系統外觀（一）

Source: www.superyachtnews.com

圖 8.25　「AZIPODS」推進系統外觀（二）

圖 8.26　駕駛台的「AZIPODS」推進系統操控台

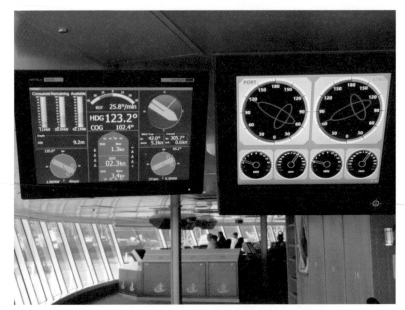

圖 8.27 「AZIPODS」推進系統作動顯示表

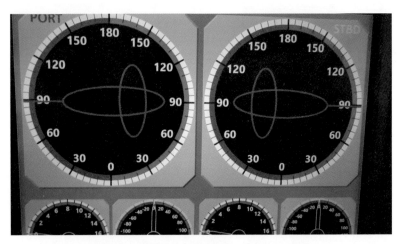

圖 8.28 停靠在碼頭後的「Pods」位置

　　由於「AZIPODS」推進系統可以讓裝置在船殼外的「Pods」做360° 旋轉，因此可以提升船舶的操縱性與運轉效能（Maneuverability and operating efficiency），例如船舶迴轉時的迴轉圈直徑就比使用傳統推進系統的船小，而且比傳統軸線系統主機（Conventional shaftline systems）節省 20% 的燃油消耗。（參閱圖 8.29）

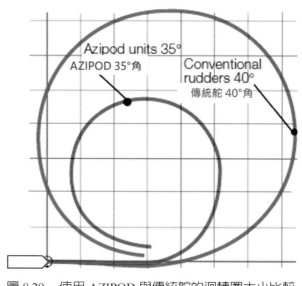

圖 8.29　使用 AZIPOD 與傳統舵的迴轉圈大小比較

　　一般大型郵輪多配置有二具「Pods」（亦有配備三具者，中間為固定朝後方向，也就是不能做 360° 轉向）。由於此一系統為全新科技系統，故而其在操縱上與傳統上的作法存有很大差異，此乃因為螺旋槳裝於上述「Pods」的前方，所以當操船者下達某一舵令時，常隨著螺旋槳的運轉方向不同，產生完全相反的結果。因此儘管操船的原

則是永遠不變的，但要操船者僅憑操縱桿（Joy stick）來操縱船舶可能要經過相當時間的調適，是故為了要適當的操縱此一系統，以及管理操縱上的風險，必須充分體認人為因素在此一「船／機」介面上所扮演的角色。

目前大型郵輪所採用之 Azipods 操縱系統的優劣點與操縱時的注意事項如下：

1. 優點

① 提升流體力學的效率，降低燃料消耗量，有利改善環境。依據廠商的水槽試驗與海上試俥結果顯示，效率可提升 10%。

② 操縱性能變佳：進、倒俥轉換能力較高；倒俥時的操舵效能亦佳。

③ 由於螺旋槳的驅動馬達係裝置於「Pods」內，因此降低了船體振動與噪音。

④ 由於不需裝置螺旋槳軸、舵板、船艉橫向推進器，故而可充分利用船內空間。

⑤ 由於「Pods」可採預鑄方式同步進行，故可降低施工期間，進而節省成本。

2. 缺點

① 港內操船因螺旋槳轉數較低，故而轉向時，每因船艉二具「Pods」設置過近致排出流相互干擾，偶會無法發揮預期迴旋功能或側向運動，而需尋求拖船協助。

② 由於採用本系統操船，需頻繁轉動「Pods」，故而軸承受損機率相對提高。

③ 由於未採用傳統內燃機，完全依賴電機系統，電機系統一旦發生故障，即完全失能。

④ 因為螺旋槳裝於「Pods」的前方，舵工扳舵方向與「Pods」指示器所顯示之偏轉方向相反，甚易造成操船者的混淆與誤判。

3. 操縱時應注意事項

① 由於「AZIPODS」的操縱指令尚未統一，每家航運公司的說法不一，故而引水人登輪引領時務必確認該輪有關操船的模式與指令語言，以免滋生爭議與危險。

② 確實核對「Pods」的指示器，以便確認所下指令被忠實執行。

③ 泊靠碼頭時，艏、艉側向力不易達致平衡。因為欲藉由調整設於船艉的兩具「Pods」間的相對位置，期以和船艏的側推器（B/T）的功率達致平衡並不容易。

　　如同前述，郵輪在港區內操縱能力的優劣已成為現代郵輪設計上關注的焦點，而其中就是以改善郵輪自身的側向運動能力（Capability of lateral movement）最為重要。自古以來，船舶本就被設計成只能做縱向運動而無法橫向移動，因此船舶在離、靠碼頭時都要借助外力的推頂或拖拉（Pushing and Pulling），通常就是雇用港勤拖船（Harbor tugs）的協助。然而雇用拖船不僅要支付昂貴的費用外，還要配合其調度時間，更有操作不慎船體被撞的風險。因此郵輪儘可能不使用拖

船，尤其雪白的船身被拖船推頂後常留下污黑的痕跡，有礙郵輪觀瞻。如一定要雇用拖船協助，就必須預先請拖船在其船艏處張掛白帆布，以免造成船體汙損。（參閱圖 8.30）

圖 8.30　拖船在其船艏處張掛白帆布待命

　　加諸現代郵輪喜歡造訪私人小島、峽灣或偏遠極地，根本沒有外力可資助援，因此設計具有側（橫）向運動功能的郵輪是業者最為迫切地。

　　所謂「側向運動」就是船舶的整體橫移運動，亦可稱為「蟹行（Crabbing）」，而「蟹行」能力是關係船舶運轉能力（Operability）與效能（Effectiveness）的最重要關鍵。設計上，除了前述「AZIPODS」外，只要在郵輪的船艏部（與船艉部）加裝橫向推進

器（Lateral thruster），就可賦予郵輪的側向運動功能。似此，郵輪就可以不用倚賴外力泊靠碼頭，不僅可以節省作業時間，更可節省拖船費用。（參閱圖 8.31）

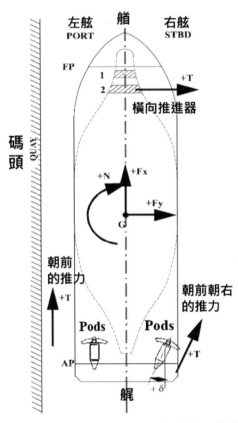

圖 8.31　AZIPOD 配合橫向推進器的操作產生兼具前進的側向運動

　　當然，並非所有的郵輪都有配置「AZIPOD」推進系統，故而操作上就須倚賴船舵與傳統推進系統的配合。以下圖所示的傳統雙俥雙舵郵輪為例，假設碼頭前方無其他船舶或障礙物，該輪如欲離開碼

頭，可採用船艉橫向推進器全速向右、雙俥（微速）前進、左舵正舵、右舵左滿舵等運作的配合即可順利離開碼頭。必須強調的是，如果遇有橫向吹攏風盛行時就須請求拖船協助，因為郵輪受風面積特大，船艉橫向推進器的馬力常常無法克服風壓，尤其隨著雙俥前進船速漸增，船舶的迴旋支點（Pivoting center）亦隨之前移，使得船艉橫向推進器的效能更是相對降低。（參閱圖 8.32）

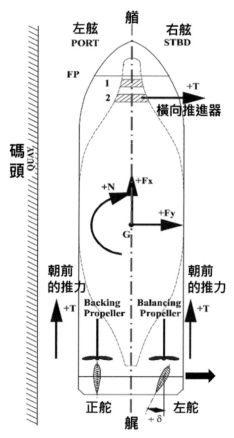

圖 8.32　傳統雙俥雙舵船離開碼頭操作

8.5 郵輪駕駛台的人力配置

隨著科技的發展與郵輪愈造愈大，為滿足航行安全與繁雜的船務需求，在不違反國際海事相關規範下，許多郵輪公司陸續重整其駕駛台人員的功能、航行實務甚至職銜（Restructuring the functions, navigation practices and even the tittles of their bridge personnel），因此新一代郵輪的駕駛台編制與團隊作業模式亦都顛覆傳統航海的慣例。

當前航行實務上，郵輪進出港時，駕駛台團隊的駕駛員機動編組包括下列職務：

1. 航行員（Navigator）

「航行員」可以是駕駛台編制內駕駛員的任何一位，通常由船長指定任之，也可由船長本人充任，但正規郵輪公司為鼓勵後進學習，除非遇有高難度的情境或狀況，船長通常會讓出練習進、出港操船的機會。「航行員」專責船舶的操控（Conning），並依據航行計畫（Passage plan）駕駛船舶，與執行避碰操作（Collision avoidance practices）。「航行員」必須確保包含引水人在內的駕駛台團隊（Bridge team）完全了解預先擬定的航行計畫，並強調一旦對航行進程存有任何質疑時就必須大聲喊出（Speak out）以資喚起團隊成員的注意。

2. 協同航行員（Co-Navigator）

「協同航行員」專責監督並交叉核對（Monitors and cross-checks）「航行員」所採取的所有動作。並對「航行員」的動作提出質疑與建議。

3. 操作指導員（Operations Director）

具獨立第三者性質，綜觀整個駕駛台的操作，確保所有執行中的操作都依據公司的程序（Company procedures）。在必要或適當的時候向駕駛台團隊成員提出指導（Guidance）與建議（Suggestions）。對「航行員」與「協同航行員」進行直接監督（Direct monitoring），以確保郵輪航行在安全航路（Safe passage）上，以及沒有任何內在或外在的影響源（Internal or external influences）讓駕駛台團隊成員從其主要任務（Primary tasks）分心（Distraction）。某些郵輪公司的「操作指導員」會以「安全官（Safety officer）」的名義替代之。

4. 行政管理員（Administrator）

主要負責管理設置於駕駛台的警報器，並針對特定警報採取對應動作。警報依其危險程度區分成「緊急（Urgent）」與「非緊急（Non-Urgent）」。駕駛台為全船安全與操控中樞所在，各種系統的警報裝置皆連線至駕駛台，故而必須有專人管理與排除，讓駕駛台團隊能夠專心操縱船舶。

5. 瞭望員（Lookout）

立於駕駛台前方或兩翼利用視覺與聽覺保持全方位瞭望，並將所看到與聽到的一切報告「航行員」。「航行員」收到瞭望員的訊息後要複誦回應之，以確認其已收到訊息。

6. 舵工（Helmsman）

專責操舵工作。舵工收到「操船指揮者（The person with the conn）」，也就是「航行員」所下達的操舵指令（Steering orders）後要複誦確認收到並忠實執行（Acknowledges and executes）。

當然除了上述六位核心操縱成員外，駕駛台團隊上還包括幾位機動待命並隨時提供航行資訊的駕駛員（船副；Mate）。顯然郵輪的航行安全機制較一般商船嚴謹，主要在強調駕駛台團隊成員之間的相互監督與提醒，以免因單一成員的失誤（Single point of failure）而釀成大禍。（參閱圖 8.33）

圖 8.33　郵輪駕駛台團隊成員相互監督機制

　　事實上，除了進出港外，郵輪駕駛台團隊的機動編組，乃是船長依據即將施行的作業的風險程度高低，並考量個別駕駛員的才能與經驗（Competence and experience）指派擔任特定職務（Particular functions），以使駕駛台團隊成爲最能適應新環境的系統（Adaptable system）。其次，船長可依情境風險高低的程度與任務分析決定駕駛台人力的配備部署，一般人力標準（Manning level）部署可分成：

1. 綠色人力部署（Green Manning）

　　乃是指郵輪在（大海）航行中的最低人力配置，通常只有二名駕駛員分別擔任「航行員」與「協同航行員」的職務。在此人力配置下，「協同航行員」通常亦要兼任「行政管理員」的職務。

2. 黃色人力部署（Yellow Manning）

　　此等風險情境通常部署三位駕駛員，分別擔任「航行員」、「協同航行員」與「操作指導員」的職務。而「協同航行員」仍要兼任「行政管理員」的職務。

3. 紅色人力部署（Red Manning）

　　此一等級通常適用於郵輪進、出港或其他特殊情境。船長（Master）必須親自至駕駛台，並視情況擔任「航行員」或「協同航行員」或「操作指導員」的職務。

　　通常郵輪的航行人力與保全部署狀態等級都會在駕駛台的特定位置以明確方式標註，以提醒駕駛台團隊遵循。（參閱圖 8.34）

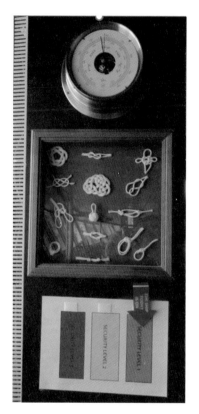

圖 8.34　航行人力與保全部署狀態等級標示

　　郵輪推行此一系統的論據（Philosophy），旨在鼓勵船長擔任「操作指導員」的角色，並在整個團隊運作時發揮領導者與管理者的功能。同時藉由操作實務的授權（Delegating）展現其對團隊成員的信任感，此舉可獲致許多正面效應（Positive effects），諸如：

1. 提升學習能力（Enhanced learning）。

2. 可立即採取行動介入問題的解決（Readiness to actively participate in problem solving）。

3. 展現對工作的熱忱與積極性（Enthusiasm and motivation to work）。

4. 直接投入團隊工作，激發安全與效率的提升（Directly leading to increased safety and efficiency）。

　　基於安全考量，郵輪公司並不鼓勵船長親自擔任「航行員」的角色，因為無論從職級與經驗來看，除非有很明顯的疏失，很少有其他駕駛台成員敢於建議甚至質疑「船長航行員」所做的航行決定，因此駕駛台很容易進入一言堂的境地，這對整體安全是不利的。所以一般船長都會選擇兼任「協同航行員」或「操作指導員」的職務，以便可以從旁監督後進的作為與不作為，更可被正面的解讀為積極提攜與培養新進或後進駕駛員成為「航行員」的角色。

　　另一方面，由於駕駛台團隊的情境警覺（Situation awareness）為確保航行安全的最主要因素，而提升駕駛台團隊的情境警覺只有透過「航行員」與「協同航行員」之間保持高品質的聯絡。「航行員」必須隨時大聲說出他（她）（Thinking out loud）自身對情況與意圖的認知（Perception of the situation）。如果「航行員」未能遵循此安全程序，則「協同航行員」就必須立即提出「航行員！你（妳）的用意是什麼（Navigator, what is your intention）？」，以澄清疑慮。

　　此外，依據組織安全概念，當吾人在追求安全時不僅要找出什麼發展是錯的，同時也要注意到什麼發展是對的。而討論此等問題的最佳時機就是在執行特定任務的進程前後，例如靠泊碼頭前或離開港口

後的團隊分析檢討會議（Team briefing/debriefing session）。設若所有操作已經依照既定計畫成功地執行完畢，仍不可以此爲滿足，此時船長上必須指出任務之所以會成功完成的原因爲何，甚至讚美特定成員的優秀表現，此舉可以激勵團隊成員的士氣，進而產生繼續將工作做好的動機。（參閱圖 8.35、8.36）

　　有人曾說：「船上的駕駛台應被視爲最後的文明城堡」（Someone once said that a ship's bridge should remain as the「last bastion of civility」）。因爲涉及數千名旅客的人身與船舶財產安全，大型郵輪的駕駛台絕對不應是英雄主義者或自我膨脹者的舞台（The bridge of a large cruise ship is no place prima donnas or inflated egos），因此除了在外港錨地利用接駁艇（Tenders）接駁（Tendering）旅客往返於

圖 8.35　盛世公主號離港前駕駛台團隊進行簡報（一）

圖 8.36　盛世公主號離港前駕駛台團隊進行簡報（二）

船岸外，郵輪航行各大港口勢必雇用當地引水人，除了可借助引水人熟悉當地水文的知識與對外聯絡的優勢外，與引水人共事，更可型塑駕駛台團隊的角色，讓團隊成員有更多時間集中於遵行航海的基本原則。駕駛台團隊，包括引水人，必須緊密合作才能讓龐然巨輪得以安全進出當前世界上多數建造於上世紀，且需要拖輪協助的較小型傳統旅遊港口。

　　既然郵輪有僱用引水人並與共事的需求，爲使引水人與駕駛台團隊能在最短時間內完成專業與安全保障的訊息交換（Master/Pilot information exchange），國際海事組織 A960 決議案特別針對引水人提出作業程序的建議（Recommendation on Operational Procedures for

Maritime Pilots）。其中，最基本的溝通方式就是引水人登船後駕駛台團隊就會提出詳載船舶各項操作細目的「引航卡（Pilot card）」供引水人參考並於簽署確認後歸檔備查。

基本上，一個成功的駕駛台團隊都有如下的正面特質：

① 任何作業都要有詳細計畫（Detailed plan for the operation）

② 在分享心智的模式下工作（Work from a shared mental model）

③ 為即將到來狀況預為準備與規劃（Proactive and anticipate next condition）

④ 成員可以藉由大聲說出自身對當下情況的意圖進行充分溝通（Communicate about the situation, by thinking out aloud about their intentions）

⑤ 遵守標準作業程序（Adhere to Standard Operating Procedures）

⑥ 執行任何動作前必須經由相互核對（Cross-check all actions before execution）

⑦ 質疑任何背離既定計畫的現象（Challenge any deviation from the plan）

⑧ 每件重大活動結束後進行檢討學習（Debrief and learn after each major event）

⑨ 不以先前的成功案例作為未來成功的保證（Don't take past successes as a guarantee for future safety）

⑩ 即使事情進行成功仍要對已注意到的風險保持討論（Keep a discussion of risk alive even when things look safe）

最重要的是，駕駛台團隊的船務執行絕對不可能是千篇一律

的，無論郵輪公司雇用再優秀的駕駛員，或是成員經過多少訓練，外在環境與人力條件卻是一直在變的，而團隊的作業必須依照各種變化採行因應與防範。

8.6 郵輪船長面對的操縱技術性困擾

　　從筆者在基隆港服務二十一年期間與郵輪船長互動切磋的經驗得知，郵輪船長雖終年航行全球各港，而且船舶性能與設備，乃至駕駛台團隊成員的素質皆較一般商船為佳，但船長仍對下列操船條件感到困擾：

① 進出、港遵行航道的方向容易遭受橫風或橫流（Cross current）影響；行進中船舶一旦遭遇橫風或橫流，自會產生船艏向的偏轉，致操船者需不斷採取修正作為。以基隆港為例，因漲、落潮流向幾與進出港航向呈 90°，郵輪船長只有加速始能保持船位於既定航跡（Charted track）上，但速度太快又擔心進港後速度降不下來，進而發生事故。（參閱圖 8.37）

② 靠泊非客船專用碼頭；此意味著碼頭防護設施較差，如碼頭碰墊（Fenders）與岸上繫纜樁（Bollards）的強度不足，容易造成船體損傷與無法有效繫泊；以及碼頭上的地面不夠平整，如泊靠在貨櫃碼頭地面上甚至還有貨櫃橋式機的軌道，此常常危及旅客的徒步安全。

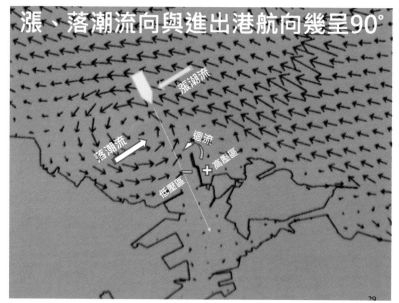

圖 8.37 基隆港港外漲落潮流示意

③ 港區內的迴船池（Turning basin）太小；迴船池的功用主要在提供
船舶的調頭迴轉作業，或是暫時等候他船通過的水域。例如基隆
港內的迴船池直徑為 650 公尺，水深 16 公尺，恰足以滿足新一代
郵輪的安全運轉需求。（參閱圖 8.38）

④ 碼頭上繫纜樁之間的間距過長；繫纜樁間距過長，帶纜位置的選
擇相對變少，就會提高郵輪邊門（Side ports/opening）被纜繩阻擋
的機率，進而影響到郵輪靠港的後續補給作業。從經驗值得知，
郵輪碼頭纜樁位置的最適間距約為 15 公尺。此外，纜樁位置不當
或纜樁不足，也會影響到帶纜後的纜繩角度，進而降低預期繫泊
強度，一般貨船碼頭的纜樁間距約為 25 公尺，此也是吾人不贊同
郵輪繫泊在貨輪碼頭的原因。（參閱圖 8.39、8.40、8.41）。

圖 8.38　基隆港迴船池

圖 8.39　繫纜阻擋邊門開啓與後續補給作業

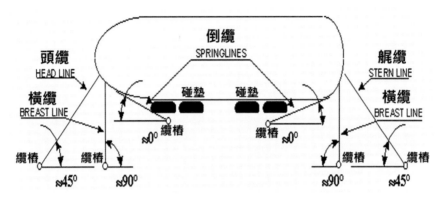

圖 8.40　理想的帶纜角度

圖 8.41　纜樁位置不當致帶纜角度欠佳

⑤ 纜樁強度；當前郵輪愈造愈大，動能亦會相對增大，因此碼頭上
的纜樁負荷（Load）如果未相對加強就無法承受拉力。實務上，

每有老舊纜樁被大船的絞纜機（Mooring winch）連根絞起的情事
發生。此一缺失常見於港埠配套設施未能跟上時代潮流的傳統港
口。（參閱圖 8.42）

圖 8.42　負荷強度不足的老舊纜樁

⑥ 碰墊（Fender）太小或強度不足；如同前項，傳統港埠的碼頭碰
　墊無論在強度與材質上都無法滿足大型郵輪的需求，尤其新式流
　線型郵輪的船身與上層結構物往往突出碼頭法線甚多，若碰墊面
　積或尺寸過於窄小，就無法發揮應有保護船體的功能。（參閱圖
　8.43）

圖 8.43　基隆港東岸客運碼頭碰墊太小加掛可移動碰墊

⑦ 旅客橋的設計；旅客橋關係到郵輪旅客上下船的安全與流通量，因此是郵輪船長靠泊碼頭時最為在意的，如果銜接旅客中心建築物的旅客橋是機動性的，則只要船舶停泊在經指定的船位上，旅客橋就可移動至適當位置進行銜接作業。反之，如果旅客橋是固定的，則需要船長配合移動船體對準旅客橋出入口位置。

⑧ 岸肩（Apron）與後線作業空間狹小；由於郵輪停港時間有限，因此需要足夠的碼頭後線作業空間以利補給作業的順暢。

8.7 郵輪進出港操船的安全評估

從船舶運動與操縱性能來看，進港過程中船舶從動態轉為靜態，因速度相對較快操縱性亦較佳，惟因在有速度的情況下進港時船體運動產生的慣性較大，一旦遇有機具缺失或失控，因港口內水域受限，基礎建設又多，勢必造成大災難。反之，出港過程則從靜態變成動態，動能相對較小，即使不慎發生事故亦不易造成大災難，何況出了港口往往就是開闊水域，因此大多數海事事故都是發生在船舶進港的過程，所以本書僅強調進港操船的安全評估。

2005 年 3 月 4 日，古老優雅的郵輪「伊莉莎白皇后二世（M.V. Queen Elizabeth II）」，依照既定船期表抵達基隆港外海，然就在全港準備就緒歡迎嘉賓到來的當下，該輪船長以當日基隆港海象不佳，潮流湍急為由，臨時透過無線電話告知基隆港引水人辦事處，決定取消灣靠基隆港的行程。相同的，2005 年 10 月 30 日，總噸 116,000 的郵輪「鑽石公主（M.V. Diamond Princess）」計畫載運二千七百名國外旅客抵達基隆港，奈何就在該船距離基隆港六浬處，船長以東北季風過強，船舶運轉安全有虞為由臨時取消進港計畫，改航香港。面對此等突來的變化，讓多日來忙得昏頭轉向的航港工作人員錯愕不已，港務局長官事後急於召開檢討會議，探討郵輪連續臨門不入的答案。遺憾的是，前述兩輪抵港臨門不入的狀況恰都適逢筆者輪值，因而對於整個過程感觸特別深刻。

相信只要略具海運常識者都知道大型郵輪的行程都是早在一

年，甚至是二年前即排定的，因而港埠管理與營運機關、港口船務代理公司、引水人辦事處亦會早在郵輪抵港前數月收到相關資訊，其中或會變更的項目大概只有旅客人數，餘者少有變動，也因而有利於岸方人員的前置安排作業。基於此一港埠運作背景的特質，除非遭逢重大變故或天災，否則郵輪是不會輕易改變灣靠計畫的。

首先，回顧「伊莉莎白皇后二世」臨門不入的始末，2004 年整年的異常氣象變遷對國人而言，絕對是令人記憶猶深的夢魘，尤其到了十二月都還有颱風來襲的記錄，而這一反常現象並沒有因為時序進入雞年而有所改善，但 2005 年 3 月 4 日當天的海象卻是當年入春以來最好的一天，亦是基隆港自農曆春節二十二天連續下雨以來太陽第一次的露臉，港外浪高二到三米，東北風風力五到六級，因而全體航港工作人員無不為該輪能夠挑選如此一個好天氣造訪基隆感到欣喜。然而就在所有人員備便待命，引水人登上引水艇往港外行駛並與船長連絡時，卻聽到船長從特高頻無線電話（VHF）傳來其取消進港的決定。經過引水人積極與船長溝通後，船長仍不改其意的堅持拒絕向港口趨近，並立即轉向航往香港，此時該輪僅距引水人登船區（Pilot boarding ground）二浬半（約 4.6 公里）。

其次，談及於「鑽石公主」的臨門不入，當年由於基隆港部分業務有相對於鄰近港口假日不加成收費的優勢，故而星期日通常是基隆港交通最為繁忙的工作日，而為迎接此一超級郵輪的到訪，當日早班的貨櫃船與雜貨船特別安排加派引水人提早自清晨五時三十分起即陸續引領進港，以免影響稍後郵輪耗時的進港運作。當日為多

雲天氣，雖然即將自大陸出海的高氣壓已呈強弩之末，但港外浪高仍達四到五米，東北風風力六到七級，但是引水人依舊自五時三十分起出港至外海引水人登船區依序引領七艘船舶進港，此意味著引水作業正常運作。

為確保提供郵輪最佳的服務，引水人辦事處自清晨六時起即試圖利用 VHF 與「鑽石公主」建立連絡，但或因天候與站台相對方位關係無法順利聯繫，直至七時左右始能清楚地接收到「鑽石公主」的呼叫，當時船長更改 ETA 為 0750 時（預報 ETA 為 0745 時）。引水人顧及該輪船速較快，故而較引領一般船舶的情況還要提早出港接船，然就當引水艇駛出港口半浬處，VHF 再度傳來該輪船長告知該輪距港口七浬，但因考量當下風力過強，而且港口過窄（275 公尺寬），船長認為 290 公尺長的郵輪進港有安全顧慮，因而明確表示決定取消進港（I decide to abort the calling）；此時引水人即要求其再作考慮，並更明確的再次表示其意圖，船長仍再度堅決表明其放棄進港的主張。至此，在引水艇上顛簸等候多時的引水人所能作的只有透過 VHF 祝福其航程愉快，並期望在最短的未來歡迎再相逢。

眾所周知，作為百年國際大港的基隆港，除了港域幅員較小外，港埠設施堪稱完備，在沒有異常氣象系統過境的情況下，為何兩艘配備有高科技操船輔助設施的郵輪船長既然能將船舶駛至基隆外海，卻又以海象不佳，基於船舶安全與舒適為由臨時取消此既定行程，著實令人扼腕。

毫無疑問地，郵輪臨時取消進港所衍生的損失，實在難以估算，單是看到一大清早即在碼頭守候的數十位英語導遊，以及調自台

北的四、五十部遊覽車的大陣仗就令人動容，究竟這個沒落的百年老港已經有相當一陣子了沒有如此的榮景出現過。

　　從港埠營運與郵輪經營的角度來看，總噸位七萬以上的大型郵輪之船長與吃水考量，當年根本不可能靠泊於尚未浚深的東二號客運碼頭（水深九米），而需靠泊於東岸或西岸的貨櫃碼頭，其中東岸貨櫃碼頭已出租民間貨櫃裝卸業者，故而不可能再提供郵輪停泊，所以港務局自前一天晚上就需將三個貨櫃碼頭（西 16、17、18）淨空，此表示已停泊或正準備要停泊於該三個貨櫃碼頭的貨櫃船都要被迫提早或延後其貨櫃裝卸作業，當然在郵輪進出的同時所有船舶都要靜止不動，此無異是處於封港動態，試想，相關主管單位如此繁複與大手筆的安排不知要透過多少次的協商，與承受多少不諒解的指責。當然，取消所有旅客赴台北觀光行程的善後與代價更是旅遊業者的最痛，需知許多無法取消的預定消費都是要付出一定程度的賠償。因而郵輪臨門不入絕對是所有參與郵船進出港作業相關業者的最痛。另一方面，郵輪臨時改變行程航往香港，香港的海事單位、旅遊業者與補給商在此極短的時間內要如何安排？都是種種與時間賽跑的挑戰。

　　針對上述二個案例，相信所有港埠作業相關業者都急於想了解究竟船長決定不進港的理由為何？其實，基於安全考量，每艘郵輪進港前都會施行操船安全的模擬評估。

　　從操船的專業角度來看，兩艘超級郵輪連續過門不入的個案本身所衍生之財務損失其實應不是很重要的，但我們必需知道「伊莉莎白皇后二世」並不是第一次造訪基隆，而且 294 公尺長的貨櫃船灣靠基隆港乃是每週都有的常態港務運作，是故郵輪以港口常規狀況作為安

全可虞，進而取消既定行程的理由似乎過於牽強。然若類似決定係臨時基於船期安排、商業考量或旅客需求則是吾人所不能置喙地。但最重要的是，作為一個海島國家，姑不論郵輪過門不入純係基於商業運作，抑或船舶運航的安全考量，吾人若從港埠經營與運航安全的角度觀之，或許這正是一個值得吾人參悟思考的契機。

如前所述，基隆港的港池水域狹窄，港口防波堤寬度僅有 275 公尺，外港（航道）縱深僅有 1,350 公尺，而且外港迴船池的直徑只有 650 公尺，凡此都是其先天上難以突破的限制，加諸冬季強勁的東北季風，以及港口附近的潮流幾乎都與進出港航道走向成九十度，都是中、外抵港船長視基隆港為畏途的原因，然不容否認的是，基隆港亦有其一進入港內即可得到港區三面丘陵山坡遮蔽的優點。因而船舶進港最為驚險的過程乃是自引水人登船區至進入防坡堤口這一段水路，一旦船舶順利進入堤口基本上大都可以安全泊靠。

首先，吾人從船舶能否安全進港一節加以討論，毫無疑問地，對於一位並不經常灣靠基隆港的外籍船長而言，此等惡劣的操船環境條件是相當嚴酷的考驗，但我們亦必須承認，從職場上的概略統計吾人得知，或許本於來自船東或運航人的商業壓力，即使有時因海況惡劣到引水人無法出港引領時，依舊有九成以上的船長亦不會因此產生操船上的困擾，也就是只有極少數船長無法接受此一環境，進而拒絕進港，除非在黑夜的惡劣天候情況下。

其次，從引水人的角度來看，只要船長超過二百公尺的船舶，儘管有時船長會基於引水人在驚濤駭浪中登輪的安危考量，而主動善意的建議引水人在防波堤內等候，但引水人並不鼓勵由船長自行操船

進港，因爲此等大船大都吃水較深乾舷亦不會太低，也就是可以提供引水艇較佳的遮蔽性，故而除非是空船而且將船身置於橫浪中，否則即使波浪再大，只要船長作好下風（Make good lee），引水人欲攀登上船並不困難。至於不鼓勵此等船舶由船長自行進港的另一原因，乃是船長自行進港雖不困難，眞正令引水人困擾的乃是船舶進港後的善後運作，因爲在上述的惡劣天候海況下，船長自行進港勢必要加速行進，期以得到較佳的船舶操縱效能。然常見的是，一旦船舶進港後，不是因船速太快衝過了頭，就是急於用盡各種辦法企圖使船舶停住，結果不是因船速過快被迫拋下雙錨而造成雙錨錨鏈俱斷，就是無視於前進速度仍快的情況下貿然啓動倒俥而造成艏向的急遽偏轉，進而失控撞上他船或碼頭。

再者，吾人分析此二艘郵輪不願進港的原因，「伊莉莎白皇后二世」的船長在 VHF 中僅是提及天候惡劣不願進港，並逕行轉向航往香港，因而吾人只能得知其意圖而無法進一步探討其作成決定的思維。反之，「鑽石公主」的船長則是透過 VHF 與引水人交換航行訊息，並強調風強、流急、港口窄、客船受風面積大等因素後，才轉向航往香港。顯然，風向與風力、水流、航道寬度與受風面積都是船長決定進港與否的主要考量因素，以下特針對後者所提出的航行顧慮加以探討；

1. 風強：所謂的風強，如前所述當時基隆港外雖是吹襲著六到七級的東北風，但是港外浪高僅達四到五米，這對基隆港的引水人而言，在冬季期間並不能算是壞天氣，因爲當日自五時三十分起引水人已出港陸續順利的引領七艘船舶進港，其中還包括二艘船況

並不是很好的次標準船。可見引水作業尚能順利運作。其次，若另從船舶種類來看，定期川航台灣琉球之間的麗星郵輪與飛龍號客船不亦都是在這種天況下進出港口的。故而要說成風力過強無法進港可能較爲牽強，何況引水人已決定於距離堤口外三浬處與其會合登輪引領。

2. 流急：10 月 30 日當天早晨的高潮約在八時左右，此表示郵輪如依照既定行程進港時，雖會遭遇退潮流，但從稍早進港的重載散裝船之操船體驗來看，流水應不是很強的。因此就當時的情況來看，會影響郵輪進港操船安全的最主要外在因素仍是東北季風。

3. 港口窄：不容否認地，275 公尺寬的港口對首次抵港，290 公尺長的郵輪而言，確實不是太寬，但充其量只能說是存有壓力，而不能說是具有風險，究竟國際間許多大船進出的港口都有類似情況。何況爲了確保郵輪進港的安全，港務局除了進行全港交通管制外，並特地將進港航道與外港迴船池全面淨空。

4. 受風面積：眾所周知，船舶受風面積（Windage）一直是影響操船的最主要因素之一，其中汽車船與大型郵輪就是最典型的例子，以基隆港而言，東北風季節難度最高的引航作業就屬此二類船舶，主因其乾舷常高達五、六十公尺以上，因而受風的影響特別顯著。而從長期的操船經驗得知，此二類船舶欲在六級以上的東北風情況下進港通常要保持 9～10 節左右的船速始能有效操縱。在「鑽石公主」未裝置有「AZIPOD」推進系統的情況下，相信此點就是船長的最大顧慮，因爲在快速進港的情況下，進入港口後船舶主機能否如其預期的開出倒俥，進而有效地將船在適當的水

域停止下來，絕對是要列入其安全操船計畫的評估中。其次，除了進港操船之外，進入港口後的調頭運作亦應是船長意願不高的原因。毫無疑問的，在風平浪靜的天候下欲在直徑 650 公尺的迴船池讓一艘 290 公尺的郵輪調頭並無困難，但在六、七級強風狀況下，船長就不得不考慮當其調頭過程中船體打橫之際，亦即風從正橫方向吹來時，港勤拖船是否有足夠馬力協助使其不被整體吹向下風的潛在風險。其實，以當天的風力而言，船長顯然是過慮了，因為該船除了配置有艏、艉橫向推進器（Lateral thruster）外，更有三艘三千二百匹馬力的拖船在待命。最重要的是，當天儘管吹襲六、七級東北風，但港內水域卻是水波不興，此意味著港區遮掩性良好，拖船的功率可以毫無保留的全力使出。當然，上一代郵輪配置的 3,000 匹馬力橫向推進器，相對於今日動輒上萬匹馬力的橫向推進器是無可比擬的。

綜合以上，吾人認為上述二艘郵輪未能進港的原因乃是行事謹慎的船長高估了當地港灣的負面自然因素，相對的，當然亦低估了基隆港相關港勤運作的能力所致。必須強調的是，回顧 2005 年當時，郵輪的推進系統仍屬傳統柴油內燃機，其制停效能偏差，而且橫向推進器（B/T）功率較小，加諸人們對大型郵輪的操縱技術掌握度不高，尤其郵輪屬稀有珍貴船種不容稍有失錯，故而船長採最謹慎的態度是可以理解的。

另一方面，從此二輪臨門不入的實例得知，儘管政府大力推行郵輪觀光，但吾人仍要提醒相關業者，郵輪活動具有季節性的特質，因此冬季東北季風盛行期實不宜進行郵輪的招商，否則一旦產生臨門不

入的情況勢將造成港口、郵輪業者與旅客三輸的局面。

其實，若從船務運作的角度來看整個郵輪臨門不入的過程，最值得一提的乃是，二位船長臨時決定取消入港的決定，姑不論其下決策前與公司間的聯繫為何，乃至其取消進港的決定將會換來船東什麼樣的回應，但至少讓我們領教了歐美船長權限大到令人敬佩的地步，因為我們在職場上最常看到的就屬船東或船務代理行催促船長開船或進港的角色錯置景象，以及常常不顧天候狀況的好壞逕自替船長決定雇用拖船的艘數。不容否認地，港口船務代理業者行使這些超越權限的作為，有些確實是來自船公司或總代理傳授的旨意，但也有很多是港口代理行的過度自我膨脹或純為自身利益考量所致者，因為現今海運市場甚為暢行船舶港口費用統包制，故而港口代理行在有利可圖的情況下當然會想盡辦法「節縮」各項根本不容打折的支出。須知無論海商法或船員法皆有「船舶之指揮僅由船長負責」的明文規定，故而有關船舶之運轉與安全事宜怎可能由船務代理行代為作主，此顯然是船長忽略了本身的立場所致。毫無疑問地，此二位船長的臨時決定著實給港埠管理機關與此地的船務代理業上了一課，也突顯出船長的專業堅持與權威不容挑戰的風範，而此正是時下一些專業與經驗不足的船長所欠缺的，因為我們在職場上經常遭遇海象極其惡劣的環境下，船長基於安全考量不願進港，但船務代理行卻想盡一切辦法安排要其進港，或是船長基於安全考量急於進港，但船務代理行卻消極應付不願安排的突兀景象。而許多海事的發生就是在此種情境下發生者，因為船務代理業者為搶短線常常忽略了船長是最了解船舶實況與操船處境的事實。

　　依據國際海上人命安全公約第十一章第八條（SOLAS；Regulation 8 of Chapter 11）船長對於船舶安全與保全的決定（Master's discretion for ship safety and security）：「當船長本於專業判斷必須確保船舶的安全與保全時，其所採取或執行的決定，不應受到公司、租船人或任何他人的限制。」規定中所謂的「任何他人」就包括船務代理業者，而這一條規定也是船長敢於做出不進港決定的法源依據。

　　無論如何，港埠的天然條件是無可改變的，而船長因為港埠條件不合其安全判斷標準，進而拒絕進港的國外先例亦所在多有，前述所舉二例雖令吾人充滿遺憾但仍應接受，但此對積極想成為區域內無可替代的郵輪母港的基隆港，絕對是一項值得關切的警訊。毫無疑問地，既然硬體無法改善就只有從軟體著手，從兩次郵輪取消進港的過程來看，筆者發現確有許多細節值得吾人改善，例如，在郵輪抵港前的數個小時內，該輪似乎未與船舶交通服務中心（VTS）建立聯絡，進而詢問與再確認相關進港資訊，例如港區與引水人登船區當時的風力與風向、拖船是否待命、引水作業是否正常運作等。似此，港方應可主動告知船長，包括當地港口的運作習慣與模式，尤其是操船方面的計畫，並強調港區已提前淨空與全面管制的操船環境等訊息，以安撫船長的憂慮並預為籌謀，避免船舶抵達引水人登船區時才遽下取消進港的決定。

8.8 旅客登岸的接駁作業（Tendering operation）

　　如同前述，郵輪抵達一個港口並不一定都會進港泊靠碼頭，因爲囿於地形與水文條件制，某些港口不允許郵輪進港而不得不在港外拋錨，再利用郵輪上的接駁艇（Tender）將旅客分批送上岸旅行，返船時亦同。由於此一作業涉及數千名旅客在幾個小時內要重複登、離接駁艇的動作，加諸很多銀髮高齡甚至行動不便的旅客參與其中，因此船長與郵輪公司無不謹慎面對此一潛在風險極高的接駁作業（Tendering）。對旅客而言，除了在登、離艇當下，接駁艇常會搖擺不定，旅客有被船舷夾傷之虞外，在接駁艇離開郵輪抵達岸邊前的行程中倘若遇有風浪亦會造成旅客的不適。反之，從岸上返回郵輪的行程亦同。（參閱圖 8.44）

圖 8.44　航行中的接駁艇

　　另一方面，郵輪船員欲在有限的時間內平安順利的施放數艘接駁艇下水與回收則是需要專業兼具耐力的高難度操作。

　　基本上，在進行接駁作業前，船長與駕駛台團隊成員務必預先研讀計畫拋錨錨地的水文與海底底質的資訊，再慎選受外力影響最小的水域當作錨地，所謂「外力」包括風、流、潮汐與附近海上交通的頻繁度。然礙於港口的既有地形，常常發生船舶抵港當日的風向並非如預期一般順利，此時船長只有操縱船體營造下風面（Make a good lee），幫接駁艇遮風擋浪，以利接駁艇的施放與回收，以及旅客的登、離艇。

　　以筆者 2014 年 10 月 3 日，自基隆港出發隨船引領「太陽公主（Sun Princess）」到馬祖為例。「太陽公主」船長 206.5 公尺，最深吃水 8.4 公尺，因此無法進入福澳港，只能在北竿與南竿之間的水道錨泊，再用接駁艇接送旅客往返船岸之間。由於北竿與南竿之間水域的海底屬礫石底質，錨爪的抓著力（Holding power）較差，而且又有海底電纜，加諸考量兩島之間小船交通頻繁，故而當天拋錨位置落於 26-10.3 N；119-56.2E。錨泊當時吹襲東北風，風力 25～28.5 節，建議船長將錨鏈鬆出至 6 節（1 節 = 27.5 公尺）下水，以強化船錨的抓著力，此時船尾離南竿福澳港外堤只有 0.2 浬（≒ 370 公尺）。（參閱圖 8.45）

　　錨泊後，因錨具受力，船艏轉向東北方，船體以錨為支點不停地左右擺盪迴旋。似此，根本無法施放接駁艇，因此只能利用主機配合船艏橫向推進器（B/T）的聯合運用，將船體迴轉成側面受風，以便讓下風舷的接駁艇順利施放。如下圖所示，拋右錨並鬆鏈受力後，左

俥倒俥、右俥進俥使船艉產生扭向上風的動能。另一方面，利用船艏橫向推進器全速向右，以減輕錨鏈的負荷。似此，在郵輪下風舷的接駁艇就可輕易施放與回收。（參閱 8.46～8.53）

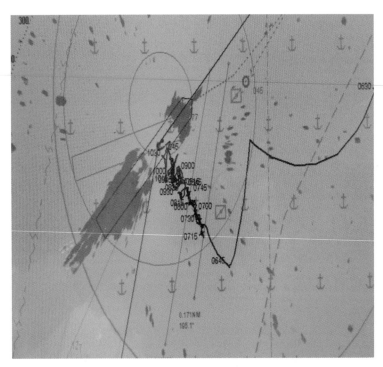

圖 8.45　郵輪錨泊於福澳港外雷達回跡圖

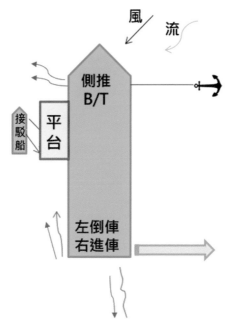

圖 8.46　利用操船技術營造下風面

圖 8.47　施放接駁艇

圖 8.48 旅客搭乘接駁艇

圖 8.49 接駁艇駛離船邊

圖 8.50　船員準備回收接駁艇

圖 8.51　船員準備將接駁艇吊離水面（一）

圖 8.52　船員準備將接駁艇吊離水面（二）

圖 8.53　吊回接駁艇

8.8 郵輪駕駛員守則（For the cruise ship navigator）

如同前述，郵輪以服務旅客爲首務，而郵輪的駕駛員不僅實際上參與船舶運轉，更是日後要成爲船長的重要儲備幹部，因此身爲郵輪駕駛員必須不斷藉由各種職場機會自我訓練以提升專業技能，日後始能勝任愉快。基本上，郵輪駕駛員所應遵守的守則不外；

1. 應該注意未來的計畫（Considerable forward planning）：充分了解未來行程（Future itineraries），進而適時提供旅客正面的訊息。

2. 充分了解作業程序（Comprehensive operating procedures）：提高安全作業實務與確保品質（ to enhance safe practice and assure quality）。

3. 持續的進修培訓（Continuous refresher training）：以便提升知識與能力至最新的狀態（ to update knowledge and competence）。

4. 密集的船上操演訓練（Extensive drills onboard）：爲事故與緊急狀況做準備（ for incident and emergency preparedness）。

5. 健全的船上安全文化（Strong shipboard safety culture）：降低曝露於危險與冒險的機會（to reduce exposure to hazards and danger）。

6. 儀表端莊（Smart personal appearance）：努力自身修爲成爲被尊重的郵輪「產品」，才得以獲得相對的酬勞（to respect the cruise "product" that is being paid for）。

※ 溫馨提醒（Friendly Reminders）

1. 郵輪的設計愈來愈複雜且創新。

   That cruise ship's designs are becoming ever more complex and innovative.

2. 配置有 AZIPOD 推進系統的郵輪的操縱性遠較傳統螺旋槳、舵優異。此意味著郵輪在小型港口離、靠碼頭時不再需要拖船的協助。

   The manoeuvrability (of AZIPOD equipped cruise ship) is significantly better than a conventional propeller and rudder and means that cruise ship will not require tugs to berth in smaller ports.

第九章　郵輪的環境成本

9.1 海運業的汙染排放（Marine Industry Emission）

　　近年來，環保團體在各國際場合中一再聲稱海運業每年所排放的二氧化碳（Carbon dioxide; CO$_2$）估計達 10 億噸，約等於全球溫室氣體（Greenhouse gas; GHS）排放量的 3～4%，這相當於全德國每年的二氧化碳排放量。於此同時，國際海事組織（IMO）亦估測這些汙染排放源從 2008 年到 2015 年計成長 130%，學者專家則聲稱郵輪提供了全球海洋汙染源的 77%，可見海運業可以稱爲高環境成本（High Environmental Costs）的產業。面對各界的關切，無論海運業，特別是以載運旅客爲主的郵輪產業勢必要提出積極改善作爲，否則將會承受來自各方的壓力。因此當我們在討論郵輪產業與其衝擊時，務必體認到環保議題（Environmental Issues）是最爲重要的。

　　如同前述，新式郵輪船長每達 300 公尺以上，可同時搭載數千名旅客與船員，直可比擬一座「浮動的城市」，但是長久以來，人們只知讚嘆郵輪愈造愈大，船體流線令人驚艷且光鮮亮麗，至於郵輪旅客與船員所使用的資源，以及郵輪運轉時所製造的廢棄物（Waste），卻常被人們所忽略。事實上，郵輪無論在海上航行或停泊在港內都會同時排放大氣汙染物質（Air pollutants）進入大氣與廢棄物（Waste）

進入海水中。而且隨著郵輪愈造愈大愈豪華，相對地也會產生更多的廢棄物。如同上述，郵輪不僅因功能性與外觀被稱為「浮動城市」，事實上也像陸上的城市存有很多汙染問題。然由於薄弱的汙染控制法規、執行取締不力，以及在海上監測違法排放的不易，故而郵輪的人均汙染量（Per capita pollution）事實上都比相同人口的城市大。

所幸近年來環保意識抬頭，例如 2017 年嘉年華郵輪公司的子公司公主郵輪（Princess Cruises）被法院以不當處置廢棄物（Improper waste disposal）為由課以二千萬美元的罰款，法院聲稱涉案郵輪釋放廚餘與塑製品（Food waste and plastic）入海，且疏於準確記錄廢棄物處理過程，並製作不實的船員訓練紀錄（Created false training records），更在施行第三方檢查之前私下檢定，並修改六項環保遵守（Environmental-compliance）事項的檢測結果，而且未將檢查結果告知檢查人員，法院要求嘉年華公司改善其廢棄物管理作為。可見郵輪產業的惡行不再被嚴格的環保規則所通融了。其實，上述罰款只是這幾年來郵輪產業被處罰的許多環保案例之一，究竟郵輪對環境帶來的衝擊是什麼呢？

有關船舶汙染的問題不能一概而論，因為船舶的大小、目的地與船舶的設計都是重要的影響因子，例如資源管理專家卡立克（Hrvoje Caric）教授以其在科羅埃西亞的港口所做的研究報告得知碳排放是最為嚴重的問題。不容否認的，不只郵輪，大多數船舶都是使用重油（Bunker fuel）作為燃料，其燃燒產生的廢棄物遠較汽車消耗的汽油更具汙染力。卡立克教授估計一艘搭乘 3,000 名旅客的郵輪平均二氧化碳排放量約為 1,200 kg/km，而一般郵輪的行程通常都有數千公里

長。顯然汽車的汙染排放是小多了。例如郵輪在歐洲港口城市排放的
液態氧與氧化硫量遠超過歐洲所有 260 萬輛汽車的排放量。（參閱圖
9.1）

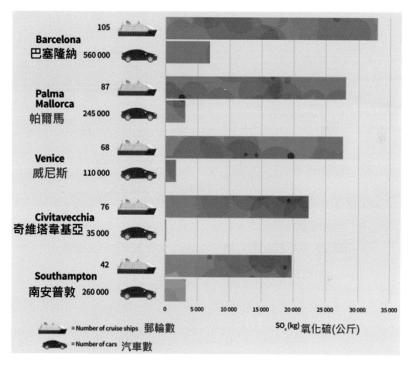

Source: T&E Study, Green Car Congress

圖 9.1　郵輪在歐洲港口城市排放的液態氧與氧化硫

眾所周知，欲移動具巨大質量（Immense mass）的郵輪需要燃燒
大量的燃油（Fuel），結果造成排放相對大量的二氧化碳（CO_2），
以及氮（N_2）與氧化硫（SOx）。（參閱圖 9.2）

Source: dec.alaska.gov

圖 9.2　停靠在阿拉斯加 Juneau 港的郵輪排放濃煙

　　如同前述，由於郵輪搭載的旅客與船員人數眾多，所製造的廢棄物數量亦相對增大，因此相對於一般商船，郵輪所產生的特定類型廢棄物，諸如汙水、灰水、固體廢棄物更易引起各方關切。

　　此外，因為郵輪的活動傾向於集中在特定沿岸水域（Specific coastal areas），而且重複灣靠相同的港口，諸如基隆、上海、香港、新加坡、舊金山、邁阿密、紐約、加爾維斯頓（Galveston）、西雅圖、阿拉斯加水域等，因此無論故意或偶發（Accidental or intentional），即使發生單一事件亦都會釋出大量汙染源，造成郵輪對當地的累積衝擊（Cumulative impact）變得非常重大。

　　另外一項重大的衝擊則是出自郵輪船殼上的防汙油漆（Anti-fouling paint），卡立克教授指出船舶的防汙漆會散放出有毒的重金屬（Toxic heavy metals）到海水中，進而進入海洋生物鏈（Marine food web.）。事實上，不只郵輪，所有鋼鐵船殼的船舶為防止寄生物附著於船殼產生阻力而影響船速，都會在水線下的船殼上塗以含鉛防汙漆。此等問題在港口內更形嚴重，因為同時有許多船舶引進大量的金屬至近似封閉的淺水區，故而讓海水含有高濃度（Higher concentrations）重金屬。（參閱圖 9.3）

圖 9.3　附著於船殼上的各種貝殼類寄生物

　　隨著環保法規日趨嚴謹，2022 年生效的澳大利亞 DAWE《船體附著海生物管理要求》，即要求欲抵達澳大利亞的各國船舶，必須在每航次抵港前向「海事抵達報告系統（Maritime Arrivals Reporting

System, MARS）」提出「航前報告（Pre-arrival report）」，提交船體清洗證明供生物安全官（Biosecurity officers）評估審核，確認抵港船的船體確實經過清洗完全沒有附著生物後，進而取得生物安全放行證（Biosecurity clearance），始可進港。

　　此外，大型船舶同時會產生噪音，對海洋生物帶來潛在危險（Potential hazard to marine life），而且會撞擊海洋哺乳動物（Marine mammals），也就是鯨魚。（參閱圖 9.4、9.5）

　　不容否認的，職場上也有正面案例，例如雲頂集團所屬的「探索夢號」於 2020～2021 年 COVID-19 疫情期間長期停泊基隆港，先是每週一次出航至公海排放汙水，及至 2021 年底因停航致船員人數大減，相對地產生汙水量亦較少，改為每十天出海排放汙水一次。對此一家深陷財務危機行將破產的公司依舊遵守國際環保公約規定的作法值得肯定。（參閱圖 9.6）

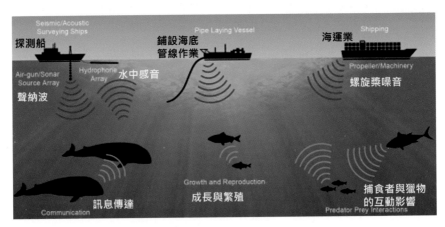

Source: blogs,oregonstate.edu

圖 9.4　船舶對海洋生態的影響

Souce: archpelago.gr

圖 9.5　被船舶撞擊死亡的鯨魚

圖 9.6　泊靠於基隆港的探索夢號

9.2 郵輪的汙染源（Pollutants）

可以預想的，郵輪船上進行的各式各樣活動（Diverse activities）與過程，一定會產生不同的汙染源與廢棄物，而郵輪所產生的廢棄物流（Waste streams），除少數依規定可送岸回收或處理之外，最終都會排入海洋環境，包括汙水（Sewage）、灰水（清洗衣物或餐具等之後剩下的廢水）（Gray water）、有害廢棄物（Hazardous wastes），含油舭水（Oily bilge water）、壓艙水（Ballast water），以及固體廢棄物（Solid waste）等。

基本上，郵輪所產生的汙染源可依據當前的沿海國與國際汙染防範規章，視排放物的可燃性（Ignitability）、腐蝕可能性（Corrosive potential）、反應性（Reactivity）與毒性（Toxicity）等因素將其歸類下列有害廢棄物：

1. 黑水（Blackwater）

「黑水」亦稱褐（色）水（Brown water）、髒水（Foul water）或汙水（Sewage），專門用來敘述含有排泄物（Fecal matter）與尿液（Urine）的水。「黑水」乃是收集自廁所，以及醫療用水槽與設施的廢水，其中含有有毒病原體（Hazardous pathogens）、腸寄生蟲（Intestine parasites），包括糞便大腸菌類（Fecal coliform bacteria）、病毒藥劑（Viral agents）與化學養分（Chemical nutrients）等。這些物質被排入自然環境前，依規定是要先經分解（Decompose）的。

「黑水」屬有害的廢棄物（Harmful waste），故而在排入海洋之前應先經適當的處理（Adequately treated）。在某些情況下，其可能造成漁場與貝類養殖區的嚴重汙染（Serious contamination），導致食物鏈的整體汙染，進而經由傳播諸如傷寒（Typhoid fever）、傳染性肝炎（Infectious hepatitis）、腸胃炎（Gastroenteritis）或痢疾（Dysentery）等傳染性疾病（Infectious diseases）危害人類健康。

另一方面，汙水中含有一連串諸如磷（Phosphorus）、氮（Nitrogen）等化學養分。在某些情況下，這些化合物（Compounds）會激發優養化（Eutrophication），造成過多的赤潮（Algal blooms），結果因為赤潮遮擋光源（Light level）與製造毒素（Toxins），造成水生棲地（Aquatic habitats）的品質降低，而且這些化合物中有些成分對人類是有害的。

2. 灰水（Greywater）

「灰水」是由家庭（Domestic）與非工業過程（Non-industrial processes），包括從洗碗機（Dishwasher）、廚房排水管（Galley taps）、洗衣設施（Laundry facilities）、洗浴設備與洗臉盆（Showers, bath and washbasin）等所排出的廢水（Wastewater）。之所以被稱為「灰水」除了其外觀外，就是因為其事實上不被認為是清水（Fresh water），也不是受嚴重汙染的廢水。通常「灰水」必須與「黑水」隔離儲存，以減少受嚴重汙染水的數量，而郵輪產出的「灰水」數量最大。

　　「灰水」含有各式各樣不同濃度（Strengths）的汙染物質（Pollutant substances），包括油類（Oil）、有機化合物（Organic compounds）、碳氫化合物（Hydrocarbons）、油脂與去汙（清潔）劑（Detergents）、金屬（Metals）、懸浮固體（Suspended solids）、化學養分（Chemical nutrients）、廚餘（Food waste）、大腸桿菌群（Coliform bacteria）與某些醫療廢棄物（Medical waste）。

　　郵輪上的「灰水」被收集在船上的槽櫃內，再遵循規定的操作程序，並經評估計畫的航程、船舶位置以及廢棄物產生率（Waste generation rate）等因素後，再利用馬達驅動的離心泵浦（centrifugal pumps），經由船體水線（Waterline）下的不同水門（Ports）排放入海（Discharged overboard）。

3. 含油艙底汙水：含油艙水（Oily Bilge Water）

　　船舶兩舷的船殼最底處彎曲部稱為「艙」（Bilge），船上各種機械作動過程中所產生的滲水或冷凝水滴最終都會聚集在該處，諸如主機水密軸封（Water-lubricated shaft seals）滲水、推進系統的冷卻水、蒸發器（Evaporators）的冷凝水與自其他輔機或保養機具（Ancillary and maintenance machinery）所排出者。在此處蓄積的水體中混有機油、汽油、破布（Rags），金屬屑（Metal shavings）、油漆、清潔劑（Cleaning agent），以及許多由船上碳氫化合物的生物分解（Biological breakdown）產生的副產品。也因為這些聚集在船體最底部的水體中含有被公認為海洋汙染最大元凶的油類，因而又被海運

社會稱爲「舭水（Bilge water）」。含油舭水排入大海後會在水體表面形成一層極薄的油膜，據專家推估每排放一噸油品入海，即可形成 5×10^6 平方公尺的油膜汙染。這種油膜會直接阻礙大氣中的氧溶解於水體中的輸送進程，導致水體缺氧，水生動物最終因缺氧而死亡。

一艘大型郵輪每天可以產生數噸的「舭水」，然而船舶的「舭」處空間有限，因此必須定時抽乾積水，以保持船舶的穩定性（Stability），並消除「舭水」中的各種物質，以及不同物質間的相互作用產生的潛在危險，因此需要具備分離（Extraction）、保留（Retention）、處理（Treatment）等功能的複雜且先進的處理設備，進而依照國際環保規章的規定決定是否再利用或排海（Reuse or discharge）。

含油舭水包含各式各樣的汙染源、需氧劑（oxygen-demanding agents），以及各種慢性的生理學效應（Chronic physiological effects），包括致癌（Cancer-causing）物質，即使極少量也會對水生態系統（Aquatic ecosystems）與人類生活構成眞正的威脅。

所有船舶都須依照規定裝設航行中可以限制舭水濃度降至 10～15 ppm 始能排海的設備，但如果船舶位於經公告完全禁止排放的特定海域時，即使裝設有前述設備仍不能排放。

4. 壓艙水（Ballast Water）

對所有船舶而言，壓艙水乃是船舶輕載時用以壓重以增加吃水，進而增加螺旋槳與舵板浸水深度，或是用以調整艏、艉水呎差

（Trim），以提升船舶操縱性與穩定性的方法之一，例如航行中藉由灌入壓艙水到船底的槽櫃，以抵銷航程中因燃油消耗致引起船舶整體重心上升的現象，或是貨櫃船在港裝卸貨櫃時，修正左、右舷貨重不均引發的船體傾斜即是。

如同前述，壓艙水是船舶從某一水域的港口或港外，將海水或河水抽進船內槽櫃（Tanks），並視情況在另一個水域的港口或港外將壓艙水排出，以利裝、卸貨作業的進行。一般船舶的壓艙水可達一千公噸，大型貨櫃船更常達七、八千公噸。從經營獲利的角度來看，「壓艙（Ballasting）」的運作裝的是沒有運費的海水，故而毫無營收可言。再者，「壓艙」不僅增加船舶油耗，還要承擔將海水打進抽出的操作，因此如果為船舶操縱需要而不得不「壓艙」時，也要妥為試算盡量減量。必須強調的是，郵輪不似貨櫃船或散裝船，載重幾乎固定，因此抽打壓艙水的動作與壓艙水量皆少。

從海洋生態保護的角度來看，船舶異地抽、排壓艙水的過程常是將入侵物種（Invasive species）引入的最佳管道，結果成為對生物多樣性（Biodiversity）、漁業（Fisheries）與水產養殖（Aquaculture）的最大威脅。

其次，在船舶的航程途中，因為航經不同水域造成壓艙水的溫度差異以及其他因素，將導致壓艙水中的有機體與生物體的死亡。不能忽視的是，其中仍有許多是殘存於壓艙水及其沉積物中，一旦船舶到港為增加裝貨能量，這些生物將隨著壓艙水被排放到異國港口的水域，進而成為足以讓當地動物群（Local fauna）窒息的病害（Pests），導致原生動物數量的減少或剝奪牠們的食物，因此造成公共衛生與環

境的危險，以及對各種產業造成嚴重的經濟損失。

5. 空氣汙染（Air Pollution）

　　雖然郵輪產業相對於整個海運產業所排放的氮（Nitrogen）與硫（Sulphur）的量分別僅佔 5% 與 6%，但一艘郵輪船上的柴油機（Diesel engines）、輔機（Auxiliary engine）、焚化設備（Incineration units）等設施所排放的量相當於 12,000 輛汽車的排放，或等於一座陸上發電廠的排放量。

　　燃燒高含硫量燃油（High sulphur content fuel）會產生氧化氮（Nitrogen oxide）、一氧化碳（Carbon monoxide），二氧化碳（Carbon dioxide）、二氧化硫（Sulphur dioxide），以及其他有害的碳氫化合物等對大氣造成範圍廣大的汙染現象，進而造成嚴重的健康問題，包括呼吸系統疾病（Respiratory diseases）、神經系統傷害（Neurological damage）、先天性缺陷（Birth defects）或癌症，結果即使汙染源的濃度較低也會導致死亡率（Mortality rate）的增加。

　　最令人擔憂的是，從港區內的郵輪所排放的柴油機排放（Diesel emissions），對沿岸的社區與周遭區域影響特別大。而從船上柴油機所排放的空汙有三分之一是郵輪靠泊在港區內的碼頭時所排出的，這也是歐洲各港口城市的環保團體最關切的問題所在。此外，柴油輔機（Auxiliary diesel machinery）、照明系統、泵浦、冷藏（凍）設備與船上其他運作所需的機具都是空氣汙染源（Air pollutants）的重要來源。

6. 垃圾與固體廢棄物（Garbage and Solid Waste）

固體廢棄物與垃圾包括硬紙板（Cardboard）、各種金屬廢棄物（大部分爲鋁罐與鐵罐）、玻璃、紙類與塑膠類。

據估計每位郵輪的旅客與船員平均每天可產生 3.5 公斤的固體廢棄物。由於單一郵輪船上動輒數千名旅客與船員，因此每天產生的固體廢棄物與垃圾的數量非常可觀。但由於計算的方法並不一致，加諸郵輪航行海上行蹤不定，因此欲準確算出全球郵輪產業所產生的固體廢棄物的數量頗爲困難，即使概略的數量都很難。

無論如何，吾人常看到的數值只是表示船上所產生的固體廢棄物的數量，而非遵照廢棄物處理規定與議定書（Waste disposal regulations and protocols）所處理過的廢棄物數量。可見未經處理與交代的黑數頗大。一旦此類廢棄物拋棄入海可能成爲海洋垃圾（Marine debris），並對生態系統與沿岸社區（Coastal communities）產生威脅。

固體廢棄物的汙染對開闊大洋與沿岸環境所帶來的潛在衝擊（Potential impact）非常嚴重，而且會產生下列的影響與後果（Consequences）：

① 表面（海）水層與沿岸區域的美感惡化（Aesthetic degradation）。

② 海鳥、魚類、海龜與鯨類動物被糾纏（Entanglement），極可能造成嚴重傷害，甚至因攝取或窒息而死亡。

③ 人類的人身傷害（Physical injuries to humans）。

④ 因表層海水與深層海水氣體交換造成塑膠製品與其他合成物質（Synthetical substances）的相互干擾（Interference）所產生的生態

破壞（Ecological damage）。

⑤ 浮游動物（Zooplankton）誤認微小的固體塑膠微粒（Plastic particles）為魚卵或其他養分（Nutrients），進而吞食造成浮游生物層（Planktonic level）的生態破壞。

⑥ 固體廢棄物的積聚造成的生態破壞。固體廢棄物的聚集，無論是漂浮或是沉沒的，如果條件適合，可能持續存在數年，結果造成：

　　‧非本土的入侵物種移入，導致本土物種的滅絕，造成棲息地的汙染。

　　‧海鳥、海龜以及某些哺乳動物因誤食這些垃圾，導致饑餓或腸道阻塞（Intestinal blockage）而死亡。

　　‧在限制區內（Restricted areas）持續處理廚餘將造成營養鹽汙染（Nutrient pollution）。

　　郵輪業處理此等廢棄物的方法不外結合廢棄物減量（Waste minimization）、回收（Recycling）與焚化（Incineration）等方法。因此有一部分的垃圾會留在船上，再送陸上回收處理廠，有一部分則是利用船上的焚化爐焚燒再將灰燼拋海，也有些固體廢棄物，如食物或其他有機廢棄物則是直接拋海。

7. 焚化爐灰（Incinerator Ash）

　　如果廢棄物在送入焚化爐之前有依照經認可的有害廢棄物規則的規定進行分類，則其所產生的焚化爐灰就不被視為有害廢棄物。

　　其實，在焚化爐本身進行焚化的過程中也會產生幾種型態的廢

棄物，諸如未燃燒氣體與金屬（Unburned gases and metals）的排放，以及燃燒產生的有害副產品（Hazardous byproducts），諸如戴奧辛（Dioxins）、呋喃（Furans）與重金屬等，都會釋放入大氣之中。

8. 有害廢棄物（Hazardous Waste）

一般郵輪每天約可產生 15 加侖的有害廢棄物，其中包括醫療廢棄物、過期藥品（Outdated pharmaceuticals）、乾燥的清潔汙泥（Dry cleaning sludge）、電池、相片沖洗藥劑（Photofinishing chemicals）以及其他過期的化學品、廢油漆與稀釋劑、螢光燈（Fluorescent lamps）等。

這些物質包含許多有害物質（Harmful substances）與化合物可能導致對人體健康與環境的危害，諸如碳氫化合物、氯化碳氫化合物與重金屬，因此需要安全管理與處理。一般郵輪產生的有害廢棄物不外：

① 相片處理與 X 光顯影劑廢棄物（Photo Processing and X-Ray Development Fluid Waste）；使用過的相片處理與 X 光顯影劑可被視爲有害廢棄物，其包括廢定影劑（Spent fixer）、過期軟片（膠捲）與銀粉片（Silver flake）等。尤其沖洗相片時會產生許多未曝光的銀化合物（Unexposed silver compounds），其濃度高達 2,000～3,000ppm。事實上，只要超過 5ppm 就是有害的。銀化合物與其他化學廢棄物在送岸處理或排放入海之前，必須依據國際汙染防範規定先經過中和（Neutralized）、解毒（Detoxified）與除銀等處

理作業。

② 印刷廢棄物（Print Shop Waste）；包括郵輪船上愈來愈多使用的雷射與相片影印設備所產生的廢棄調色劑（Toner），以及印刷與影印所需的碳粉夾，都含有有害的化學混合物。除此之外，此等廢棄物可能含有有害液體廢棄物，諸如墨汁、清潔劑與印刷溶劑，這些液體都會含有碳氫化合物、氯化碳氫化合物、重金屬與各種化學混合物，對水生生態系統與人類健康造成危害。

③ 乾洗的廢棄液體與被汙染的物料（Dry-Cleaning Waste Fluids and Contaminated Materials）；船上的乾洗設施所使用的清潔液為四氯乙烯（Perchlorethylene）的氯化溶劑（Chlorinated solvent），因此可以自被汙染的汙泥、用過的溶劑、過濾物質、回收蒸餾爐（Recovery stills）的內部元件、線路陷波器（Lint traps）等釋出小量的廢棄物。每一艘郵輪使用這些清潔設施所產生的廢棄物質（Waste material）被列為有害廢棄物，其數量多寡則依季節與旅客人數有所差異，因此需要經過適當訓練的技術人員，並遵照所有的安全程序始能正確使用與處理這些化學品。

④ 未使用與過期的藥物（Unused and Outdated Pharmaceuticals）；大型郵輪上的衛生與醫學部門依據郵輪的行程與其他變數，保存與管理種類繁多的藥物，從非處方藥品（Over-the-counter products）到特定處方藥（Prescription drugs）都有。

⑤ 日（螢）光燈與水銀燈泡（Fluorescent and Mercury Vapour Lamp Bulbs）；日光燈內含有磷光粉，而水銀燈則內含水銀。此二類型燈泡對人類健康與環境都有潛在危險，因此必須以確保環境安全

的態度處理。

⑥ 電池（Batteries）：電池是船上設備與旅客的配備非常普遍的電源。如果沒有適當處理，使用過的電池可能對環境帶來嚴重危險，並且威脅到人類的健康。

基本上，電池可分成下列四類（There are four basic types of batteries）：

· 鉛板蓄電池（Lead-Acid Batteries）：用於備用發電機與其他輔助設備，此類電池為老式可充電電池，包括海綿鉛陽極、二氧化鉛陰極與硫酸電解質（Electrolyte）。鉛對人體健康有很大的影響，而硫酸則是最具腐蝕性的化學品。因此鉛酸電池被列為有害廢棄物，如果沒有妥善處置將對人類健康與環境造成危險。

· 鎳鎘電池（Nickel-Cadmium Batteries）：此類電池是可以充電的，包含乾與濕的氫氧化鉀電解質。鎘為典型的有害廢棄物，而且是累積性毒物（Accumulative poison），因具毒害神經的效力故而被列為對肝臟與腎臟有負面影響的毒素，而且是造成骨質疏鬆的作用劑。至於氫氧化鉀則是腐蝕性而且有毒的，又當與鋁、錫、鉛或鋅接觸後可能會產生可爆炸的氫氣。

· 鋰電池（Lithium Batteries）：此類電池不論在科學器材或個人電子裝置都被廣泛使用。鋰雖屬溫和的毒性化學物質，但不被歸類為有毒的有害廢棄物（Toxic hazardous waste）。如果使用過的鋰電池內仍含有大量未消耗或未經反應的鋰，則

此廢棄鋰電池將被視爲活性有害廢棄物（Reactive hazardous waste）。一旦鋰電池被完全放電（Fully discharged），則可以比照非有害廢棄物處理。然而，鋰電池終究還是含有其他元素，諸如被認定爲致癌物質的鈷就是。

・鹼性蓄電池（Alkaline Batteries）：鹼性電池亦被稱爲一次電池或非充電電池（Primary or non-rechargeable batteries），它由含有鋅的陽極與一個含有二氧化錳的陰極，以及氫氧化鉀（強鹼）電解液所構成。由於鹼性電池並不具有活性或可燃性廢棄物的特質，而且也不符腐蝕性廢棄物的定義，因此鹼性電池常被視爲一般廢棄物處理，也就是如同一般垃圾處理，而勿須遵守如同處理其他有害廢棄物的嚴格規範。然而，有愈來愈嚴謹的法規要求鹼性電池的處理需進行生物鑑定。事實上，如果從鹼性電池的濾出液（Leachate）進行生物鑑定，將會發現其對動物是有致命的，對人類健康亦有影響。因此某些法規要求將所有電池都列入特別廢棄物（Special waste）。

至於郵輪究竟產生多少廢棄物，隨著研究方法的不同產出數據亦有差異，美國環境保護局（U.S. Environmental Protection Agency；EPA）2020 年估計，一艘搭載 3,000 名旅客與船員的郵輪，在爲期一周的海上行程中可以產生約 210,000 加侖（794,850 公升）的汙水流（Sewage stream）、1,000,000 加侖（378 萬 5 千公升）灰水、25,000 加侖的含油艙水、150 加侖有害廢棄物、8 公噸的固體廢棄物，以及數量難以計算的大氣汙染物質，因此可以試想當前全世界每年 365 天有超過三百艘運轉中的郵輪所產生的汙染源是上述數值的多少倍。

9.3 郵輪業違反環保法規紀錄

　　從記錄上來看，在遵守現行薄弱的環保法規方面，郵輪業並沒有留下良好紀錄。自從 1993 年至 1998 年，共有 87 艘郵輪涉及非法在美國水域排放油類、垃圾、以及有害廢棄物，被課以超過 3,000 萬美元的罰款。這些涉及多重非法傾倒的案例當中，在最近六年之間高達數百件。遺憾的是，郵輪排汙的情況並未因被課以罰款而有所改善，以下特列舉數起實例：

1. 2001 年，皇家加勒比郵輪公司在法庭承認該公司確實在船上機艙安裝特別管路，作爲旁通（Bypass）「汙染控制設備（Pollution control devices）」直接將汙染廢棄物排海的通路，並承認將有毒化學品排海的罪行。皇家加勒比郵輪公司在 1994 年至 1998 年之間被控非法排放的罰款（Fines and penalties）【註 13】高達 3,350 萬美元。

> **【註 13】**
> 　　「Fine」是指對已被判定犯罪或輕罪的違法者施加的金錢指控或付款；「Penalty」是指法律對某一行爲的履行或對某一行爲的不履行規定的懲罰措施。

2. 2002 年 4 月，嘉年華公司（Carnival Corporation）承認在過去數年間，有六艘屬輪篡改汙染物處理記錄的罪行（Pleaded guilty）。並被課以 1,800 萬美元的罰款。

3. 2002 年 7 月，挪威郵輪公司（Norwegian Cruise Lines）爲竄改海岸巡防隊的關於含油廢棄物與有害廢棄物排海記錄簿（Coast

Guard records regarding discharge of oily waste and hazardous waste into the ocean）的罪行支付 100 萬美元的罰款，而且同意補償 500,000 美元給佛羅里達的環保組織。

4. 2002 年 9 月，一名被嘉年華郵輪公司解雇的高階主管提出一件「吹哨（告密）者（Whistle-blower）」訴訟，宣稱該公司有一連串的違反環保事件，包括排放有毒化學品（Toxic chemical）入海。

5. 2002 年 10 月，嘉年華郵輪公司宣稱該船隊所屬某船的一位甲級船員已被傳喚（Subpoenaed）在阿拉斯加聯邦大陪審團（Federal grand jury）前為 40,000 加侖廢水排放的違反環保事件作證。

6. 2003 年 4 月，由「藍水網絡（Bluewater Network）」、環境法律基金會（Environmental Law Foundation）與衝浪者基金會（Surfrider Foundation）聯名向嘉年華公司、公主郵輪公司、皇家加勒比、與荷美郵輪公司提出違法排放壓艙水至沿岸海域的訴訟，經郵輪公司同意支付 75,000 美元作為壓艙水管理科技（學術）研究基金後和解。嘉年華公司並承認其屬輪確有違法（Breaking the law）事蹟。

　　從上可知，郵輪排汙的問題確實一直存在，因此尋求解決辦法刻不容緩。

　　其實，郵輪排放的汙染源都是可預防的（Preventable），相關科技也是存在的。只是郵輪公司要承擔相對較高的成本，而且沿海國需要執行有效的監管（Effective regulation）。

　　現已改名為「地球之友（Friends of the Earth）」的「藍水網絡」於 2000 年 3 月發布郵輪汙染源排放報告，要求美國環境保護局（EPA）實施關於郵輪排放廢棄物所造成的衝擊作深入的檢討，以檢

視現行適用的法規，進而發展出如何對郵輪的廢棄物排放作有效的控管，並確保相關規定被忠實執行。

另一方面，由海洋保護協會（Ocean Conservancy）與其他環保團體在加州發起的抗議行動與公主郵輪達成協議，郵輪不得在蒙特雷灣海洋保護區（Monterey Bay National Marine Sanctuary）內排放廢水。可見郵輪在海上還是一定要排放廢水，而且環保團體也只能限制其在特定區域不得排放廢水。

其次，2010 年新制定，並於 2011 年生效的聯邦法規，規定禁止郵輪與大型商船在加州海岸線三浬內排放汙水（Sewage）。2012 年 2 月 9 日，環境保護局應加州政府的請求，通過在加州所有海域設立大型船舶的「非排放區（No Discharge Zone, NDZ）」機制。事實上，美國緬因州早在 2003 年 3 月就引進一條法律，使得緬因州成為美國第一個建立郵輪廢水品質標準的州，該法律禁止船舶在波特蘭港（Portland Harbor）及其周邊水域排放任何未經完全處理過的汙水或其他廢水入海。

因此如從個人對環保貢獻的角度來看，當你（妳）計畫一個郵輪旅程時，應先查證該公司所屬郵輪有無環境汙染的記錄，此只要上網查詢「郵輪報告卡（Cruise Ship Report Card）」即可得知各家郵輪的排汙記錄。一旦發現有排汙記錄就應配合環保組織予以抵制。又如果你已經在郵輪上旅遊，一旦發現船上有傾倒塑膠或有害物質入海，就應立即舉發並通報航政監理或港務管理機關。例如在美國就通報「國家回應中心（National Response Center；電話 t 1-800-424-8802）。

上述「郵輪報告卡」是「地球之友」每年針對 15 家郵輪公司執

行環保的成效進行從 A 至 F 的評等，並據以發布。評分項目有汙水
處理、空汙減量、水品質遵從（Water quality compliance）與全面性
的環保足跡（Overall environmental footprint）。

9.4 郵輪產業面對的環保議題（Environmental Issues）與因應

自從 2010 年以來，郵輪產業為迎合旅客的度假選擇，積極建造
更大更豪華的郵輪為來自全世界的旅客提供唯美（Beauty）、刺激
（Adventure）、悠閑（Relaxation）與娛樂（Entertainment）的旅遊商
品，故而在聲譽（Popularity）、規模（Size）與目的地多樣化等面向
上都有大幅提升。

毫無疑問的，旅遊景點的壯麗與自然美（Natural beauty）對於增
強旅客的需求度（Reinforcement demand degree）是非常重要的，因
此是郵輪產業未來發展的興衰完全取決於其保護海洋與旅遊環境的環
保績效與法遵（Environmental performance and compliance）的履行程
度，而且是緊密聯繫（Inextricably linked）在一起的。究竟對大多數
旅客而言，一旦欠缺值得一看或一玩的旅遊環境，即使搭乘再豪華的
郵輪亦不能算是完美的旅程。

雖然郵輪產業僅占全球海上活動的一小部分，但是其面對的
相關環保議題卻是與其他活動相同的。如同前述，郵輪與其旅客船
員，無論在航行中或泊靠在港內，都會產生大量的廢棄物與汙染物
排放（Waste and pollutant emissions），連帶地也會對郵輪航線周邊

的海岸與港口鄰近水域產生重大的影響。這些廢棄物如果沒有適當處理與解決（Properly treated and disposed of），可能成為對人類健康構成潛在威脅，以及成為危害水生動植物（Aquatic life）的病原體（pathogens）、養分（Nutrients）與有毒物質（Toxic substances）的重要來源。甚至會擾動與毀滅漁場（Fishing grounds）以及珍貴的海洋生態系（Precious marine ecosystems），諸如珊瑚礁（Coral reefs）。

而最令人擔憂的是，一旦遠離環保監測嚴謹的海域，郵輪的廢棄物處理作為與不作為是極其不受監管的（Highly unregulated），廢棄物甚至被直接傾倒在離岸數浬的大海中，而非在船上裝置適當的處理系統，而這些被傾倒入海的廢棄物日後常隨著洋流漂回岸邊。

遺憾的是，在過去的許多案例，常見郵輪公司違反現行的汙染標準，但當地主管機關既無法監測（Monitoring），也無法強制執行（Enforcement），更沒有追索權（Recourse）。關於此點，最常見的就是來自沒有大型商港基礎建設（Large commercial port infrastructures）的沿岸地區（Coastal localities），或較為偏遠的旅遊型小港口的當地居民投訴，居民們最大的不滿就是眼見郵輪在港口內運轉或錨泊待機時，柴油引擎與焚化爐產生的氣體排放（Gas emissions）造成的空氣品質（Air quality）不佳，竟然未見取締。

近年來，環保團體與社會大眾一再揭發郵輪公司所犯下的環保惡行（Environmental abuses），包括病毒與細菌的流行蔓延（Viral and bacterial epidemics），而此等嚴重的問題（Serious problem）給環保主管機關帶來極度的困窘與訴訟（Severe embarrassment and lawsuits）成本。這一情勢的發展意味著主管機關必須對於廢棄物的排放作更

嚴格的監控，並對郵輪產業施壓要求其遵守新的道德與程序規範（Ethical and procedural code），同時要採用更多先進的廢棄物處裡科技，以達致更嚴格的環境控制標準（Rigorous environmental control standards）與程序。以皇家加勒比郵輪在 1999 年將有毒廢棄物排放在阿拉斯加水域的一連串違反環保作為為例，事件的爆發引起許多公民環保團體（Citizen-based environmental organizations）的關注，並積極努力推動立法強化環保規範。

不容否認的，郵輪業當前除了要面對數百件違反汙染規定的累進記點之外，更要遭受最高層級的強制執行措施，而且還因違法傾倒（Illegally dumping）廢水、垃圾以及其他有毒廢棄物入海，被課以數百萬美元的環保罰款（Environmental fines）。此等案例涉及各郵輪公司，只是遭受汙染環境與排放量的差異而已，而且汙染的範圍與性質各有不同，例如從上噸的油料與固體垃圾，及至因船員在港口內油漆船身造成油漆落海都有。

至於違法的原因，某些環保違規事件（Incidents）純屬人為疏失或機具缺失所造成的意外（Accidental），諸如許多有關燃油洩漏的案例都是因為郵輪在港內添加燃油作業時不慎造成的。反之，許多環保違規事件則是起因於船上可取得的資訊（Available information）無法預測得到的結果。

值得一提的是，某些郵輪公司涉及的違法排放案例則被判定為蓄意的（Intentional），包括許多郵輪公司利用固定管路（Permanent piping）將含油汙水或殘油泥直接排出船外，或是在機艙安裝「旁通管路（Bypass pipes）」，再唆使船員避開「汙染控制裝置（Pollution control devices）」，將未經任何處理的廢水直接排放入海，而且未保存廢棄物排放的記錄，甚至在環保違規調查程序中提出不實的紀錄簿（False record books）企圖蒙騙，而被以故意、定期與慣常排放（Wilful, regular and routine discharge）有毒廢棄物入海的罪名起訴。事實上，不只郵輪如此，早期的貨櫃船業亦都如此，部分航商甚至在未開發中國家港口購買不實的廢水與含油汙水回收送岸處理證明，以便在歐美港口面對海岸防衛隊或水警檢查時提出。猶記得筆者早年擔任貨櫃船船長時，某次船抵洛杉磯靠妥碼頭後，海岸巡防隊員立即登輪並直接進入機艙檢查。結果當場查獲輪機員還來不及拆除的非法「旁通管路」。該「旁通管路」本應在進港前拆除以免留下犯罪證據，並應將汙水排海管路回復正常以備海岸巡防隊檢查，當天卻因輪機員疏忽而被查獲，結果被處以重罰。

　　至於國際間有關郵輪違法排放含油汙水入海最典型的案例就屬公主郵輪公司（Princess Cruises）所屬的郵輪「加勒比公主」於 2013 年 8 月 26 日在英格蘭外海 23 浬處，也就是在英國的專屬經濟區（Exclusive Economic Zone）內違法排出 4,227 加侖的含油廢水（Oil-contaminated waste）。於此同時，該輪的輪機員同時引進清潔的海水通過汙水排海設備，以便製作依法排放（Legitimate discharge）的假記錄。（參閱圖 9.7）

　　公主郵輪公司在承認七項被聯邦控訴違反海洋汙染法規的罪行後被罰款四千萬美元。經法院調查後發現該輪自 2005 年起，也就是投入市場營運後的第二年就開始違法排放，邁阿密法院認定此項違法作為是故意（Deliberate）違反，因而祭出最重的罰款。其中有一項是

涉及郵輪在機艙裝置所謂的「魔術管（Magic pipe）」直接將含油廢水排入海中。（參閱圖 9.8、9.9）

圖 9.7　「加勒比公主」2013 年 8 月 26～27 日的航跡圖

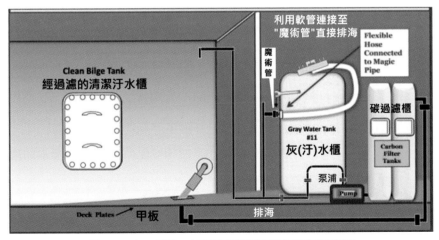

圖 9.8　灰（汙）水直接透過魔術管排海示意圖

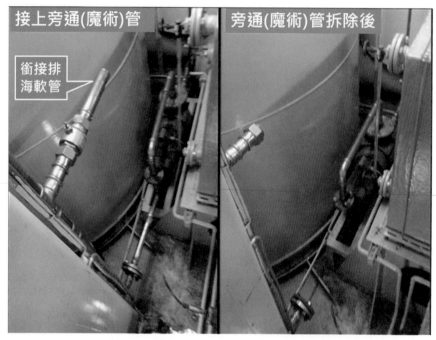

圖 9.9　裝置在灰（汙）水櫃上的魔術管

　　此一事件得以被揭發，乃是「加勒比公主」船上的蘇格蘭籍輪機員 Christopher Keays 扮演「吹哨者（Whistleblower）」的角色檢舉該輪違法排放。該輪機員在 2013 年上船，不久之後就發現該輪採用所謂的「魔術管」將含油汙水直接排入英國沿海，於是開始用手機蒐集該輪違法排放的設備證據與影片記錄，更拆除連接在灰（汙）水櫃的旁通管（Bypass pipe），也就是上述的「魔術管」作為證據，並指控船員說謊。而此一違法實務（Illegal practices）在公主郵輪船隊已經進行約十年了。輪機員因為提出事實證據檢舉郵輪違法排放廢水而獲得一百萬美元的獎金。

　　事實上，公主郵輪汙水違法排海的案件還涉及同公司其他四艘公主郵輪，包括利用清潔海水蒙混欺騙船上專門用以偵測排放不合規定含油艙底水（Bilge water）入海的感應器（Sensor）。

　　毫無疑問的，郵輪違法排放的動機就是要降低營運成本，而船上的船員則是迫於公司的壓力共謀犯下違反環保罪行。至於公司總是發表制式聲明宣稱：「對於船員的違反公司政策與聯邦有關汙染源處理的法規，感到極度失望（Extremely disappointed），我們對於發生類似事件表示抱歉，已採取進一步的措施以確保其符合甚至超越所有環保規定」。

　　事實上，上述將船上的汙水與廢油排入公海的作法行之有年，也因而環保團體才會將海運業稱爲黑心產業，此相對於 COVID-19 疫情期間因供需失衡海運貨櫃運價暴漲十倍，讓託運人與消費大眾負擔大幅加重的窘困眞是情何以堪。

　　面對外界的壓力，如今郵輪（與其他船舶）必須依據「防止船舶汙染國際公約（International Convention for the Prevention of Pollution from Ships；MARPOL），現稱「關於 1973 年防止船舶汙染國際公約之 1978 年議定書（Protocol of 1978 Relating to the International Convention for the Prevention of Pollution From Ships 1973；MARPOL 73/78）」的規定設置「船用衛生設施（Marine sanitation devices）」，這一設施主在防止郵輪將未經處裡的汙水（Untreated sewage）排放入海。例如，船舶停泊在距離岸邊特定距離內，通常是三浬（約 5,556 公尺），汙水必須經過處理至指定標準後始能排放入海。

必須強調的是，除了上述 MARPOL 的規定外，部分沿海國亦制定更嚴格的國內法，例如美國規定在距離岸邊二百浬內的可航水域（Navigable waters）、鄰接岸線（Adjoining shorelines）或可能影響自然資源（Natural resources）的水域內，禁止排放油類或油水（Oily water）。除非含油汙水已經過「油水分離器（Oil-water separator）」的處理，並將含油濃度在離岸 12 浬內降至 15 ppm，或是離岸 12 浬外降至 100 ppm 始能排放。而且所有船舶都須保留油類紀錄簿（Oil Record Books），並記錄船上船底汙水與含油殘餘物（Oily residues）的處理記錄，以便隨時接受海岸巡防隊查核。至於有害廢棄物（Hazardous wastes）則須適當包裝並貼上標誌（Properly packaged and labeled）後，再送至經許可的陸上設施（Permitted on-shore facilities）處理。塑膠類則是在任何海域都是禁止排海的，而且所有排放入海的垃圾焚化灰燼必須記載登錄於「垃圾記錄簿（Garbage Record Book）」以備檢查。

至於空汙部分，儘管環保團體與執法單位一再建議美國國家環境保護局（EPA）制定有關船舶柴油主機排放（Diesel engine emissions）的更嚴格規定，但擬議中的新規定顯然較陸上排放源（Land-based emission sources）的管制鬆弛。不容否認的，若航商刻意規避環保規範，環保機關欲執行海上汙染取締是有難度的。

最為諷刺的是，郵輪產業絲毫無視外界的批評，常將本身美名為環境友善產業，但事實上其習慣性的違反法律，尋求各種妥協（Concession），以及遊說監管者放水已經有一段很長的時間而且還在持續進行。

　　另一方面，從來自各方壓力與環境永續發展（Environmental Sustainability）的角度來看，郵輪公司已體認到務必立於發展有責任的環境措施的最前線的迫切性，期以成為全球海運業的榜樣，故而當前的新式郵輪都配置最尖端科技（Cutting-edge technologies）的動力機艙（Powerhouses）。例如引進使用液化天然瓦斯作為燃料的「LNG 推進（LNG-propelled）」的郵輪，瓦斯排出清潔系統（Exhaust gas cleaning systems）、先進的廢水淨化系統（Advanced wastewater purification systems）、空氣潤滑系統（Air lubrication systems）、特殊的油漆塗料以降低燃油消耗（Fuel consumption）、高效節能主機（Energy-efficient engines），以及在港口內使用岸上電源（Shore-side power）等。（參閱圖 9.10、9.11）

Source: wwe.tmc.no

圖 9.10　使用 LNG 作為推進燃料的郵輪（一）

Source: lngprime.com

圖 9.11　使用 LNG 作為推進燃料的郵輪（二）

　　為確保有效與安全的提升，新環保科技必須在研發（Research and Development）、時間與共同合作（Collaboration）上的投資。郵輪產業亦體認到致力於新燃料、推進系統與相關科技扎實的研發努力，對於讓全球海運船隊達到零碳排（Zero carbon emissions）的目標是必須的。此不僅是要達到 IMO 溫室氣體策略（GHG Strategy；Green House Gas）的願景與特定目的，更是未來落實降低碳排的必行策略。

　　例如 CLIA 會員公司在 2019 年共下單訂造 25 艘 LNG 燃料動力郵輪，此表示 CLIA 會員公司的新船有 44% 是使用 LNG 作為推進燃

料的。LNG 燃料實質上是零硫排放（Zero sulfur emissions），而且可以減少 95～100% 的微粒排放（Particulate emissions），以及 85% 的氮氧化物排放（NOx emissions）【註14】，另還可以減少 20% 的溫室氣體排放（Greenhouse gas emissions）。

【註 14】
　　NOx（氮氧化物）汙染主要來源於生產、生活中所用的煤、石油等燃料燃燒的產物（包括汽車及一切內燃機燃燒排放的 NOx），其次是來自生產或使用硝酸的工廠排放的廢氣。

　　至於現行使用第三代處理技術的先進廢水淨化系統更是能夠產生如同陸上汙水處理廠（Treatment plants）相同品質標準的廢水排放（effluent discharges），遠超過國際規定。

　　為展現郵輪產業維護環保的決心，作為全世界郵輪產業主流聲音的 CLIA 於 2020 年 9 月 8 日發表牛津經濟研究院（Oxford Economics）的「全球郵輪產業環境科技與實務報告（Global Cruise Industry Environmental Technologies and Practices Report）」。雖然郵輪的船噸數不足全世界海運社會的 1%，但此報告證實了郵輪業在採用讓整體海運產業獲利的海洋科技上已扮演領導的角色。研究報告的內容概略如下：

1. 強調 CLIA 的遠洋郵輪會員公司應持續開發與推行先進科技與實務以達到無論在船上、海上以及港區內低排放（Lower emissions）與提升效能的進展。

2. 到 2020 年為止，全球的郵輪業已投資超過 230.5 億美元在船上設置新的科技產品，與燃燒乾淨的燃油期以在降低空汙排放（Air emissions）的同時，並獲取更大的能源效率（Energy efficiencies）。此一金額較 2019 年增加 15 億美元。

3. 即使遭逢 COVID-19 疫情的衝擊，郵輪產業仍致力於履行更乾淨與更永續的未來（A cleaner, more sustainable future）的承諾。研究報告強調業者對於環境永續的承諾，並稱讚業者持續作為有責任的高標準旅遊業（the highest standards of responsible tourism）的領導者與證明。

4. CLIA 的全球郵輪會員公司於 2018 年 12 月做出於 2030 年降低（較 2008 年）碳排 40% 的承諾（Commitment）。世界各地的郵輪產業正積極努力的朝此宏偉目標（Ambitious goals）前進。

5. 追求環保終須付出代價，無論是燃燒昂貴的 LNG 或是每噸增加四百美元的低硫燃油（Low-sulphur fuel），終將被業者轉嫁到消費者身上。

依據同一報告指出，郵輪產業已在下列的領域獲得重大的進展（Substantial progress）：

1. LNG 燃料（LNG fuel）：新造的郵輪有 49% 採用 LNG 作為主要推進（Primary propulsion）系統的燃料，比 2018 年高出 51%。

2. 廢（排）氣清潔系統（Exhaust gas cleaning systems；EGCS）：超過 69% 的全球郵輪船隊使用 EGCS 以符合空汙排放規定（Air emissions requirements），比 2018 年增加 25%。此外，有 96% 非採用 LNG 作為推進燃料的新造船，亦都裝置有 EGCS，比 2019

年增加 21%。

3. 先進的廢水處理系統（Advanced Wastewater Treatment Systems）：
   99% 訂造中的新船都指定要裝設先進的廢水處理系統，使得目前
   全球郵輪裝設此系統的比例從 70% 提升到 78.5%。

4. 岸電容量（Shore-side Power Capability）：愈來愈多的郵輪裝設
   在港區可以連接岸上電源（Shoreside electricity）的科技設備，以
   便讓停靠在港的郵輪可以關掉船上的發電機。當然使用岸電需要
   港口國政府與港口管理機關的高度合作。其實，從宏觀的角度來
   看，使用岸電就是將原本由船上發電機燃油發電，改為依賴岸上
   的發電設施供電，終將還是會產生碳排與溫室氣體的問題。

5. 估計日後將有 75% 的新造郵輪會裝置岸電系統（Shore-side
   electricity systems），此表示港口方亦要相對的增加岸電供應設
   施。

6. 全球 32%（比 2019 年增加 13%）裝置有岸電連接設施的郵輪，已
   在全世界 14 個設置有岸電供應設備的港口使用過岸電，這 14 個
   港口中最少都有一座船席是可以提供岸電的。

7. 郵輪產業日以繼夜的努力做好負責任的旅遊業的角色，因此持續
   的投資研發新燃料與推進系統是非常重要的。郵輪業籌資 50 億
   美元成立研發局開發新科技與能源，進而提供教育我們環保足跡
   （environmental footprint）新機會，並達致 IMO 設定的目標。

　　從上述各領域的進展證明了 CLIA 的觀點是協助保護產業賴以維
生的天空與海洋的環保理念與新科技是全面性的（Integral）、急迫
的（urgent）與可行的（Feasible）。必須一提的是，從環保團體的角

度觀之，上述研究報告顯然有 CLIA 提供的相關訊息與數據，甚至有某種程度的介入乃至誘導，故而仍應持保留態度繼續監督。

9.5 郵輪的燃料趨勢

由於 MARPOL 的全新低硫燃油規定於 2020 年 1 月 1 日實施，新規定要求全球船舶使用的燃料硫含量不得超過 0.5%，比較先前法規限制的 3.5%，大幅減少排氣的硫氧化物含量。為此，許多船舶為求符合規定，均主動尋求不同的替代選項，例如部分貨櫃船改用低硫燃油（LSFO）取代原先使用高硫燃油，並加裝「脫硫器（Scrubber）」的替代選項，或是郵輪棄柴油改用 LNG 為推進燃料都是。其實，究竟應如何選擇船舶推進燃料？答案在於航商是否真的願意奉行永續保存環境的理念。如果一味的著眼於降低成本，終會想出許多規避環保規範的替代方案。

從實務的觀點來看，使用低硫燃油只須將現有的燃油系統進行微幅的修整即可使用。然而，低硫燃油的特性可能不同於高硫燃油（HSFO），亦即使用低硫燃油可能引發偶發性的機械問題，而且低硫燃油的價格較高，選擇此燃油替代方案的花費相對地較為昂貴，更由於預期低硫燃油需求將會攀升，未來低硫燃油的可取得性也引發關注。除此之外，尚有品質要求、相容性與安定性等問題。因此仍有許多業者選擇繼續使用較為便宜的高硫燃油，並加裝「脫硫器（Scrubber）」因應。必須一提的是，有關「脫硫器」的使用及其機型，已引發不少爭議，因為部分沿海國主管機關不允許船舶使用「開

放式迴路（Open Loop）」系統的「脫硫器」，僅允許使用「封閉式循環（Closed Loop）」系統。其次，如果「脫硫器」設備損壞，船舶是否應視爲不符合規定？對此，國際海事組織有關「脫硫器」指南即指明，「脫硫器」之損壞如爲意外造成，不應將船舶視爲不符合規定，且應允許其完成既定航程，而無須偏離航道（Deviation）去進行修繕作業或是改使用合格的船用燃油。但應立即將此事通知船旗國、相關港口及沿海國家，不得有所延誤。可見國際間對於禁止使用高硫燃油仍有保留相當模糊空間。但可以確定的是，企圖藉由使用「脫硫器」合理化繼續使用高硫燃油的航商絕對不是對環境友善者，究竟「脫硫（Desulfurization）」過程後產生的廢棄物質仍須回歸至大自然。

另一方面，被航商公認爲在可預見將來最符合環保要求的船用燃料替代選項則爲 LNG。LNG 的價格頗具競爭性，故而新造郵輪都已陸續採用 LNG 燃料推進系統。其主要優點在於符合未來的氣體排放限制，例如氮氧化物與二氧化碳。然而，昂貴的發動機改裝費用，以及確保液化天然氣之供應，亦即可取得性與建造全球港口相關基礎設施則是主要疑慮所在。

其實，以 LNG 作爲船舶燃料，並不是什麼嶄新的概念。早在西元 1950 年代，LNG 專用運輸船就已經將 LNG 作爲燃料來使用。自 2012 年以來，LNG 的使用已有穩定的成長且愈來愈普及，往後必然會更加普及，這一股增長趨勢的主因是國際海事組織引進更嚴格的空汙法令。這些法令包括限制航運燃料硫含量，並在全球不同區域的硫排放管制區（ECA）實施 0.1% 硫含量上限規定。此外，國際海事組織在西元 2020 年更引進全球硫含量上限 0.5% 的禁令，包括船舶溫

室氣體（GHG）減排的初步對策。故而採用 LNG 作爲船用燃料已被視爲一種符合船舶汙染國際公約（MARPOL）硫氧化物（SOx）與氮氧化物（NOx）氣體排放要求的方法。LNG 爲碳氫化合物的混合物，主要成分是甲烷（80～99%），相較於海運重質燃油，LNG 幾乎不排放硫氧化物或微粒，氮氧化物減排量高達 95%。然而，甲烷卻是一種強力溫室氣體，比起相同容量的二氧化碳，以 20 年的期間來計算，甲烷的溫室效應是二氧化碳的 86 倍，而這正是持異議者反對使用 LNG 作爲船用燃料的最主要理由。

　　儘管 LNG 具備環保優勢，但在安全與操作方面仍存在許多風險。從損害防阻的角度來看，若未經妥善處理，使用 LNG 將面對下列潛在風險：

1. 儲存

　　LNG 需要儲存在極低的溫度環境下。LNG 是以地表下提取之天然氣加以處理後所產生，並將之冷卻至約 -162℃（大氣壓力）而冷凝成體積壓縮 600 倍的低溫液體。因此，爲了將脆性斷裂風險一類的財產損失風險減至最低，LNG 系統所使用的材質必須經過低溫認證，且系統須內建釋壓功能。尤其系統或材料失效亦會對船員增加嚴重的風險，因爲暴露在極低的溫度下，會造成嚴重凍傷。（參閱圖 9.12）

圖 9.12　新造郵輪安裝中的 LNG 儲槽

2. 洩漏

　　雖然 LNG 本身爲不可燃，也不具有毒性，但由於冷卻的天然氣能凝結成含甲烷蒸氣的霧氣，一旦洩漏將造成危險。這些蒸氣具高度可燃性，只要附近有一點小火源，即可點燃因洩漏而產生的氣雲，並迅速回燃至洩漏源頭。因此需要建置一套周全的系統，以偵測任何洩漏處。這一套系統應包括適當防護措施的實施、能確保迅速找出任何洩漏處之適當程序、以及防止洩漏之蒸氣被點燃的強制預防措施。

3. 燃料管理

　　鑑於 LNG 的處理性質有別於傳統的化石燃料，當 LNG 的處理成爲船舶機艙的日常作業，LNG 的使用也帶來了全新的操作危險。船員必須理解到使用 LNG 燃料所伴隨的任何相關操作風險，並接受

適當的訓練，以了解且安全地處理這些風險，進一步避免任何財產損失或人身傷害。

4. 品質

ISO 已經發展《液化天然氣作為航運燃料之規範》標準，但在航運業界尚未獲得廣泛使用。大多數 LNG 在供應時會隨附一份規格資料表，內容可能包含其成分、密度與沃泊參數（Wobbe Index）等詳細資料。

5. 船舶效能

LNG 的成分也會對船舶主機效能產生影響，因此規劃航程時需要將這一影響因子納入考量。如表示燃料熱含量的熱值，相較於甲烷，具有較多碳原子的碳氫化合物，在燃燒時每分子產生較高的熱量。又甲烷值愈高代表燃氣品質愈佳，甲烷值太低可能影響船舶主機之效能。至於沃泊參數則是指在給定的時間內，流過特定尺寸燃燒器噴嘴之熱量的量化流動參數。

6. 基礎設施

相較於傳統化石燃料，做為 LNG 供應用儲槽的全球基礎設施仍相對有限，但已有逐漸增加的趨勢。可以理解的，LNG 的供應如果短缺，可能導致營運中斷，甚至會造成船舶因缺氣而無法運轉。這可

能衍生船舶無法履行義務並在約定期限內交貨，從而引發租傭船人與客戶之間的糾紛。因此，使用液化天然氣需要更詳盡的長期規劃，才能確保指定加氣站可供應足夠的液化天然氣。

7. 加氣

　　LNG 加氣作業需要額外準備，因為這種加氣作業比起傳統化石燃料的添加作業具有各種不同且更多的潛在危害風險。進行加氣作業之前，應先進行徹底的風險評估，以找出任何相關風險以及適切的減災措施，尤其是前述的洩漏風險。基本上，應備妥液化天然氣儲槽管理計畫，包括在加氣作業開始前，進行接收船（RS）與供氣設施之間的相容性評估。由於 LNG 加氣作業所涉及的複雜度，因此可能涵蓋廣泛的問題，包括雙方提供適當的安全措施與緊急因應程序，亦包括適當的緊急關斷（ESD）系統，該系統應能夠自動觸發，也能從船上數個地點以手動觸發。此外，應建立安全區與保全區。安全區是接收船儲槽歧管（Tank Manifold）外圍的指定區域，僅有儲槽作業人員才獲准進出。保全區亦應涵蓋監控港口交通流的較大區域。這兩區域應能降低對 LNG 加氣作業造成的外部干擾，並限制洩漏時的潛在風險（參閱圖 9.13、9.14）。

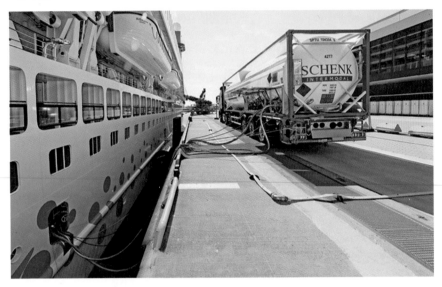

Source: www.travelweekly.com

圖 9.13　陸上天然氣儲槽車供應郵輪天然氣

Source: www.cruisehive.com

圖 9.14　天然氣添加船靠泊郵輪供應天然氣

如同前述，儘管 LNG 具有環保優點，但以其作爲海運燃料的未來仍充滿變數。因爲 LNG 也屬化石燃料，其甲烷含量較高，亦即燃燒 LNG 也會將甲烷排放到空氣中，須知甲烷是一種對環境極不友善的溫室氣體，使用它只能將二氧化碳排放量減少五分之一，因此部分專家認爲 LNG 僅能做爲臨時解決方案。如宜家（Ikea）的全球永續發展經理 Elisabeth Munck 表示：「如果航運業計畫實現其宣布的二氧化碳減排目標，LNG 就不是正確的選擇。」；世界銀行也公開表示，拒絕將 LNG 用作 IMO 的 2050 年 CO_2 減排目標的船用燃料。世界銀行主張「到 2030 年，不含 CO_2 的燃料必須至少占混合船用燃料的 5%。只有這樣航運業才能確保完成 IMO 的溫室氣體減排和《巴黎協定》的目標。」。環保團體認爲，氨和氫更具有可用性。

另一方面，海運業界相信只要其他具成本競爭性的可再生非化石燃料能達到足夠的規模，LNG 的使用也走到了盡頭。然而，隨著技術日益成熟，這項障礙也或許能夠克服。可以預期的是，目前使用 LNG 爲燃料的船舶數量可能會持續增加一段時間，尤其是當全球基礎設施有所改善，且液化天然氣更易於取得的情況下。

※ 溫馨提醒（Friendly Reminders）

郵輪既被封稱爲「浮動城市」，當然也如陸上城市一樣，會釋放出很多汙染源。

Cruise ships have been described as "floating cities" and like cities, they have a lot of pollution problem.

第十章 大型郵輪的安全與保全

10.1 跨國旅遊的安全意識

　　2018 年 6 月 20 日，由牙買加與鄰近的加勒比海國家於牙買加的蒙特戈灣（Montego Bay）成立「全球旅遊復甦與危機管理中心（The Global Tourism Resilience and Crisis Management Center）」，並邀約美、英、澳、日、香港等著名大學的研究單位參與，除了專研旅遊相關的政策外，最主要的任務就是要針對愈來愈多的旅行者提供安全的旅遊環境，因為單是 2018 年一年就有十四億旅遊者在世界各地過夜，而加勒比海地區正是全世界郵輪活動最頻繁的水域，因此該中心的研究方向聚焦於如何將加勒比海打造成全世界最安全的旅遊目的地。很遺憾的，此一研究活動始於 COVID-19 爆發之前，可見主事者雖有保護旅遊安全的未雨綢繆先見，卻完全無法預料到世紀大疫情的到來，當然研究範圍亦未納入全球性疫情對郵輪產業與旅客的影響。

　　由於工商業發展落後，加勒比海周邊國家的經濟狀況普遍欠佳，所幸區域內自然景觀資源豐富，人為汙染程度低，因此觀光旅遊業成為不僅能讓加勒比海地區國家的經濟復甦，更具有可能成為地表上最大的經濟區塊（Economic sectors）的一絲希望，但不能否認的是，觀光旅遊業當前所面對的是日趨嚴峻的全球性挑戰，因而如何尋

求旅遊觀光業的永續性（Sustainability）與復甦（Resilience）成為景點所在地政府與港口管理機關最重要的課題。

當全世界面對著從氣候變遷到各種疫情蔓延（from climate change to pandemics），以及許多難以預測的危機（Unforeseen crises），如俄羅斯入侵烏克蘭，中國戰機軍艦擾台等，使得服務提供端必須重新思考旅遊觀光業所面對日趨增加的全球性破壞或動盪（Global disruptions），因而尋求如何收集研判來自各方的訊息情報，並以新的方法快速回應此等挑戰變成更為重要。

成立旅遊研究中心的另一目的，在於提供到此區域旅遊的旅客有免於恐懼的意識，讓旅客知道無論何時只要有任何混亂或破壞（Disruptions）發生，該國都有處理的能力，特別是關於人身安全與保全（Safety and security）項目，故而旅客得以確保其自身的安全。究竟沒有安全保障，再好的景點亦是徒然。

從郵輪旅遊區塊的規劃者與營運人角度來看，該中心值得借鏡的作為如下：

1. 定期發表郵輪相關學術期刊（Academic journal）與旅遊手冊（Travel compendium）。

2. 強化處理旅遊相關資訊的能量，並確保所有即時發送的訊息是清楚而且正確的，而且要敘明地理位置（Geo-specific），以便讓旅客在第一時間就知道哪裡發生了什麼事，又該要如何因應。因為在發生無可預測的天災人禍的混亂情境下，資訊的傳播與安全指南的提供是最重要的。

值此國人海上旅遊風氣大開的背景下，有關大型郵輪的安全性

當然是值得也是必需探討的熱門議題，究竟眼前仍欠缺足以代表消費大眾的有效專業機制去管制此等船舶的安全，而人們最常聽到的就是那些該爲客船安全負責的人當著媒體宣稱：「我們已經盡所有努力檢查並保養此等船舶的安全」，或許有人認爲暢談此等議題會帶來危言聳聽的負面效果，然而因噎廢食亦非吾人所樂見者，設想一旦發生人員傷亡的大災難，那些面對海事審訊並坦承疏於對危機認知的郵輪業者，一定成爲各方批判的靶心，因而與其鄉愿逃避不如嚴肅面對。從往昔發生的大眾運輸災難事件來看，有相當部分是肇因於管理不良所致，而且該等疏失亦都可藉由採取防範措施與機制加以改善地。所以一味地追求營運獲利而置旅客性命財產於不顧的作法實不足取，究竟負責的郵輪業者更應勇於將所有既知的缺失或弱點透明化並詳加稽核改善。

10.2 大型郵輪的安全與保全

回顧 1912 年 4 月 15 日發生的「鐵達尼」海難，及至 2012 年 1 月 13 日在義大利沿岸觸礁傾覆的郵輪「歌詩達協和」，人們似乎未曾從事故中學到教訓。姑不論前案的發生背景顯然係人們迷信人定勝天足以打造無敵戰艦等級的郵輪的自滿（Complacent）因素所造成，而後者除了自滿外，更犯有警覺性不足的嚴重疏忽，業外人士所看到的只是郵輪愈造愈大的欣然景象，卻從未嚴肅思考這麼大的郵輪一旦發生事故，數以千計的旅客來得及撤離逃生（Can be evacuated in time after an accident）？

　　如同人們面對超級大貨櫃船一樣，儘管當前的郵輪愈造愈大，但我們卻也看不到有何不可的原因。因為在科技高度發展的背景下，船舶愈大並不表示她們就相對不安全。歷史證明，不僅船舶愈造愈大，也愈造愈安全，而且損失明確降低，安全明顯改善，因為從筆者在海上與港口服務近四十年的職涯中發現，人們對安全的思維（Mindset）與基本態度（Basic attitude）已有很大的改變。

　　面對大型郵輪，筆者最在意的是，人們在訂造這些超級郵輪之前，是否已完成風險評估甚至兵棋推演，一旦發生重大事故，是否能在短短幾個小時內自船上撤離 3,000～8,000 名旅客與船員？毫無疑問的，造船廠與郵輪公司的研究結果顯示都是可行的。

　　雖然遭遇類似「鐵達尼」的悲劇，或是兇猛的巨浪將船舶打成二段的機率只有百萬分之一，然而一旦發生事故則絕對是後果慘重的大悲劇。吾人可以理解在商業壓力下，面對海上多變的環境，航運經營人總是往好的方向思考，何況搭載五百人與搭載一千人都是一樣的，因此沒有理由要停止建造更大型的郵輪。長久以來，國際海事組織的高層在面對大型郵輪不斷投入市場的趨勢一直處於天人交戰的窘困情況，因為渠等深知大型郵輪有關旅客安全的重要性。尤其不容忽略的是，時下市場上的大型郵輪都是由商譽卓越的各大知名航商財團所經營，此意味著其對國際海運社會的走向與政客的運作都具有相當程度的影響力。故而若想要求航商在這鉅大投資上就安全與保全事項作大幅改革，勢必會遭遇各種不同程度的可預期阻力。另一方面，有關旅客安全乃屬高度敏感性議題，蓋任何流言

一旦經由媒體傳播散出極可能引發社會大眾的恐慌心理，進而造成無法掌控的局面。

　　儘管產業生態如此，但任何一位對海運安全負有責任的人卻不能對營運中郵輪與客船的固有危機與隨時都可能發生的各種潛在災難視而不見。尤其當今郵輪的營運規模已發展到單港單日可容納上萬名旅客同時登輪出海旅遊的程度，人們更不能忽視與排斥任何不幸或偶發局面發生之可能性，因為傳統的海難救助模式或事故因應機制顯然不足以，且不適用於此等超級巨輪。

　　或許本於航海人固有的高度危機意識感，筆者往昔引領大型郵輪進出港口時，常常覺得不可理解的是，當旅客興高彩烈地登上一艘往外海開航的郵輪上，但對於萬一發生事故不知道該採取什麼動作，或應跑去哪裡完全沒有概念。這是多麼危險的情境，為化解此一潛在危險，郵輪公司與旅行社應該積極且務實地提供航前安全教育。

　　另外，從近年來郵輪發生的許多災難調查報告，與劫後餘生的旅客和船員的口述資訊，我們可得知大型郵輪確實存有相當的潛在危險。以 1999 年 5 月在麻六甲海峽因機艙失火導致沉沒的郵輪「太陽景觀（M.V. Sun Vista）」為例，設若棄船當時的天候海況並非風平浪靜，而是狂風巨浪，且在視覺不良的夜間，那麼船上一千一百名旅客與船員怎可能全數安全撤離呢？再以 1999 年 8 月在英吉利海峽泰晤士河口貨櫃船「長 X 輪」與郵輪「挪威之夢」撞船為例，設若當時郵輪撞上的是一艘滿載油品的油輪，而且在兩船相撞後崁成一團的同時，油輪因兩船撞擊致油品起火，則其後果的悲慘將是難以想像地。（參閱圖 10.1、10.2、10.3）

圖 10.1　「挪威之夢」水線上船艏受創情形

圖 10.2　「挪威之夢」水線上客房受創情形

圖 10.3　貨櫃船「長 X」撞船後甲板貨櫃起火

　　客觀言之，若無任何根據即質疑乃至認定郵輪具有潛在危險，基本上可說是不負責任的態度，然而刻意忽視任何可能發生的事故亦非社會所能允許。毫無疑問地，所有郵輪經營者都會一再地強調郵輪是如何的安全，但人們絕不能忽略郵輪所承運的「貨載」是最敏感與脆弱的人類，是故吾人對船東或運航人單方面表述的可信度產生質疑是絕對合理地，因而積極建立嚴格且透明的檢驗機制是絕對有必要地。

　　其次，從外在的犯罪行爲來看，由於郵輪旅客多屬相對富裕階

層，連帶地具備相對可觀的贖金潛力（Ransom potential），加諸船上的賭場與商店也存有一定數量的現金與珠寶。因此往昔確曾發生過幾起著名的海盜攻擊郵輪劫財的案例，諸如「Seabourn Spirit」與「MSC Melody」二案即是。面對海盜或武裝攻擊的風險，全世界的航運公司無不積極採行各種保全措施（Security measures），然而大多數海運公司考量避免激怒海盜的反應，大都不會以安全理由武裝其船員或雇用保安警衛隨船，而是在航行上採取技術性規避，以及強化船員瞭望與警示的軟性手段應對，但郵輪基於保護旅客的責任與遵從泊靠港口國家的規定，則備有少數武器（通常爲半自動手槍）保存在只有船長可以取得（Accessible only by the captain）的保險箱。遇有狀況，船長再將其分配給被授權的人員，諸如保全或糾察（警衛）長（Master-at-arms）。

　　多年來，船員最常採取的防盜措施就是藉由船上的高壓滅火皮龍噴射海水作爲防護層，防止海盜自船舷攀登而上，或是利用操縱船舶的運動態勢以撞擊或迴避海盜船。最近防範海盜的科技已進展至「長距離揚聲裝置（Long Range Acoustic Device, LRAD）」或音波炮（Sonic cannon），並已成功地使用於「Seabourn Spirit」郵輪上，作爲有效防衛設施的案例。事實上，除了小型低乾舷（Low freeboard）客船外，大型郵輪的船速較快，乾舷也較高（High freeboard），故而海盜船除了武裝攻擊外，欲攀登上船的難度很高。

10.3 郵輪的潛在風險

　　基本上，當吾人在考量任何可能影響郵輪安全的因素之前，必須體認到目前有近四百艘大型郵輪川航於全球各主要海域，而且平均每艘郵輪的旅客搭載人數都在三千人或以上的事實。不容否認地，處此郵輪產業一片榮景的情勢下，談及海難的議題總是有忌諱的，何況每艘郵輪都經過船旗國（Flag state）政府與船級協會（Classification）的安全相關檢驗。其實，無論檢查機制是多麼的周全，因為涉及旅客人身安危，故而所有利益關係人的內心總有「萬一發生事故如何處理？」的疑惑，只是表面上極盡迴避而已。

　　所以處此郵輪市場業務興隆的大環境下，積極關切所有可能發生的危機因子才是趨吉避凶的最重要營運策略，因為任何型式的交通運輸事故的慘烈後果都是社會大眾所不能接受的，如同陸上駕車違規一樣，只要被發現違反交通規則就會收到罰單，是故郵輪公司若不遵守國際安全規章亦當接受最嚴厲的懲罰才是。然往昔發生的許多海難事件，船東或運航人為規避責任，每將肇事原因技巧性地轉嫁於船員的人為疏失。此不僅顯示當前國際規範之不足，更令人對於核准船舶安全或管理系統的稽核者所扮演之專業與公正角色產生質疑。故而吾人努力的方向應是要求在此領域的每一個人都需證明並實踐其所作的一切都能使事故發生的可能性降至最低，亦惟有如此才能使危險減至最低。

　　再從往昔發生的幾次大型郵輪海難事故來看，顯然最大的致命性關鍵莫過於船長如何面對處於失能（Disabled）狀態下的龐然巨輪上

之驚慌旅客，以及如何適時作成「棄船（Abandon ship）」的決定。眾所周知，早自「鐵達尼」事故後，因其所配置的救生艇數不足，致傷亡人數劇增所得到的教訓以來，海運社會即積極改善海上人命安全的保障，事實上亦頗有成效。但令人遺憾的是，直至目前為止，與人命存亡最具關鍵的「棄船」決策，仍存有許多專業判斷以外之顧慮與干預。因為船長雖有絕對權力作成決策，但礙於來自船東或運航人的商業壓力與不當干預，每使得船長猶豫不決，進而喪失黃金救援與求生時機乃至造成人員的傷亡。

另一方面，儘管造船與材料科技如何精進，所謂水火不容，郵輪最致命的災難當屬火災與船體浸水，故而當郵輪發生類似海難時，船方最常採取的措施就是防範「不對稱浸（泛）水（Unsymmetrical flooding）」，或阻隔火災與燃燒的蔓延，期以將損害局限於某一船體結構區隔（Compartments）內，以免發生船體過度傾斜或沉沒等不幸，並將旅客集中於某一相對安全且空曠區域妥加照顧。當然被集中照護的旅客彼此間在討論與臆測即將禍及本身的恐怖事件時所生的恐懼感與驚慌騷動絕對是免不了地，因而安撫旅客當下的情緒常是船長與船員不能忽略的重要課題。必須強調的是，大型郵輪不單僅是「大」而已，其內部艤裝與通路更是繁雜如迷宮一般，故而在緊急狀態下欲徹底清查，並撤離所有旅客與船員並非易事，何況其中還有許多老弱婦孺。所幸當前新式郵輪都設置有電腦連線感應系統可追查旅客行蹤，但慌亂之下難免仍有疏漏的可能性。

其次，雖時下一般郵輪皆配置有足夠的救生艇、救生筏、浮具及求生系統，然而並無人能確保此等救生設施在狂風巨浪吹襲的黑夜，

甚至熊熊大火或船體傾斜的惡劣狀況中仍能順利的發揮其應有功能。

1. 危急情況下的撤離（Evacuation）

　　針對上述情勢我們應嚴肅的面對，並體認到若將危險評估交給運氣作決定，絕對是愚蠢至極而且毫無助益。為此，郵輪公司不得不摒棄運氣支配因素，並轉移關注焦點於實際面，亦即要積極研議旅客與船員的撤離（Evacuation）規劃、配套設施與技巧，以便在危急狀態下確保船上任何一個人皆能盡速平安離船。技術上，整個撤離過程中最主要的核心議題不外撤離的模式，以及如何強化擔任船、岸（或中繼接待船）間的撤離作業的直升機與救生艇的功能。

　　然不論陸上支援之直升機或船載救生艇，其人員搭乘量皆有限，以 2012 年元月在義大利沿岸觸礁翻覆的郵輪「歌詩達協和」為例，除了郵輪本身施放的救生艇與救生筏外，義大利海岸防衛隊更出動多架直升機與多艘大型救生艇參與救難，但單是接駁撤離 4,202 名旅客與船員仍花費數個小時，而且仍造成二十七名旅客與五名船員喪生，因為自傾斜的郵輪船身登上救生艇，再接駁至救難船艇的甲板上之作業困難重重，雖事故當時為寒冷的黑夜但卻是風平浪靜而且離岸邊甚近，試想若當時的天況或海況不佳，或是離岸邊更遠，那將是一項不可能的任務。可見在現階段仍無一套安全有效的撤離方法可確保所有人員在船舶遇難時能夠從容離船，究竟成功的救援與撤離作業仍需看老天的臉色，而此乃是當今主管海事安全者，以及現場總指揮的船長最為無奈者。

　　事實上，為了確保船員的安全與福祉，國際運輸工人聯盟（ITF）亦提出「郵輪安全方針（Cruise Ship Safety Policy）」，其反映出郵輪必要的安全附加措施，因為郵輪的旅客與船員人數甚多，使得事故因應的難度遠非一般商船所能比擬。「郵輪安全方針」訂出各國海員工會針對有關保護海上人命安全與海洋環境應遵守的最低標準（Minimum standards），其中除了許多安全相關設計與設備項目外，更強調人員因素亦應特別關切。毫無疑問的，雖聯盟的要求係針對新式客船的投入市場而生，當然其適用亦要溯及現有船舶（Retroactively to existing vessels）。

　　事實上，依照船舶安全管理規章，每艘郵輪都備有撤離與棄船計畫，以及釋放救生艇的程序說明圖示（參閱圖 10.4、10.5）。只不過海難型式與種類繁雜，並非吾人可以預想，因此類似撤離計畫只是做原則性指示，無法完全適用於事故當下的情況。

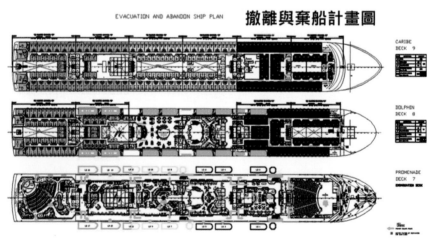

Source: johnbutlerdesign.com.au

圖 10.4　郵輪的撤離與棄船計畫

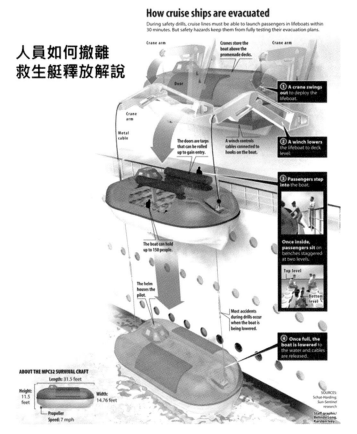

Source: Pinterest.com

圖 10.5　救生艇釋放程序示意圖

　　另從海上救護資源足夠性的角度來看，由於目前郵輪的設計趨勢都是朝大型化與載客人數最大化的方向走，因此一旦遇有海難事故，即使所有旅客與船員皆能自郵輪安全撤離，並全數安全登上救生艇與相關設備，仍然需要搜救單位與附近的船舶能夠提供後續及時的協助。因此，沿海國政府最重要的就是要評估，甚至限制一艘客船或郵

輪一次所允許搭乘的最多乘客數，此當然包括旅客與船員，而「允許最多搭乘人數」則應取決於客船或郵輪的運航區域，以及可資使用的船上與陸岸搜救設施能量之多寡而定。試想，設若基隆港近海發生一艘搭載五、六千名旅客（未包括船員）的大型郵輪發生海難時，我們有足夠的救難資源與能量？

2. 人員撤離作業

郵輪旅客的撤離作業基本上只發生在郵輪遭遇重大事故，致船上已無法提供安全庇護或起碼的維生條件，而不得不撤離旅客。撤離（Evacuation）與棄船（Abandon ship）不同，前者只是撤離旅客，船長仍未放棄船舶所有權與操控權。後者則是指當船舶處於危急狀態，船長認為自救和他救均無希望，船舶沉沒或毀滅已不可避免的情況下，為了旅客和船員的生命安全決定棄置船舶的行為，棄船雖由船長決定，但除緊急情況外，在決定棄船前應報經船舶所有人同意。

毫無疑問地，緊急情況下欲從大型郵輪安全且有效地撤離人員的固有難度必須被重視，也因此國際海運社會發展出自郵輪安全撤退人員的相關國際標準，並要求所有客船提出緊急應變計畫（Emergency response plan）說明其要如何與當地，以及跨國機關或組織合作期以在危急情況下能夠快速且安全地撤退所有人員。

關於撤離與棄船，國際海事組織依照一九九五年國際海上人命安全公約（SOLAS）第三章第 21.1.4 條（Chapter III Regulation 21.1.4）規定，所有救生艇、筏（Survival craft）應在鳴放棄船信號（Abandon ship signal）後的三十分鐘內被施放下水。於此所規定的三十分鐘，乃是指所有旅客已穿著救生衣（Lifejacket）並在救生站（Muster station）完成集合後開始計時。（參閱圖 10.6）

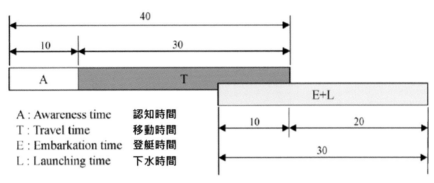

圖 10.6　國際海事組織規定最大限度撤離時間

此外，國際海事組織海事安全委員會第 MSC Circ 1033 號通報「新造與現成客船簡易撤離分析指南」以及後續的第 MSC Circ 1238 號通報，建議所有旅客撤離客船的最大限度允許時間（Maximum allowable total passenger ship evacuation time），應依據下列條件介於 60 至 80 分鐘內完成：

1. 當客船構造未具備三個以上主要垂直（防火）艙區（Main vertical（fire）zones）時，應在 60 分鐘內完成撤離。

2. 當客船構造具備三個以上主要垂直（防火）艙區時，應在 80 分鐘內完成撤離。

很明顯地，除了船體防火構造外，船員的指揮協助與旅客的配合度才是撤離作業成敗的關鍵要點。因為旅客完成撤離的時間

（Evacuation time）乃是指事故當下，無論旅客身處船上何處，所有旅客在聽到最初的棄船信號（Initial abandon alarm）發出後，至所有旅客在救生站完成集合的總時間。如同上圖，撤離總時間尚應包括旅客對事故發生的（嚴重性）認知時間，此是最難估算的，因為每名旅客對「危險」與「急迫」的認知與反應程度不同。至於移動時間，一旦認知有危險，旅客的移動勢必迅速，只不過「移動」涉及數千人的同時慌亂運動，如欠缺船員的指揮與協助，當會延長旅客抵達正確指定救生站的時間。

必須強調的是，上述「撤離指南（Evacuation Guidelines）」，只是國際海事組織的建議，並非強制性法規，因此相關規定的制定責任還是落於國際海事組織的各會員國政府，亦即究竟要完全採納「撤離指南」，或是僅部分採納，完全由會員國政府決定。我國非國際海事組織會員國，因而只能比照辦理始能獲致國際認同。再者，此一「撤離指南」的設計情境是以客船或郵輪發生火災為背景，而未以船舶進水或沉沒為考量，此乃因火災的嚴重性甚於船舶浸水，因為現代的客船尤其是大型郵輪的船體浮力與結構設計都是經過縝密計算過，要使其瞬間沉沒幾乎是不可能的，故而可以延長救難時間。

從以往經驗得知，郵輪遇有棄船或撤離情況亦可採用渡輪接駁方式，以降低救生艇來回船、岸之間載運遇難人員的頻率與風險。必須強調的是，當郵輪仍有慣性滑行速度時，基於安全考量船員大多不願立即放下救生艇，也因此每遭遇旅客投訴。事實上，在類似情境下延遲施放救生艇有時是合理的。但無論如何，求生的基本原則是棄船後切勿急於跳入海中。

3. 安全隱憂

　　基本上，除了前述撤離與棄船作業的規劃外，眼前郵輪最令人擔憂的安全缺失不外；

(1) 火災

　　如上所述，影響郵輪安全的最大風險即是火災，由於有人數龐大的旅客與船員在船，所以火災起始於船員住艙與客房的機率相對增加。又因為火災所產生的煙燻會降低旅客與船員逃生的能力，因此郵輪的每間房間都會裝置煙火偵測器，以確保人員可以採取迅速的反應，而煙火偵測器所發出的信號讓船員得以啟動局部的自動灑水系統（Automatic sprinkler system）。經驗亦告訴我們，船上發生的火災很多是從熱源較多的機艙開始的，此不僅會影響船舶的動力，更因機器本身所配置的隔離裝置通常無法有效阻隔火源，因而撲滅機艙內部發生的火災最為棘手。很不幸地，許多發生於機艙的火災正是因機器設備的潛在瑕疵（Latent defect）與艤裝設計不良致船員無法接近或滅絕火源，甚至因滅火而導致更嚴重的二次損害。

　　從許多海難案例證明，發生於客船的火災風險，通常可由第一時間所採取的技術性防火措施（Technical solutions）加以化解。從這個角度來看，郵輪絕對有必要建立一套最低國際標準，詳細規定每艘郵輪應配置具有相關功能、知識與能力的特別指定人員專門負責防範火災發生與滅火的任務。

(2) 救生艇的施放難度

　　長久以來，海運社會都有救生艇不得置於距離水面上十四公尺

以上高度的共識，事實上近幾年新造下水的郵輪都合乎此要求，但是問題就發生在高乾舷郵輪（High-sided cruise ship），即使低於十四公尺，一旦遇有船舶傾覆後就無法有效施放救生艇。因此除了國際海上人命安全公約有關救生艇不得配置於距水面上十四公尺的規定應被採納外，更應顧及高乾舷船的安全阻礙特質。似此，很多汽車船顯然不合乎此規定。另外，從許多海難事故得知，吾人對現有的救生設備的適當性亦產生相當程度的懷疑，尤其是現有的救生艇與救生筏在風強浪高的情況下仍有安全上的疑慮，因而必需透過現代科技與功能設計來提升遇難人員的殘存率（Survivability）。

(3)船體的防火結構設計

從最近下水郵輪的新穎設計（Novel designs）來看，無論船體流線與外觀都是顛覆傳統的絕佳創作，尤其是內部廣闊的中庭廣場（Internal plazas）或街道，但此等創新結構卻造成郵輪上開放空間（Open space）的挑高不得超過四十公尺的造船法規限制。因此部分郵輪常利用配置大扇的防火門（Fire door）來規避火災區（Fire zone）不得超過四十公尺的規定。令人擔憂的是，此等尺寸較大的火災逃生門在船舶傾斜超過某一度數（Listing more than a few degrees）或天候海象惡劣（Adverse weather conditions）時即無法關閉，因此除非可以確認該防火門可以在所有狀況下關閉，此當然應包括失去電力或船舶傾斜嚴重時，否則不應作出類似設計。可見船東或造船廠為求標新立異，常常技術性的妥協了船舶與人員的安全。

(4)直升機的救援困難

無論從經濟或美觀的角度來看，郵輪業者都不願意在甲板上闢建

直升機降落平台，故而大部份的郵輪都不具備可以讓直升機降落的場地，因而無論是救助傷患或其他緊急撤離旅客與船員時皆需仰賴吊索爲之。此乃是國際運輸工人聯盟（ITF）對國際海事組織最不諒解的地方，因爲該組織決定取消國際海上人命安全公約於 1995 年強制新造客船船長超過一百三十公尺即應設置直升機降落場的規定。國際運輸工人聯盟不僅認爲此規定不容取消，更要求此一規定應追溯適用於現有的客船。顯然國際運輸工人聯盟還是無法抵擋郵輪公司的政商實力。

4. 安全與警告標誌（Safety/Warning signs onboard ship）

依據船舶安全管理規章，船舶管理人與船長應被要求確保所有旅客具備對危險的警覺（Aware of hazards）、認識危險的性質（Nature of the hazard），以及採取保護自身在船上安全的措施。然而旅客上船如同置身於一個完全陌生且新奇的環境，當然也是一個充滿潛在風險的環境，更由於船上不可能有足夠人力導引旅客與適時提醒，故而本於安全考量郵輪業者都會在各個適當處所張貼「安全與警告標誌（Safety/Warning signs）」。換言之，船上的安全與警告標誌旨在警告旅客危險（Hazards）與特定設備的所在，以及逃生路線（Escape routes）。

其實，「標誌」早自人類問世開始即伴隨著我們，例如從象形文字第一次出現在廟宇的牆上，乃至之前出現在洞穴與岩壁的圖騰皆是，其最主要的目的是某些人想要告訴其他人他認爲很重要的

東西（Someone has wanted to tell others something which they think is important）。

自從帆船時代以來，海洋一直是危險的場域，然隨著時代無可避免的進展迫使業界不得不認知與挑戰危險，以及改變行為模式，於此同時，卻又要在整個過程中降低事故率與引進安全工作實務（Safer working practices）。因此無論管理階層或是立法實體都體認到標誌在此改變進程中所具備的功能。

實務上，具跨國特質的海運業一旦遇有新造船或船舶買賣的場合都會涉及標誌的設置需求，雖然並非完全國際化，但已達致標誌的共通性（Commonality of signage）。另一方面，由於國際旅遊與勞工的遷徙日趨頻繁，所以愈來愈多的健康與安全標誌（Health and safety signs）出現在各種場址，而且有走向圖騰符號與色彩標準化（Standardization of graphical symbols and the color of signs）的趨勢。

隱藏在國際標準標誌（International standards relating to signage）背後的意圖就是要讓全世界的每一個人能夠利用圖騰與色彩交換安全訊息，進而排除一個以不同語言所建立的良好安全管理的辨識障礙。毫無疑問的，標誌的設計原則就是醒目、明確、簡單、易懂，因為標誌的些微偏差，可能造成郵輪旅客延遲找到正確的目的場所的可能，而解釋逃生路線標誌的錯誤，甚至可能導致傷亡的發生。（參閱圖 10.7、10.8、10.9、10.10）

圖 10.7　旅客前往救生集合戰的路線指示

圖 10.8　警示旅客在航行中必須隨時緊閉住艙的水密門

圖 10.9　火災逃生路線

圖 10.10　緊急撤離路線

10.4 有關船員疏失與郵輪管理的探討

　　如同上述，長期以來有關海難事故發生的調查統計幾乎皆將人為疏失列為首位，此意味著大多數的報告對船員的評價都是負面的，然吾人亦不能不承認每當一艘新式的大型郵輪問世，就表示船東必須招募與訓練數百名船員與幹部，據 2018 年 CLIA 的估計，全球郵（客）船業者每年的船員需求量約為五萬名，此一龐大的需求量對其他缺乏客船經驗而無緣獲取工作的船員，著實是一無奈的打擊。反之，對郵輪船東而言，市場上郵輪船員的供給不足亦是其無盡的困擾，正因為郵輪船員供需不調的情況嚴重，所以當今一艘郵輪上同時雇用十幾個或更多國籍船員共事的情形是極為正常的，也因為船員彼此間都有其不同的母語和文化，故而在短暫的合約期間內，無論工作理念與技術

溝通似乎都很難融合。至於船舶運航安全的情形更不理想，因為現行6～9個月期的船員雇用契約，常發生船員對於駕駛台或機艙內的各種複雜的儀器設備還未熟諳，甚至某些負責任的幹部還想要有所作為以前就面臨服務期滿準備離船的困擾，因而根本談不上操作熟練與善加保養。似此，我們怎能奢望郵輪的運行會安全無礙呢？

誠如我們熟知的海運實務，將所有肇事原因歸諸於船員通常是船公司最簡單的結案方式，雖然這對船員最不公平，但身處超級弱勢立場的船員通常只有黯然地概括承受。毫無疑問地，無論船員的養成背景或是船上的運作習慣確實都存有許多值得探討與改善的空間，但是船舶管理人與船東是否亦要想想究竟其給了船員一個什麼樣的工作環境與應有待遇。

從法的角度來看，船員的疏失幾乎等同於不適任（Incompetence），然諷刺的是幾乎所有的肇事責任者都是持有適格的執業證書者。似此，不啻意味著主管機關的發證過於草率浮濫或是船舶管理出了問題。事實上，某些船員的專業水平不足正是其怯於接近與諳熟各種新式航行、通訊與控制系統的最大障礙。

我們亦常聞及不接受新觀念、新產品就是落伍的表現，但此絕不能被解釋成必須排斥一切傳統的事物，究竟作為一專業航海人，某些事物是不容許有選擇餘地的，例如事關人命與財產安全的事物就不允許吾等有妥協的空間。反之，卻也有許多案例是因為人們過度依賴或誤解各種先進設備所促成。如同航空界所遵行的信條一樣，自動化的程度愈高，則所需接受的訓練水平亦要隨之相對提高，

另從船舶管理的角度來看，眼前郵輪經營者的另一難題就是船員

的調換率（Turnover rate）過高，一般郵輪每年船員的平均調換率約為 25～35% 之間。從吾人在海上服務的經驗來看，此超高的人事調換率不禁令人質疑其是否可能有效地執行國際安全管理規章與船舶的相關安全事項。因而郵輪業者應認真思考如何提高郵輪對船員的吸引力，進而降低讓人無法接受的高調換率。毫無疑問地，最重要的措施是要針對各職務與功能聘雇具有專業化背景並持有合格證照的人員。當然船員待遇是決定船員去留的最主要因素，例如 2010 年代航行國內的麗星定期郵輪，除歐洲籍高級船員的待遇較高外，一般船員與服務人員的薪資極低，若不靠獎金與小費等外快的補貼根本難以生存。似此，船東焉能企求其會提供高品質的服務或降低船員的調換率。

　　其次，由於在緊急情況下郵輪必須針對特別需要的旅客提供協助，因而必須要有足額的船員接受充分的訓練，而且要持有適格的證書以證明其確實經過足夠的訓練，可以協助特別需求的旅客撤離。國際運輸工人聯盟指出，至目前為止，並不是每一位上郵輪工作的船員都是經過適當的訓練，因為在郵輪上工作的人員並非全屬船員（Seafarers），如客房服務生即是，而這些人員雖勿庸接受「一九七八年海員培訓、發證和值班標準國際公約（International Convention on Standards of Training, Certification, and Watchkeeping for Seafarers, STCW）」規定的訓練，但國際運輸工人聯盟強調，一九九五年國際海上人命安全公約的一九九七年議定書第六章對於在緊急時被指派協助旅客，尤其客房部的船員，明文規定必須經過基本的安全訓練。但時至今日此一條文顯然未被確實執行，因而建議新增條文應增訂在郵輪上擔任特殊任務（Special duties）船員的額外訓練。

因為對旅客眾多的郵輪而言，一旦發生海難，船員除了要履行本身的固有任務外，更要扮演包括危機管理在內的重要關鍵角色。基本上，在緊急情況下欲安全撤離人員時，遇有旅客認為有需要，或向客房管理人員通知其需要時，每間客房至少要指派兩名船員前往協助。所謂需要特別協助的旅客（Passengers with special needs）不外年紀老邁，行動不便與攜有幼兒同行的家族。因而郵輪應持有載明准許該輪搭載可以提供特別協助的旅客人數之有效證書。此外，在航行日誌（Log book）上亦要記載本航次船上已申請或被認為在緊急情況下，需要船上提供特別協助的旅客人數，以及船上具有經過特別訓練並持有必要證照的船員人數。

10.5 郵輪設計的改善

郵輪主要目的在於娛樂與運輸旅客，為達此目的則船舶在運轉或錨泊時所產生的噪音、震動以及動搖（Motions）就應盡可能減至最低。另一方面，為滿足旅客的不同需求，郵輪必須能夠在（各種）差異極大的操作環境（Operational conditions）下獨立操作（Operate independently），例如從南、北極到熱帶水域，乃至偏遠小港與離島，此使得郵輪迫切需要勿須外力支援就能獨立運轉的「港口操縱能力（Harbor manoeuvring capability）」。其次，以準班率（Schedule Reliability）作為標榜的郵輪能在可承受的波浪條件下保有持續速度（Sustained speed），以及維持船期表準時抵港的能力（Ability to maintain the schedule），都是郵輪公司營運與經濟上最重要的考量因素。

從造船技術來看，我們知道許多船舶的船型與大小都是隨著時代演變與市場需求循漸進模式改良而來地，因此在船舶構造演進過程中的許多細節不是刻意被淡化就是被善忘的人們忽略了。事實上，眼前絕大多數的大型船舶都是從船型較小、構造簡單的陽春船型演進而來地，然而儘管在此由小而大之邏輯下所開發出來的船型與結構雖甚普遍，並不表示配置於小型船舶的各種系統亦能適用於大型船舶。最典型的例子就屬小型渡輪在其船型依比例擴大兩倍重建後，一旦遭遇強風巨浪，船體即會出現裂痕，或是大型貨櫃船在橫渡大洋後每發現艙口緣圍（Hatch coaming）或船體縱材出現裂痕的恐怖景象，可見漫無限制地採用外推法（Extrapolate）擴建船舶是多麼危險地，因為很多物理現象是電腦模擬無法印證的。也正因此致使保險業者常抱怨科技與技術通常跑在規則的前面，此意味著現有法規根本不足以有效規範超大型郵輪與貨櫃船的發展，是故隨著這些大型郵輪的陸續投入市場，許多因為「馬力 / 重量比（Power/Weight ratio）」不當所引發的應力裂縫與機器故障等嚴重問題時有所聞。

尤其近年來各式新穎先進的大型郵輪不斷投入市場，更被造船廠自詡為各種高科技產品的完美結合，理論上其安全性應高於往昔出廠的船舶。事實上值得吾人擔憂的是，許多高科技航儀設備的穩定性與造船材料的品質並不是絕對可靠地。故而吾人必須體認到「Costa Concordia」的傾覆，以及「Carnival Triumph」機艙的火災，凸顯出在「鐵達尼」沉船悲劇的百餘年之後，客船與郵輪仍然不具備絕對的

安全性。

10.6 郵輪的安全返港規定（Safe Return to Port requirement；SRtP）

　　郵輪無論發生機具故障或任何失去動力的缺失，勢必造成數千人在海上漂流的困局，雖或無迫切危險，但總是造成旅客的恐慌與煎熬。為解決此一潛在風險國際海事組織敦促各會員國必須遵守 2009 年國際海上人命安全公約有關「安全返港規定（Safe Return to Port requirement, SRtP）」。也就是要求客船，尤其是遠洋大型郵輪，必須置備至少二套獨立動力推進系統，所謂「獨立」係指當某一推進系統因任何原因，如機械性故障、艙間失火、浸水等原因致失能時，另一套推進系統亦能不受影響的獨立運轉船舶至最近的安全港口。

　　該規定緣起於郵輪船型愈趨增大，乘客人數愈多，愈是相對延長疏散或撤離的時間，也因而要確實執行撤離是有困難的，故而要求客船必須具備基本的自力返港能力。由於安全與時間具有很大相關性，因此「安全返港規定」特對時間的臨界值（Threshold）做出定義，即郵輪無須要求旅客撤離就能夠返港的時間臨界值。

　　毫無疑問地，「安全返港規定」一定會影響到船上各種系統的安排配置，工作程序的改變需求，以及新造船計畫（New-building project）相關各方的作業範圍，連帶地也會增加造船成本。

　　「安全返港規定」適用於 2010 年 7 月 1 日後安裝龍骨，以及船長超過 120 公尺（含），或是具有三個或以上垂直防火艙區（Vertical fire zones）的客船。該規定亦適用於企圖載運總人數超過 240 人的特殊用途船舶（依據 2008 年 SPS Code 規定之特殊船舶），如離岸（風電、油井鑽探）建構船舶（平台）。

依據此規定，一艘客船必須設計成讓其重要的系統（Essential systems）在未超越「意外事故（門檻認定）界限（Casualty threshold）」的火災事故（Fire casualty）中，或任何單一水密艙區浸水後，仍能保持運轉（remain operational），而且船舶仍能依賴本身動力駛向最近的安全港口。此規定在理論上看似簡單，但實際上卻是對船舶設計者的挑戰。

「意外事故界限」包括火源至最鄰近「A」級（防火）隔艙[註14]藉由固定滅火系統（Fixed fire-extinguishing system）保護的空間損失（Loss of space），或是至最鄰近「A」級隔艙，不是藉由固定滅火系統保護，但不屬於火源一部分的空間損失。

【註 14】

A 級防火隔艙指艙壁（Bulkhead）及甲板所構成之艙區劃分符合下列標準：

（一）應為鋼材或其他同等材料所構造者。

（二）應為經適當加強者。

（三）其構造於標準耐火試驗一小時之末，應能阻止煙及火焰之通過者。

（四）應以不燃材料絕熱，背火面於下列時間內之平均溫度於最初溫度之溫度昇高不超過攝氏一百四十度，同時在該面所包括接頭之任一點，亦不超過最初溫度之溫度升高攝氏一百八十度，依其時間區分為下列四級：

　　1. A-60 級：六十分鐘

　　2. A-30 級：三十分鐘

　　3. A-15 級：十五分鐘

4. A-0 級：零分鐘

（五）經航政機關或主管機關委託之驗船機構要求艙壁或甲板依據耐火試驗程序國際章程施行模型試驗，以確保其抗火完整性及其溫度升高能符合以上規定。

又在「安全返港」期間，船上所有人員須被安置於具備安全與健康所需等基本服務的「安全區域（Safe area）」。「安全區域」必須爲一具備食物、飲水、衛生、備用醫療（Alternate medical care）服務、照明，以及保持通風等基本服務的（室內）空間。

此外，即使只有一個防火艙區的完全損失（one entire main fire zone lost），但事故狀態超過「意外事故界限」，SOLAS 仍要求某些主要的系統（Essential systems）必須保持運轉三小時，以支持船舶實行「有秩序地撤離（Orderly evacuation）」。

值得一提的是，設若郵輪的單舷受創，且造成相當長度的船殼破裂或毀壞，如果機艙隔間（Machinery spaces）未設置雙重船殼（Double hull）或隔離艙（Cofferdam），則即使類似「Costa Concordia」完全依照「安全返港規定」建造的大型郵輪，亦無法避免傾覆（Capsize）的厄運。

10.7 郵輪上發生的意外事故、人身攻擊與犯罪

1999 年麗星郵輪「寶瓶星（Superstar Aquarius）」連續發生旅客被搶劫、失蹤等不愉快事故後，2000 年 1 月 18 日同爲麗星所屬的「金

牛星（SuperStar Taurus）」又發生旅客不慎墜落甲板死亡的不幸事故。四十七歲的台灣旅客於琉球出港後和女兒到甲板上照相，不慎從「第九層甲板（Deck 9）」墜落到位在「第六層甲板（Deck 6）」的救生艇上，墜落現場還可看到救生艇被砸破一個大洞。這是短時間內繼旅客落海失蹤和遭洗劫後，麗星郵輪第四次出狀況，使得相關人士要求麗星郵輪立刻停止台灣航線，不過麗星郵輪公司反駁郵輪的安全沒有問題，要不要停航應該由司法單位決定。

　　持平而論，此等接二連三的海上旅遊事故，除了有可能是船方防範與警示措施不夠完備外，更凸顯出國人對海上旅遊安全的認識不足。國人參與國際海上旅遊活動乃起始於一九九〇年代，而由於早年國際海上旅遊管道的閉塞，致使此新興旅遊活動在國內掀起一陣熱潮。令人遺憾的是，由於旅遊業者相關配套措施的缺乏與旅客行前教育的空洞，致使開放以來事故不斷，因為多數旅客不是抱以「鐵達尼」的浪漫情懷登輪，就是身懷鉅資準備出海豪賭一番，而完全忽略了本身安全的考量。眾所周知，行船跑馬三分險，故而旅客除了要堅守財不露白的財物防範守則外，更要體認海上行舟絕非陸上各種運動的四平八穩所可比擬，因為任何的外力，如風、浪、震動，甚至船舶本的操縱運動都有可能使船體發生動搖傾側，處此環境下，及時緊握固定物或隨時踏穩腳步都是保護人體安全的最基本動作。又除了安全措施規劃完善的活動場地以外，任何攀高、跳躍、追逐甚至喧嚷叫囂都是船上活動的禁忌，此主因船體設備多係塗以油漆的金屬物，加諸海上濕氣與露水較重，任何不慎皆有滑倒摔跤的可能，而且一旦受傷多屬嚴重程度。

　　回顧國人歷年來爲海上旅遊付出的代價實在太大了，但吾人更肯定海上旅遊對國人的正面意義，因而除了期盼航政管理機關加強督導郵輪公司與旅遊業者確實負起旅客安全的責任外，更要呼籲國人在從事海上旅遊前，應對自己即將面臨的海上環境多一分認識，以確保本身人體與財物的安全，亦惟有如此，才能眞正享受美好愉快的海上旅程。

　　事實上，除了專營台灣航線的麗星郵輪外，其他川航國際航線的郵輪亦是事故不斷，但及至 2012 年元月義大利籍郵輪「歌詩達協和」發生 32 人死亡的悲劇後，才喚起人們對長久以來被認爲是最安全的旅遊方式——郵輪——提出質疑與檢討，進而促使國際郵輪協會，以及歐洲郵輪公會（European Cruise Council）紛紛發展新的策略，包括強化船上的安全與撤離程序，企圖降低消費大眾有關安全的疑慮。

　　但是除了意外事故，其他潛藏在船上包括「犯罪（Crime）」在內的潛在危險呢？而這正是郵輪旅客最爲關心的，更希望郵輪業者能夠集思廣益強化安全措施，提升郵輪船上的合法保全（Legitimate security）強度。

　　眾所周知，郵輪正如同一棟二十四小時都有守衛森嚴的保全員駐守的大樓一樣，國際郵輪協會（CLIA）一向主張必須將旅客與船員的安全列爲最優先考量。因此當前的郵輪除了在船上各個角落安裝有閉路電視監視器／攝影機（CCTV Monitors/Cameras）外，更設有由前軍警執法官員領導，並配置適任合格保全人員的保安部門（Security department）專責保護旅客的安全。

　　儘管如此，郵輪船上發生的犯罪行爲依舊是威脅旅客安全最具

爭議的問題。然而郵輪公司對於所有罪行的一貫回應說詞都是「極為罕見（Extremely rare）」。針對此點，公關良好的郵輪產業每宣稱有關船上的犯罪通報（Crime reporting）已與 FBI、海岸防衛隊等相關主管機關保持良好合作關係，更有少數犯罪學專家在向美國國會作證時，亦對郵輪業關於船上犯罪紀錄的保持表示讚許。

事實上，郵輪船上發生的犯罪行為一直未曾停止過，只是郵輪公司為保持良好商業形象，無不極力掩飾。統計上，相對於登上報紙頭條的重大罪行，郵輪在公海上發生人員失蹤與性侵害案件仍屬少數。

直至在郵輪船上發生多起性侵害罪行（Sexual assaults crimes）成為被關注議題後，美國國會始通過，並於 2010 年 7 月 27 日生效的「2010 年郵輪保全與安全法案（The Cruise Vessel Security and Safety Act of 2010；簡稱 CVSSA）；該法案要求郵輪公司只要涉及美國公民的嚴重犯罪與人員失蹤（Serious crime and missing persons）就必須向 FBI 報告。因為在 CVSSA 引進之前，在美國水域航行的外國籍郵輪勿須向聯邦政府報告船上發生的犯罪（Crimes），而且聯邦犯罪現場調查員（Federal crime scene investigators）對外籍船舶只具有「有限管轄權（Limited jurisdiction）」，因此很難蒐集涉及美國公民的資訊與保全犯罪現場。顯然，CVSSA 的生效提升並開闊郵輪保全與安全的範圍。

CVSSA 適用於搭載乘客超過 250 名（含）以上，並有提供旅客過夜艙位與船員住艙，且在美國登、離船的所有郵輪。CVSSA 生效後最重要的意義在於確保受害者（Victims）可以求助經過訓練的應急回應人員（Trained first responders），並且以機密的方式聯絡執

法機關（Law enforcement），以及法律與受害者援助專家（Victim advocacy professionals）。

　　以往，郵輪公司雖會主動向 FBI 提供犯罪統計，但不願公開，如今所有在船上發生的犯罪記錄都要在線上公布（Reported online），例如在 2013 年有 28 起性侵害罪，2011 年有 12 起。

　　另從美國海岸防衛隊的犯罪調查紀錄得知，2012 至 2014 第三季為止，郵輪上發生的六大類犯罪行為共有 68 件，其中最主要的罪行為性侵案，計有 46 件，以及伴隨性侵犯罪的嚴重人身攻擊 10 件，非自然死亡（Suspicious death）7 件，可見郵輪上的性侵犯罪最是令人擔憂。（參閱圖 10.11）

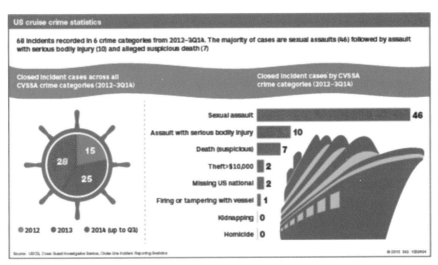

Source: USCG Investigative Service, Cruise Line Incident Reporting Statistics.

圖 10.11　郵輪事故報告統計

　　事實上，郵輪上發生的性侵案比上述統計更為嚴重。專研郵輪安全與陰暗面（Dark Side）議題的加拿大紐芬蘭紀念大學教授 Ross Klein 曾多次針對郵輪安全議題，諸如事故報告、環保機關的罰款、以及美國疾病管制與預防中心的船舶檢查出面作證。依據犯罪統計分析，Ross Klein 指出旅客與船員在郵輪上遭遇性侵（Sexually assaulted）的機會約為在陸上發生機率的兩倍。

　　另以美國為例，專門承攬郵輪旅客遭遇性侵案件的邁阿密資深律師 James Walker 於 2014 年提醒郵輪旅客，在 2004～2014 年之間，該法律事務所承接控告各主要郵輪公司的 75 件性侵或性騷擾（Sexual assault or molestation）案例中的三分之一，涉及未成年孩童（Minors）。

　　如同前述，郵輪既被視為「浮動城市」，除了船方應提供完善的保全措施外，旅客為保護自己在船上的安全，自身亦應扮演一個比較主動積極的角色（Active role）。例如，避免單獨搭乘電梯，夜間避免使用公共洗手間等。如果攜帶子女上船，特別是女孩，更應費心機警地（Street smart）守護，例如當父母親外出客房，前往消夜或看秀或到賭場，而放單孩童在房間內就有潛在危險，因為客房服務人員隨時可以使用其房卡輕易進入房間。其他較常發生性侵或非禮（Abused）案的場所就屬兒童活動中心（Child activity centers）或其附近，如浴室。

　　令人遺憾的是，儘管有愈來愈多的安全規範與犯罪報告發布，郵輪專家仍認為郵輪公司對於旅客的安全維護，或是發生在船上的犯罪事件的透明度未盡完善。相信所有搭乘郵輪的旅客都希望物超所值，

而最起碼的要求就是「安全」。但事實上只要稍有疏忽，就會發生終身的遺憾，尤其發生事故後，郵輪公司通常不會費心竭力的協助受害者（Victim），反而會保護其自身利益。

近年來，郵輪產業常遭受某些團體，諸如國際郵輪受害者協會（International Cruise Victims Association）的抨擊，例如當數家媒體釋出 FBI 與美國海岸防衛隊企圖在「郵輪保全與保安法案（Cruise Vessel Security and Safety bill）」立法前改變對法案的立場，以便讓郵輪公司較易隱瞞（Withhold）有關船上發生犯罪事件的統計，該協會立即揭發並及發動抵制。

James Walker 律師與其他評論家亦指責郵輪公司只將極少數犯罪行為列於公開資料庫（Public database），也就是郵輪業刻意利用不實的安全紀錄招徠顧客（Touting）的手法。不容否認的，即使存在有上述潛在的人身風險，郵輪旅遊仍是最受旅行者喜歡的選項。就連以消除潛在風險為宗旨的「郵輪保全與保安法案」亦未對「歌詩達協和」觸礁傾覆的海難事故產生絲毫影響，因為絕大多數的旅客回報在郵輪上感覺蠻安全的。

10.8 郵輪的保全措施

2001 年 9 月 11 日美國 911 恐怖攻擊事件發生後，國際海事組織根據聯合國安全理事會於 2001 年 9 月 28 日通過第 1373（2001）號決議案「國際船舶與港口設施章程（International Ship and Port Facility Security Code；簡稱 ISPS Code）」，並於 2004 年開始生效。章程規

定港口國政府、船東、船上人員以及港口／設施人員必須察覺保全威脅及採取相對的預防措施，以防止保全事件影響從事國際航線的船舶或港口設施。

顯然 ISPS Code 是由美國主導針對恐怖活動而設的防恐措施，尤其大型郵輪旅客動輒數千名，而且以歐美旅客爲主，毫無疑問地最易被恐怖份子列入鎖定的攻擊目標。因此郵輪必須規劃完備的保全措施，期以將恐怖攻擊的可能降至最低。因此，除了嚴格執行辨識旅客身分的最基本措施外，就是禁止所有人員攜帶危險品與爆裂物登船。

自從 911 事件發生後，所有郵輪已加強保安措施，使得郵輪的保安措施升級至如同機場一般，例如一般旅客要進入郵輪前必須先經金屬探測器（Metal detectors）、包括 X 光機的爆裂物偵測器（Explosive detection machines），以及爆炸物痕跡檢測器（Explosives trace-detection）的掃瞄檢查，以防止攜帶武器與違禁品登船。

除了登輪檢查站施行安檢程序外，旅客通常會收到船上發給的船舶專屬識別卡（Ship-specific identification card），並於上、下船經過保全檢查站時出示。此可有效防止閒人登船，並讓船員提高警覺有否閒人登船。目前一般郵輪的識別卡亦可作爲旅客房卡使用。

閉路電視監視器的使用（The use of CCTV cameras on ships）

除了採取上述積極檢查與管控的作爲外，由於近年來海事調查機關在進行海上事故調查與判定事故原因時，都會依賴船上裝設的閉路電視（Closed-Circuit Television, CCTV）監視器所提供的視覺記錄

（Visually record），以及傳聞證據判定案情原因，因此基於安全與責任考量，郵輪幾乎會在船上所有處所裝設閉路電視CCTV監視器。因為除了事故調查外，CCTV的裝設更具防阻犯罪的功能，特別是從CCTV所取得的記錄可能有助於處理船舶離、靠碼頭操作期間所發生（Occurring）或據稱發生（alleged to have occurred）的海事案件。

　　CCTV的記錄影像片段（Footage）不僅可以讓事故調查簡單化，更可提升調查結果的可信度（Credence）。毫無疑問地，當然亦必須了解到本於CCTV所記錄的事實或會造成當事人的隱私困擾與尷尬，但是能夠在犯罪過程的早期階段發現罪行，進而積極介入防止犯罪發生，總比事故發生好，尤其是性侵案例。

　　目前郵輪上裝設CCTV的主要功能除了保全問題（Security issues）與管制區域的監視（Monitoring restricted areas）外，尚且包括：

(1) 人員落海的偵查（Man overboard detection）。

(2) 監視船舶的航行，包括是否與他船成逼近情勢，以及離、靠碼頭的操縱作業（Monitoring the ship's navigation, including close quarters manoeuvring and berthing / unberthing operations）。

(3) 監視旅客上下船進程（Monitoring embarkation/disembarkation operations）。

(4) 事故與事件的調查（Accident and incident investigation）。

　　然而，船上裝設CCTV也有潛在的問題（Potential issues），諸如：

(1) 在某些國家與地區，當地的法規或軍事敏感度可能禁止商船在特定水域進行攝影監視（Photographic monitoring）。

(2)攝影機的校準（Camera alignment）；用於測試和重新校準（Re-calibration）的規程（Protocol）對於確保攝影機記錄著所需覆蓋的範圍至關重要。

(3)相機保養（Camera maintenance requirements）；由於海上濕度與鹽分高，為取得較清晰的影像紀錄，必須考慮採用自動雨刷與洗滌系統（Automatic wiper/washer systems），而非人工清理（Manual cleaning）。

(4)資料的記錄與儲存（Recording/storage of data）；需要依據公司的資料數據保留政策（Company data retention policy）定時測試以確保資訊已被記錄並儲存（Recorded and retained）。

(5)可能發生的資料保護問題（Possible data protection issues）；此可能涉及公司的資料數據保留政策。最重要的是考慮所記錄與保留的資料該如何在不同的司法管轄權下，將對本船最有利的片段呈現出來，特別是當鏡頭同時拍到停泊在旁邊的其他船隻時。

(6)攝影機時鐘與其他系統，諸如與航行資訊記錄器（VDR）上的GPS 時間保持同步（Synchronisation）。因為無論海事或事故調查基本上都是以 GPS 的時間為準。

(7)攝影機的型式必須符合公認的船用標準並經過認證，以確保其性能可以在震動、濕度、溫度、防鏽蝕、網際網路協定（Internet protocol, IP）與電磁相容性（Electromagnetic compatibility, EMC）等條件上達到規定的標準；

　　此外，鑒於岸上和船舶之間的 CCTV 系統整合和連接，若須從遠端下載或獲取船上攝影鏡頭畫面，則需考慮網路安全（Cyber security）問題。

　　郵輪通常會將監視系統顯示控制台設置於保全控制室。一個良好的整船攝影系統需要大量投資，除了沿著駕駛台兩舷側翼和船舷設置多個攝影機，並要考慮到船體形狀，以及住宿區域（內部和外部）和繫泊站（Mooring station）位置。此外，船上監視系統的使用需要仔細考量到船舶的航行區域，唯有在被允許的情況下才能使用，而且只有在成功完成所用設備在適用上的技術性審查後，才能開始建置系統。符合這些標準的好處在於，保存事發當時明確、無可爭議及同時性的證據，對於日後的任何調查和索賠處理過程，將具有重要價值。

10.9 旅客集體食物中毒（染疫）的處理與公關善後

　　郵輪旅遊既然定位於吃喝玩樂，就免不了旅客群聚與密切接觸的可能性，因此感染食物中毒與傳染病的機會相對提高。更因為船上旅客人數眾多，一旦發生食物中毒或感染傳染病，通常罹患人數都以數百人計，此不僅超逾船上的既有醫藥處理量能，更會影響郵輪的既定行程與衍生客訴糾紛，進而嚴重傷害郵輪公司商譽。

　　2019 年 COVID-19 疫情全面爆發後，全球公共衛生專家一致認定，導致新冠病毒在全球各地迅速傳播，最主要的傳染域是航空旅行。2019 年估計有 45.4 億人搭乘飛機，3000 萬人搭乘郵輪。尤其郵輪是數百人，乃至上千人持續一段相對較長時間在中央空調的封閉空間內一同用餐、游泳和跳舞等，故而郵輪為病毒傳播提供獨特環境，也因此淪為重災區。最遺憾的是，即使疫情已在全球各地爆發，郵輪

公司也沒有立即意識到類流感症狀的出現可能是新冠肺炎爆發的跡象，甚至當船上傳出疫情時，也未將乘客隔離在房內。最不可原諒的是，郵輪公司基於商業考量還曾隱瞞疫情向乘客保證，船上沒有人感染新冠病毒，但其實有些旅客早有發燒和咳嗽症狀。

除了類似上述 COVID-19 的世紀疫情外，郵輪上最常見的傳染病（Infections on cruise ships）就屬諾羅病毒（Noro-virus），一種引起非細菌性急性腸胃炎（Gastroenteritis）的病毒。諾羅病毒的特徵是感染人口密度較高和衛生環境較差的地方，如郵輪。諾羅病毒的主要症狀有腹痛、腹瀉、嘔吐、低燒、全身肌肉酸痛等。症狀一般維持 12 至 60 小時後自行消退，但病毒的排泄會延續二星期左右。如腹瀉厲害，容易發生脫水、休克等症狀。

諾羅病毒的感染全年均可發生，但以冬季較多。傳播途徑主要有感染性食物中毒和傳染性胃腸炎。生食海貝類及牡蠣等水生動物是該病毒的主要傳播途徑，也會從非細菌性急性胃腸炎患者的嘔吐物及糞便，或者乾燥之後通過塵埃感染。由於該病毒可以在體外環境存活達三個星期之久，間接接觸是長期被忽略的傳染渠道。比如患者便後或嘔吐後洗手不夠徹底，則會汙染門把手，水龍頭，遙控器，毛巾，衣物等，健康人接觸過這些物品再手拿東西吃，或準備食物，就可能感染。預防的關鍵在於患者和健康人群都頻繁地用肥皂和熱水認真洗手，特別是進食前和如廁後。被患者便後或嘔吐後接觸過的物品和台面，要用含氯漂白劑清潔。患者的唾液也含有該病毒，不能共享餐具和飲食。

其次，郵輪較常發生的傳染病為「退伍軍人病（Legionnaires'

disease）」亦稱「軍團病」是一種由軍團菌引發的非典型肺炎。其症狀包括咳嗽、呼吸困難、發熱、肌肉疼痛、頭痛。有時亦會發生噁心、嘔吐、腹瀉。軍團病的症狀通常在暴露後兩到十天產生。軍團菌自然存在於淡水中，該菌可汙染熱水器、浴缸及大型空調的冷卻塔。軍團病通常通過吸入帶有細菌的水霧傳播，感染者死亡率約 10%。

軍團病患者通常會發熱、畏寒、咳嗽，咳嗽可為乾咳或有痰。幾乎所有患者會發熱，患者可能出現肌肉痛、頭痛、疲倦、厭食、胸痛、腹瀉、嘔吐等症狀。軍團病須通過加強對供水系統的維護來預防。

無論面對多嚴重的疫情或流行病毒，吾人當然不希望看到郵輪產業全面瓦解，尤其善忘好玩的旅客也不可能讓郵輪產業消失。因此儘管短期內不會有旅客登輪，但是郵輪業者還是聯合呼應持續推出長程船期表，就怕一旦疫情或病毒得到控制後無法搶得市場先機。尤其各郵輪公司的 CEO，從維京郵輪創始人及董事會主席托爾斯泰‧哈根到公主郵輪總裁珍‧史渥茲（Jan Swartz），更是展現優質企業家特質主動出擊高調喊話，除安撫經營團隊與船隊船員外，更企圖喚起市場支持與旅客信心，實值得所有運輸業經理人學習。以下特舉二例說明郵輪公司的疫情與傳染病處理過程：

1. 「鑽石公主（Diamond Princess）」郵輪爆發 COVID-19 疫情

2020 年 2 月航行在西太平洋的「鑽石公主」發現船上多名旅客

確診。2 月 3 日該船返抵橫濱港大黑埠頭外的錨地，日本政府決定對該船進行再檢疫（Re-quarantine），2 月 4 日經病毒篩檢發現 31 名受檢旅客中有 10 名確診，於是主管機關決定即日起將所有船上人員隔離十四天，3,700 名旅客被檢疫隔離的新聞頓時成為舉世矚目的頭條。

就在該輪面對全員隔離的第一時間，公主郵輪總裁珍‧史渥茲迅即透過媒體明確表達郵輪公司承擔責任的意志，並安撫人心，且努力保護公司形象。聲明稿內容誠懇周全著實令人動容，堪稱經典之作。以下特轉譯珍‧史渥茲所發表的聲明，以供參考：

「我是珍‧史渥茲，我剛從日本返國，在日本我與本公司當地辦事處，以及許多我們全球團隊的成員協調提供全天候的因應努力。我們已經盡力在東京與橫濱調度額外的資源，而且持續與日本政府就此不斷在變化，且是前所未有的局面保持密切協調。

我們的焦點非常簡單，『鑽石公主』船上旅客與團隊的健康與福祉是最優先考量。每一位在船上或陸上接受我們服務的人，都是我們內心深處的懸念。55 年的經驗，讓我們運作一套熟練的事故因應程序。我們在每一年的每一天，無論在何地都會即時的回應我們的旅客與船員的需求。

我們的船隊都備有世界一流的緊急與公共衛生規程。規程是彙整包括世界衛生組織、美國疾管中心以及其他全球諸多實體的專家意見所制定的。來自日本厚生勞働省的專責人士與我們就額外的增強（事項）一起合作。

當我們為適應此一具獨特挑戰的局面，他們定期地核准新的程序。而我們則是依據旅客、團隊、醫療與政府的反饋，時時刻刻努力

地持續改善我們的服務。

今天我想為各位帶來幾則新的消息。我們的第一個焦點是支援我們的旅客與團隊夥伴的醫療需求。日本政府與公主郵輪已經供應額外的資源，以及更多已經在船上的醫生與護理師。心理健康與藥劑專家也很快就會上船。這些資源將可補充與支持船上不眠不休的醫療團隊。

第二，同樣重要的是，我們正在支援處方藥的需求補充。我們已經收到約 2,000 則醫藥的請求，這些請求將依據需求的急迫性列為優先。日本厚生勞働省正盡可能協助我們在當地取得藥物。一旦我們的團隊取得藥物就會儘速將藥物分類並發送。我們同時備有專線電話以協助處理處方藥的後續事宜。

第三，當局最近已核准我們在旅客外出客房呼吸新鮮空氣時，進行清潔客房與提供乾淨床單的提議規程。我們了解這涉及許多健康的層面，包括社會連結的人際需求，以及保持頭腦清醒。

我們團隊的目標是在遵循政府主管機關的指導下盡可能提供您最佳的貴賓級體驗。當我昨天在飛機上時，我已要求我們的執行副總 Ray Caluori 先生提供有關許多我們已採行措施的最新影片。

我們同時非常感動從我們旅客與團隊獲得意想不到與真情流露的支持。我們正收到許多人體貼的訊息與捐助，以及全世界各國政府的強力支持。我們特別感謝日本政府的深度關切與他們提供的協助。

每一位在『鑽石公主』與我們一起努力因應這場意想不到的局面的人都是我們內心深處最為掛念的。謝謝！」

「I'm Jan Swartz. I have just returned from Japan where I worked with our local office and many members of our global team to coordinate our 24/7 response efforts. We have shifted resources to be physically in Tokyo and Yokohama and we continue our close coordination with the Japanese government in this dynamic and unprecedented situation. Our focus is very simple. The health and wellbeing of our guests and team on Diamond Princess is priority number one. Everyone in our thoughts and hearts as we serve them on board and from ashore.

With 55 years of experience, we operate a skill incident response process. We dynamically response to the needs of our guests and crew in all time zones every day of every year.

The emergency and public health protocols that are in place across our fleet are world class. They have been developed with the expertise and input of the WHO, U.S.CDCP and many other global entities. Authorities from the Japanese Ministry of Health, labor and welfare are working with us collaboratively on additional enhancements.

They are regularly approving new procedures as we adapt to the unique challenges of this situation. And we strive to continuously improve our service every hour, every day based on guests, team, medical and government feedback.

I'd like to give you a few updates today. Our first focus is supporting the medical needs of our guests and team mates. The Japanese government and Princess have both supplied additional resources and more doctors and nurses who have now boarded the ship. Experts in mental health and pharmacy will also being joining shortly. These resources will supplement and support our onboard medical team who have been working around the clock.

Second, and no less critical, we are supporting the needs for prescription medication refills. We have received approximately 2000 request for medications. These have been prioritized based on the urgency of the need.

The Japanese Ministry of Health is helping us secure medicines locally where possible. Our team has been sorting and distributing the medications as soon as we get them. We also have a dedicated phone line to support follow-ups on prescriptions.

Third, authorities have also recently approved our proposed protocols for cleaning state rooms and providing fresh linens when guests are out of their state rooms during fresh air breaks. We understand there are many dimensions of health, including the human need for social connection and keeping your mind active.

Our team's goal is to offer the best guest experience possible while following the lead of the government authorities. While I was on the plane yesterday, I ask Ray Caluori, our executive vice president to provide a video update about many of the early actions we have taken.

We have also been so moved by the extraordinary outpouring of support or our guests and our team. We are receiving many kind messages and donation from people, as well as strong support from governments around the world.

　　We especially want to thank the country of Japan and its government for the deep care and assistance they are providing.

　　Everyone on Diamond Princess in our thoughts and in our hearts as we work together to support them in this extraordinary situation.

　　Thank You.」（參閱圖 10.12）

圖 10.12　因旅客感染 COVID-19 病毒被迫停留在橫濱大黑埠頭進行隔離的「鑽石公主」

2. 海洋探險者（Explorer of the Seas）爆發傳染病

　　皇家加勒比所屬郵輪「海洋探險者」於 2014 年元月 21 日到 31 日的加勒比海十天預訂航程中，3,071 名旅客中的 630 名，以及 1,166 名船員中的 54 名罹患腸胃病（Gastrointestinal illness），並有腹瀉

（Diarrhea）與嘔吐（Vomiting）徵狀，病原體（Causative agent）不明，被迫提早於元月 26 日結束航程返港。

病情爆發後，皇家加勒比郵輪公司與船上的船員採取下列因應措施：

(1) 依據公司的疾病爆發預防與因應計畫（Outbreak prevention and response plan）加強清潔與消毒程序（Cleaning and disinfection procedures）。

(2) 向船上旅客發出疾病爆發的通報（Announcements），並鼓勵罹病旅客主動告知病情。

(3) 從罹病旅客與船員的廁所馬桶採取病菌樣本（Specimens）提交疾病管制中心（Center for Disease Control and Prevention, CDC）的實驗室。

(4) 製作多份胃腸病病例的每日報告提交船舶衛生計畫（The Vessel Sanitation Program, VSP）。

(5) 安排額外的支援船員（Additional crew members）在航程途中上船，以協助病例管理（Case management）與加強衛生程序。

另一方面，就下列計畫的進行諮詢疾病管制中心：

(1) 旅客通報程序；計畫在紐澤西州的巴約納（Bayonne）離船時間延遲至 2014 年元月 31 日。

(2) 現有病例的離船計畫；碼頭、旅客中心與運輸工具的感染控制（Infection control procedures）。

(3) 一位來自 CDC 船舶衛生計畫（Vessel Sanitation Program）的流行病學專家（Epidemiologist）、一位特約傳染病學專家，以及一

位船舶衛生計畫的環境衛生（Environmental health）官員在美屬維京群島聖托馬斯島登船，隨船返航紐澤西。此一專家團隊旨在進行傳染病的調查、環境衛生評估，以及評估船上傳染病爆發與所採取的因應作為。另外一位 CDC 船舶衛生計畫的環境衛生官員則要等到郵輪於元月 29 日抵港時才上船協助評估消毒過程（Disinfection process）。專家團隊將留在船上持續對下一航次登船的新加入旅客進行調查與評估。元月 26 日有五件臨床樣本（Clinical specimens）被送往 CDC 實驗室進行化驗。

事實上，經過 COVID-19 近三年的肆虐，相信我們這一世代的人們對於傳染疾病認識、防範，乃至感染後的處理都累積有相當的醫護知識，這對開拓郵輪旅遊絕對有正面助益的。

除了上述集體食物中毒與傳染病的狀況外，一旦郵輪遇有火災與沉沒等事故，郵輪公司的 CEO 相同的也必須面對社會大眾與傳播媒體。例如：

(1) 嘉年華集團的總裁 Micky Arison 在 2012 年 1 月 13 日「歌詩達協和」發生船毀人亡的事故後亦立即發表新聞稿如下：

「此時，我們最優先要作的就是旅客與船員的安全。我們對此悲劇事件，以及受到郵輪擱淺影響的往生者家屬與至愛深表哀悼」。

（At this time, our priority is the safety of our passengers and crew. We are deeply saddened by this tragic event and our hearts go out to everyone affected by the grounding of the Costa Concordia and especially to the families and loved ones of those who lost their lives.）

郵輪公司稍後於 1 月 19 日發出聲明「已與所有生存者聯絡確認定

他（她）們已回到家了，並確定他們將可從郵輪公司得到一筆所有相關花費的補償」。及至 21 日郵輪公司宣稱該公司給予生存者的補償僅止於全額賠償與下一次航程的七折價（limited to a full refund plus "30% off a future cruise）。

2. 2013 年 5 月 27 日皇家加勒比所屬郵輪「Grandeur of the Seas」在航往巴哈馬的 Coco Cay 途中，於凌晨 02：50 時發現第三層甲板的繫泊工作區（Mooring area）失火，船長立即喚醒所有 2,224 旅客與 796 名船員，並由船員引導旅客至逃生集合站（Muster stations）待命，但無人員傷亡報告。稍後，火源即被撲滅。旅客於 07：15 時被允許回到客房，雖僅是虛驚一場，但仍造成旅客的驚慌與不安。（參閱圖 10.13、10.14）

該公司的 CEO Adam Goldstein 隨即發布新聞稿如下：

「旅客與船員的安全是我們的最優先考量，而且我們將持續聚焦於他們的需要與憂慮。很遺憾地，『Grandeur of the Seas』發生火災所造成的損壞導致我們必須取消後繼航程。每一名旅客將獲得全額退費，而且正安排所有旅客返回巴爾的摩港。」。

（The safety of our guests and crew is our top priority, and we will continue to focus on their needs and concerns. Unfortunately, the damage caused by the fire on Grandeur of the Seas will require us to cancel the rest of the voyage. Each guest will be receiving a full refund, and Royal Caribbean said it was making arrangements to return all its passengers to Baltimore.）

事後，旅客紛紛在推特與臉書上讚賞郵輪公司對於事故善後的

圖 10.13 船艉著火的「Grandeur of the Seas」

Source: adapted from beautiseaa.blogspot.com

圖 10.14 旅客穿妥救生衣在逃生集合站待命

處理，除了讚賞船員訓練有素的滅火行動外，對於船長下令將救生艇釋放到登艇甲板（Embarkation deck）待命，以備不時之需，以及迅即組織船員以專業技巧極力安撫旅客保持冷靜，並且保持災情進展訊息完全透明化（Extremely transparent）等作爲，更表推崇。

　　對於郵輪發生的各種事故，儘管多數媒體會將報導聚焦於事故應歸咎於郵輪公司及其作爲，並認定郵輪公司與船長要爲事故的肇因與事故的緩慢回應負全責（to be solely responsible for both the initial collision and the slow response to the disaster），但如果郵輪公司能夠於事發後的第一時間主動且坦承的迅速回應，並做出明確合理的承諾，大都能獲得旅客的諒解，仍算是成功的事故善後處理。

10.10 大規模救援活動（Mass rescue operation, MRO）

　　從危機或風險管理的角度來看，當我們在夏季每天看到數千人登上郵輪進出基隆港，常會質疑萬一郵輪在台灣周遭海域發生事故，我們究竟有無救援能力？如果救援能力不足又該如何因應規劃？

　　依據國際海事組織定義，所謂「大規模救援活動（以下簡稱MRO）」係指眾多人員遭遇海難，致使正常情況下足以進行蒐救的單位變成能力不足（the capabilities normally available to search and rescue authorities are inadequate），而需要民間提供緊急救助的蒐救活動（Civil search and rescue activity）之意。最令人擔憂的是，沿海國通常不會承認其大規模救援能量不足，也不願積極面對此嚴肅的議題。

　　本質上，每一次的大規模救援作業都是獨特的，依據涉及海事的船舶型式或構造、遇難者的數量與狀況、位置、天候、可用的救援回應資產、船東與船員的救護能力，以及其他影響因素而有不同。

　　運作上，MRO 並不能局限於單一組織，或僅專注於搜索與救助功能（Search and rescue function）。本質上，MRO 涉及許多團隊伙伴，如結合當地、州、地區或國際性救援回應者（International responders），本其各自專業一起參與。以搜索與救助為整體作業的開始，而支持的功能則應包括：

1. 醫療照顧（Medical attention）。
2. 遇難者的庇護與協助（Victim shelter and support）。
3. 遇難者的轉運（Transportation）。
4. 保全（Security）。
5. 減輕汙染（Pollution mitigation）。
6. 海難救助（Salvage）。
7. 事故調查（Investigation）。

　　所有參與單位可能包括主導搜救的單位、船上人員、船東、提供協助的（鄰近）「善心船舶（Good Samaritan vessel）」、港口聯絡官員、船務代理公司、國家運輸安全機關、海關及邊境防衛（Customs and Border Protection, CBP）、當地消防與警察、醫院、媒體、運輸公司及各種非政府組織。而為避免各參與單位的努力或衝突重覆（To avoid duplication of effort or conflict），MRO 作業計畫必須與每一重要回應伙伴（Response partner）的緊急計畫相吻合（dovetail with the emergency plans）。

　　必須強調的是，由於專責貢獻於搜索與救助的資源（Dedicated SAR resources）有限，所以自願提供協助的「善心船舶」是非常重要的。善心船舶通常是最先抵達事故現場的救助資源（First rescue resources to arrive），然而善心船舶通常未接受過正式的 SAR 作業訓練，因而需要來自現場協調官或 SAR 任務協調官的高水平支持與指導。除此之外，這些善心船舶並不設計有救助遇難者的設備，特別是深吃水的商船或油輪（Deep-draft commercial freight ships or tank ships.）

　　毫無疑問地，在進行搜索與救助行動之前，應先評估下列事項：

1. 搜索與救助行動是有用地（Are they useful）？
2. 是否包括所有參與回應的夥伴（Do they include all your response partners）？
3. 是否已確認救助行動的指揮組織（Is a command organization identified）？
4. 參與行動的每一個人是否具有清楚的期望與指引（Does everyone have clear expectations and directions）？
5. 能否有效地交換資訊（Can you effectively exchange information）？
6. 你是否知道要交換的資訊（Do you know what information to exchange）？
7. 救難指揮所是否已確認（Is the command post identified）？
8. 是否已完成任務編組說明過程？確定每一成員都知道（Do you have an accountability process, and des everyone know it）？

9. 生還（遇難）者送岸後將如何處理？由誰（哪個單位）負責（How will survivors be managed ashore, and who is responsible）？

　　從上述得知，在後勤規劃方面，應盡可能及早製作事故簡報文件（Incident briefing document），包括海難救助組織圖（Organization chart）並標出重要設施的位置（Key facility locations），包括指揮中心（Command post），遇難人員登陸地點（Landing site），及接待中心（Reception centers）的位置。

　　須知海上救援作業強調整體性與系統性，如美國海岸防衛隊（USCG）制定的的「客船緊急事故多單位快速啟動指南（Multi-Agency Quick Start Guide for Passenger Vessel Emergencies）」就以最易遵循的版面（Easy-to-follow format）列出統一的控制（支配）回應目標（Response objects），以確保全面性計畫的和諧相容（Overall plan compatibility）。下列各項作業在實務上緊密相關，應於救援作業前規劃討論：

1. 救難作業的聯絡；聯絡分內部的聯絡（Internal communication）與外部的聯絡（External communication）。內部的聯絡主要為搜救作業的任務協調官（SAR Mission Coordinator）必須積極推動內部聯絡；包括：

① 遇難者人數與狀況（Numbers and conditions of victims）。

② 抵港時間（Port arrival times）。

③ 救助船的船名與泊靠需求（Rescue vessel names and docking requirements）。

④ 其他安全相關事項（Safety concerns）。

⑤ 派遣專責聯絡官收集與分享資訊（Dispatch liaison officers to collect and share critical information）。

至於外部的聯絡，除了媒體會毫不間斷的索取資訊外（Non-stop media requests for information），遇難者家屬對於其親人的訊息更是極為渴望的。所有來自這些請求的壓力常會影響聯合資訊中心的判斷與既有堅持，進而潛在的促使救難回應資源的轉移。此外，外部聯絡回應計畫（External communications response plan）必須建立一個給家屬、朋友的專線電話中心（Call center），以及包括一個聯合媒體中心（Joint media center）與運作方法（Methodology）的過程，以便一致掌控新聞播放與媒體簡報（Unified command press releases and media briefs）。

2. 清點旅客與船員人數（Accounting for passengers and crew will be difficult）可能遭遇困難；實際救援名單可能與官方通報人數的公布時間不同，故而每有數量上的差異。最常見的是，官方提供的獲救名單（Official manifest），讓外界得以查詢獲救生還者的姓名（to compared with the names of rescued survivors），但是名單可能不包括編制內船員（Regular crew）、短期（臨時）技師（Short-term technicians）、引水人或其他個人。尤其許多以電腦售票系統作業的渡輪營運者，並無登船旅客的身分名單，而只是點人頭（just a head count）。從往昔的諸多案例得知，清點獲救者並製作名單是很費時間的。交通部航港局於 2022 年發包委託資策會進行的智慧航安研究案就有要求研究團隊必須在航安體系納入提供旅客名單的機制，以利事故發生後的救援評估作業。

3. 生還者的接駁與運送；以台灣北部海域為例，面對數千人的海難救援事故，公部門的救援資源能量顯然不足的，故而航政主管機關接受專家的建議，在沙盤推演時，列入動員近岸或離島航線客船作為接近事故現場的臨時接駁轉運站，並以北部各漁會系統所屬的漁船參與第一時間的救援與接駁任務。為收實效，航政主管機關實應及早透過漁會系統整合北海岸所有漁船，並依照往昔民防組織模式預為編組，利用休漁期間進行搜索與救助講習。

除從水路救助外，直升機亦可將遇難者從救生艇上吊掛附近至善心船舶或接駁船的甲板，以縮短往返陸岸與遇難船的時間，進而提高救助能量。但此種空中救助模式常受惡劣天候因素影響而大幅降低應有效率。

4. 後勤支援；由於成功救援的第一現場常位處偏遠沿岸地區，故而欠缺適當的收容場所，因此高機動性的巴士是非常有用的，獲救者可先安置於巴士上，在車上他（她）們可以保暖並接受基本食物、飲料與急救。此舉亦可幫助失聯的生還者（Break survivor）納入可資管理的團體，便於確認身分、記錄並核對（Identified, recorded and verified）。如同上述動員漁船一樣，平常演習時就要將當地巴士公司納入 MRO 計畫的訓練與演習（Training and exercise），並指定每一巴士的搭乘負責人，諸如船上的客房部人員（Ship's hotel staff）或懂得計數過程與熟悉指引大型團體的當地志工（Local volunteers）。

10.11 事故善後與如何面對媒體

可以理解的，無論從旅客人數與船舶噸位來看，任何一件發生在大型郵輪的小事故都是備受矚目的大災難，也一定會面對媒體的追問與社會評斷。因此一旦發生重大事故，郵輪公司第一時間就應指定一位態度誠懇、口述嚴謹的發言人（Spokesman/spokeswoman）專責發布相關新聞。

2013 年 2 月 7 日航行在墨西哥灣的郵輪「嘉年華凱旋（Carnival Triumph）」因機艙失火進而喪失動力，使得 4,200 名旅客與船員，在墨西哥灣折騰近一星期，最後被拖返阿拉巴馬州「多芬島（Dauphin Island）的「莫比爾灣（Mobile Bay）」。

可以預期地，因涉及旅客權益乃至人命安全，故而郵輪發生事故後隨即引來各方注目，此事故使得嘉年公司面對來自外界排山倒海的質疑，並要求說明郵輪如何安全返航與旅客登岸的安排策略。以下特舉嘉年華郵輪公司發言人 Vance Gulliksen 面對外界質疑所做的答詢，作為回應媒體的參考：

問：為何「嘉年華凱旋」最近曾發生其他機械性問題，包括前一航次船上交流發電機（Alternator）發生電力的問題，貴公司仍允許該船營運？

答：「嘉年華凱旋」已於二月二日完成修理，週日發生的火災與交流發電機的問題沒有關聯（no connection between⋯ ）。國家運輸安全局（The National Transportation Safety Board）已展開調查

問：爲何嘉年華公司決定將「嘉年華凱旋」拖回美國阿拉巴馬州「莫比爾（Mobile, Ala）」港，而非墨西哥的「普羅格雷索（Progreso）」港，最初的計畫（Original plan）爲何？

答：根據本週稍早發布的聲明，本公司原本計畫將郵輪拖至距離該船位置最近的「普羅格雷索」港。但是當拖船（Tugboats）於星期一傍晚抵達現場時，郵輪已被強勁的水流向北推進90浬，使得該船位置與「普羅格雷索」港及「莫比爾」港成等距。因此嘉年華高層決定順著水流（with the current）將郵輪朝北拖帶，而非頂流（tow the ship against current）往南拖帶。因爲頂流往南拖帶，水流阻力變大，拖帶不易，將會遲至星期四才會抵達「普羅格雷索」，屆時郵輪早已拖回「莫比爾」了。最重要的是，讓900名未持有護照的美國旅客在「莫比爾」港離船的手續簡單多了。於此，再次強調成本絕非本公司在決定郵輪拖往何處的考慮因素。

問：爲何郵輪拖回阿拉巴馬州的「莫比爾」港後，要利用巴士將旅客送往德州及路易士安納州？爲什麼不將旅客先安置在當地旅館，以便讓其過夜休息？爲什麼不讓旅客搭乘飛機離開「莫比爾」，而是搭乘巴士？

答：短時間內，紐澳良機場比「莫比爾」更容易租到大量飛機航班與座位。公司預計租用100部巴士載運旅客前往紐奧良。

問：旅客家屬抱怨嘉年華公司未能持續告知充分的訊息，爲什麼？

答：公司已盡量告知家屬最新消息，並爲旅客的家屬與朋友開設免費電話。公司在邁阿密的總部已經將超過七千通來自旅客家屬與

朋友的電話歸檔保存。另本公司已在「莫比爾」增派二百名員工等候協助家屬，其中有些家屬欲在郵輪靠岸後登輪協助其親人。

問：為什麼嘉年華公司沒有針對許多有關其所做決定的問題提出解釋？

答：如同本公司的危機管理高層告知美聯社，由於本事件對於公司其他屬輪並未構成延續性的安全威脅（Ongoing safety threat），因而以個案處理。

依據過去郵輪客訴的善後經驗得知，嘉年華公司判斷此等事故並不會影響旅客日後搭乘郵輪的意願。某位邁阿密的公關經理表示：「該公司的公關保持低調（being deliberately low-key）是正確的，因為過去的經驗顯示類似事故並不會影響其業務；但是因為「嘉年華凱旋」要暫停運航，所以短期內會產生某些盈虧議題（Bottom line issues），但長期上並無影響。」

其次，隨著「嘉年華凱旋」趨近港口，媒體的關注力就移轉至旅客將享有哪些權利（What rights its passengers have）？旅客感到最不公平的是，對遭遇偶發事故的「嘉年華凱旋」的旅客而言，其所享有權力顯然遠比類似遭遇的航空旅客更少。

事實上，事故後嘉年華公司取消十二班航次，原因在於旅客認為郵輪業未比照被美國運輸部（US Department of Transportation）監督的航空產業施予嚴格規範，而郵輪業則是由美國聯邦海事委員會（Federal Maritime Commission）監管，其主要職掌在於處理安全事項而非旅客（民事）糾紛。

再者，如同前述，各大郵輪公司的郵輪都懸掛權宜國籍旗，如賴

比瑞亞、巴拿馬或巴哈馬等國。此使得郵輪公司除了可以規避美國的聯邦稅外，更可引用被長期譴責的門檻較低的衛生、安全與勞福相關規範。

不容否認的，郵輪旅遊屬休憩運輸中最安全的選擇，但是從2012年1月13日郵輪「Costa Concrdia」在義大利托斯卡尼（Tuscany）觸礁沉沒；2012年4月1日郵輪「Azamara Quest「自菲律賓航往馬來西亞途中生火災，讓1,001名旅客在海上漂流24小時；2022年2月27日「Costa Concrdia」的姊妹船「Allegra」在印度洋因發生火災，船上搭乘1,049名的旅客在海上漂流近一星期等一連串事故確曾讓郵輪公司不得不提升安全規則，例如國際郵輪協會即推出十項新的策略，諸如確認船上所準備的救生衣數量要超過船上所容許搭乘旅客人數，並提供可以傳達給所有旅客的緊急指南，諸如何時與如何穿戴救生衣，以及救生衣的存放位置等。

然而儘管制定嚴格規範，亦須強有力的執行機制始能奏效。例如批評者即認為郵輪雖在美國港口必須經過美國海岸防衛隊的層層檢查，然而一旦進入公海監管就變得鬆散。佛羅里達州諾瓦東南大學的Robert Jarvis 教授認為「由於欠缺一個規範船舶的全球霸主（Universal overlord），因此郵輪業者競相降低屬輪的安全門檻（race to the bottom），尋求管制最鬆散且賦稅最低廉的國家註冊」。甚至有些國家對郵輪業者宣稱「你來註冊僅需繳納年費（Annual fee），我們就不會干預你」。

以上述「嘉年華凱旋」為例，儘管美國國家運輸安全局啟動事故調查，但因「嘉年華凱旋」在巴哈馬註冊，所以調查作業還是以船旗

國的巴哈馬海事局（Bahamas Maritime Authority）為主。

　　必須提醒的是，郵輪旅客對郵輪公司採取的法律訴訟通常是失敗的，因為要旅客舉證船舶郵輪公司或運航人事先已知道船舶不具適航性（Seaworthiness）是非常困難的。再者，法院通常不會准許團體訴訟（Class action），因為事故發生時每一名旅客都有不同的體驗與認知。實務上，如同前述遇有偶發事件，郵輪公司通常會全額退款或僅退一部分，或是提供未來航程的船票，例如嘉年華郵輪公司就發給「嘉年華凱旋」船上的 3,143 名旅客每人 500 美元，以及退還船票款作為其蒙受苦難的補償。但 Robert Jarvis 教授仍建議旅客上船前務必要詳讀船票上的契約條款，以確保自身的權益。

　　談及旅客權益，國內旅客最常與船方發生的爭議就屬既定行程遇有颱風，郵輪船長考慮航行安全而宣布停航或回航，部分旅客逐於船舶返港後進行霸船抗議的情況。郵輪行程遭遇颱風返航，旅客可以霸船嗎？依據我國海商法第二條：「本法稱船長者，謂受船舶所有人僱用主管船舶一切事務之人員」；復依我國海商法第九十一條「旅客於船舶抵達目的港後，應依船長之指示即行離船。」；又船員法第 58 條：「船舶之指揮，由船長負責；船長為執行職務，有命令與管理在船海員及在船上其他人員之權。」。很顯然地，旅客不遵守船長的指示離船是違法的行為。基本上，船長的責任只須舉證郵輪確實遭遇颱風就可。在健康的消費交易市場環境下，旅客的權益當然應受到保護，但欠缺法理支持的霸船行為實不可取。旅客若認為船方舉證無理或蓄意停航致權益受損，大可投訴消基會或公平交易機關處理。

※ 溫馨提醒（Friendly Reminders）

1. 今日郵輪愈造愈大，動輒搭乘旅客數千人環球航行，一旦發生事故如何因應？

   Today, there are cruise ships that can carry thousands of people on voyages that circle the globe. What would happen if all these people needed rescue？

2. 國際海事組織將「大規模救援活動」定義爲「眾多人員遭遇海難，致使正常情況下足以進行蒐救的單位變成能力不足，而需要民間提供緊急救助的蒐救活動之意」。

   The International Maritime Organization defines a mass rescue operation as "a civil search and rescue activity characterized by the need for immediate assistance on a large number of persons in distress, such that the capabilities normally available to search and rescue authorities are inadequate."

參考文獻

1. Construction Begins at PortMiami on U.S.'s Largest Cruise Terminal, THE MARITIME EXECUTIVE, MAR 11, 2022

2. Cecilia Österman; Magnus Boström, Workplace bullying and harassment at sea, Marine Policy, Vol 136, Switzerland, FEB 2022,

3. Matthew Strong, Embattled Star Cruises has only one ship left in Taiwan, FEB 17, 2022.

4. CLIA release 2020 environmental technologies and practices report, September 08,2020

5. Tanner Callais, How Much Money Cruise Ships Make Off Every Passenger, March 1, 2019.

6. Sarah Kennedy, 2019 CLIA crruise industry outlook

7. Dana Niland, In Jamaica, a New Global Center for Tourism Resilience, JUNE 29,2018

8. Sarah Kennedy, 2018 crruise industry outlook

9. Tammy Leitner, Xuan Thai and Brenda Breslauer, Sex Assault Victims on Cruise Ships Are Often Under 18, Crime & Court. June 29, 2017.

10. Sarah Kennedy, 2017 CLIA crruise industry outlook

11. Capt.Nick Nash, Bridge team and pilot cohesiveness, Seaways, July 2016, p.p.6-10

12. NarEx , Cruise Industry; The Dawn of the Chinese Cruise Market, JAN01, 2016

13. George Burkley, Sense and nonsense on cruise ship bridges, Seaways, SEP 2015, pp.6-7

14. Greg Miller, Full speed ahead for cruise safety, IHS Safety at Sea, UK, MAR 2015, p.p.16-17

15. David Mc.A Baker, Exploring cruise passengers' demographics, experience and satisfaction with cruising the western caribbean, International Journal of Tourism & Hospitality Reviews Vol 1 (1), November 2014, ISBN 978-81-925781-0-1, pg 33-43

16. General Analysis and Overview, The cruise industry, Wind Rose Network.

17. Passenger Vessel Safety Specialist, USCG, Fall, 2011

18. Capt. Andy, Safety signs onboard ship, Seaway FEB 2011, pp.9-10

19. Cruise passengers vote with their feet, Lloyd's List, SEP, 2001,pp.3-14

20. Demonstrating pro-activity in safety planning & regulation, BIMCO BULLETIN, Vol 95, No.3 2000. pp.64-65.

21. Ross Dowling, Clare Weeden, The world of cruising, Cruise ship tourism 2nd Edition

22. Dr. Athanasios Pallis, Cruise Terminal Design and Equipment, Port Economic Management and Policy,

23. Bob Dickinson, Andy Vladimir, Selling the sea: an inside look at the cruise industry (second edition), John Wiley & Sons, Inc.30-31

24. 謝燮，從人民幣國際化看未來中國郵輪市場規模，JUNE 26, 2022

25. 謝燮，郵輪的酒吧經濟學，FEB 08, 2022

26. 謝燮，為什麼大多數郵輪要懸掛權宜國籍旗？OCT 10, 2021

27. 神戸の活性化に向けた クルーズ客船誘致のあり方に関する調査 報告書 MAR 2015，国土交通省 神戸運輸監理部

28. 柴崎隆一、荒牧　健、加藤澄恵、米本　清，クルーズ客船観光の特性と寄港地の魅力度評価の試み －クルーズ客船旅客を対象とした階層分析法（AHP）の適用，運輸政策研究，2011

29. 大型客船火災消火及び人命救助訓練の实施について，日本海上保安庁，FEB28, 2006

國家圖書館出版品預行編目資料

郵輪營運概論／方信雄作. －－初版.－－
臺北市：五南圖書出版股份有限公司，
2023.02
面；　公分
ISBN 978-626-343-701-2 (平裝)

1.CST: 航運管理　2.CST: 郵輪旅行

557.43　　　　　　　　　111022003

5169

郵輪營運概論

作　　　者 ― 方信雄（3.5）

發 行 人 ― 楊榮川

總 經 理 ― 楊士清

總 編 輯 ― 楊秀麗

副總編輯 ― 王正華

責任編輯 ― 張維文

封面設計 ― 王麗娟

出 版 者 ― 五南圖書出版股份有限公司

地　　　址：106台北市大安區和平東路二段339號4樓

電　　　話：(02)2705-5066　　傳　　　真：(02)2706-6100

網　　　址：https://www.wunan.com.tw

電子郵件：wunan@wunan.com.tw

劃撥帳號：01068953

戶　　　名：五南圖書出版股份有限公司

法律顧問　林勝安律師

出版日期　2023年2月初版一刷

定　　　價　新臺幣950元

經典永恆・名著常在

五十週年的獻禮 —— 經典名著文庫

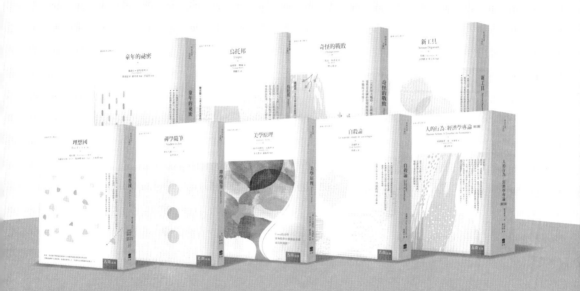

五南，五十年了，半個世紀，人生旅程的一大半，走過來了。

思索著，邁向百年的未來歷程，能為知識界、文化學術界作些什麼？

在速食文化的生態下，有什麼值得讓人雋永品味的？

歷代經典・當今名著，經過時間的洗禮，千錘百鍊，流傳至今，光芒耀人；

不僅使我們能領悟前人的智慧，同時也增深加廣我們思考的深度與視野。

我們決心投入巨資，有計畫的系統梳選，成立「經典名著文庫」，

希望收入古今中外思想性的、充滿睿智與獨見的經典、名著。

這是一項理想性的、永續性的巨大出版工程。

不在意讀者的眾寡，只考慮它的學術價值，力求完整展現先哲思想的軌跡；

為知識界開啟一片智慧之窗，營造一座百花綻放的世界文明公園，

任君遨遊、取菁吸蜜、嘉惠學子！